当代地理科学译丛·学术专著系列

农 村

〔英〕迈克尔·伍兹 著

王鹏飞 鲁 奇 龙花楼 译

商务印书馆

2019年·北京

Michael Woods

Rural

ISBN：9780415442404

© 2011 Michael Woods

All Rights Reserved

Authorised translation from the English language edition published by Routledge, a member of the Taylor & Francis Group.

The Commercial Press is authorized to publish and distribute exclusively the Chinese (Simplified Characters) language edition. This edition is authorized for sale throughout Mainland of China. No part of the publication may be reproduced or distributed by any means, or stored in a database or retrieval system, without the prior written permission of the publisher.

Copies of this book sold without a Taylor & Francis sticker on the cover are unauthorized and illegal.

本书原版由Taylor & Francis出版集团旗下罗德里奇(Routledge)出版公司于2011年出版，并经其授权翻译出版。版权所有，侵权必究。

本书中文简体翻译版授权由商务印书馆独家出版并仅限在中国大陆地区销售。未经出版者书面许可，不得以任何方式复制或发行本书的任何部分。

本书封面贴有Taylor & Francis公司防伪标签，无标签者不得销售。

译者前言

"农村"意味着什么？在一些国家，"农村"根本不是一个广泛使用的概念，而是游客去到一些乡村地方，认为他们看到的这些空间（地方）就是"农村"。因此，如果我们不就农村是什么做出具体解释的话，至少它是一种特定的文化。如果"农村"是一个模棱两可的术语，那么在什么情况下，我们能谈论有关"农村研究""农村地理学"或者"农村社会学"呢？而"农村"和"城市"这两个词语，它们似乎代表着许多——定居点。在农村聚集了一种自然生活方式的理念，那就是纯真和简单的理念。在城市聚集了另一种成功的理念，即学业、交流和开明的理念。农村被认为是一个落后、愚昧和闭塞的地方，城市则被认为是喧闹、世故和充满理想抱负的地方。这就是农村与城市之间的对照。

农村与城市之间的区分是地理学最古老和最普遍的二元论区分之一。农村田园生活的神话可能暗示着农村生活是安全的、和平的与繁荣的，但对许多农村居民来说，生活受到贫穷的限制或约束，因此使得农村具有糟糕的住房、健康欠佳、偏见和缺乏机会等特点。不过在西方发达国家，随着经济的发展与城镇化进程的加剧，农村地区发生了显著变化。而有关农村的研究也涵盖了社会学、经济学、商业管理学、规划、区域研究、农业科学、环境学、健康科学、政策研究与制定、旅游、人类学、文化研究、开发研究、政治学和心理学等领域。

20世纪80年代中期的农村世界面临着一个不确定的未来。在发达国家的农村地区，历史性的人口减少现象似乎已被逆城镇化现象所取代，但其发展轨迹却不明确。而且随着传统产业份额的下降，不管是相关的社会经济问题还是环境保护方面的景观、土地利用问题，均没有出现与这些区域内后工业化社会将要产生的现象相一致的情况。同时，在不发达国家的农村地区，持续不断的贫困使得改良尝试无法进行。为理解这些动态的变化需要农村研究者们高水平的专业知识。

近 30 年来,虽然从全球视角看诸如中国、巴西和印度等国家有着惊人的经济增长,但是贫困仍持续不断地发生在落后国家和发达国家的落后地区。对于农村社区和农村环境未来的作用与管理仍未达成共识,给这些问题的解决带来了很大的限制。农村研究虽涉及了这些问题,但受到了全球化的强烈冲击以及环境保护论和新自由主义不断高涨的影响,因此其研究重点主要还是放在农村的复杂性和今后的发展上。

在农村学科领域,农村研究正在发生变革。从农村学科发展中前沿性的新概念、研究方法及影响,到 20 世纪 80 年代农村的政治经济分析、规划和农业发展,其中也包含了一些对将"乡村性"作为一种有效性的分析方法所提出的质疑和驳斥。自 1990 年以来,农村研究出现了文化转向,对新领域、后现代主义和后结构主义的概念进行了论证。在学术交流中推动了农村其他学科的研究新潮以及探讨后现代下的概念化的乡村性,如食品体系、移居及阶层化、农业环境规划与政策、农村开发与计划、农村管理、农村社区的性别与性差以及乡村儿童等。

进入 21 世纪,在农村领域的研究呈现出五个方面的挑战,并且成为农村社会科学者研究的重点。首先,围绕资源的可持续利用而展开,包括对食品安全和全球农业食物体系的讨论,对可替代性物品的严格审查,如粮食安全和地方粮食体系。从社会、环境和政治层面上审查在农村地区进行的像太阳能和风能发电站那样的可再生能源设施;探索水资源压力对农业体系、农村景观、文化和社会结构的可行性的影响。

其次,农村社区对环境恢复的不确定性,尤其是在发展中国家和发达国家,全球气候变化对农村地区的潜在后果。但是,我们同样可以从农村社区对诸如洪水、火灾、风暴和干旱等适应性研究中总结经验教训,探索经济的恢复力,同样也研究农村社区的根本目的并试图实现环境的可持续发展。

第三,资源的重新配置和全球性移动格局所带来的挑战。这主要是指在整个城乡空间的移动包括从农村到城市、从城市到农村以及农村之间的迁移,同时也包括在国际新形势下的劳动力移动和跨国寻求更好环境的移民以及非法移民(特别是在农村边境地区)。在发展中国家的一些地区出现的逆城镇化、农村阶层化以及迁居于舒适的居住地。因创建新的信息技术和(相对)廉价的航空旅行允许通过多样的地方性和社区构造来强化维持跨地方和跨国的社会关系。解决早期移民和人口重组所遗留下来的问题，包括发达国家一些农村地区的人口老龄化问题。

第四，农村经济发展的政治经济新战略的批判性分析。这是基于对资源环境的可持续利用和管理，包括从可再生资源到生态旅游，甚至还包括在市场体系中自然的商品化的议论、规章制度框架的导入、管理结构和管理方法的引进。

第五，在农村社会和经济方面重新界定国家干预的范围，包括充实新自由主义的改革，特别是减少对农业的补贴以及在环境保护下增加超国家机能和协议的权力。同时要明确农村基础设施和公共服务的市场化，以及不断增加的私有化和基于市场规则的重要性。由于昂贵的农村公共服务的潜在的合理性，因此重新评估国家对农业的支持与保护，以及在经济紧缩背景下对农村社区的开发，不仅需要实证研究，也要从事政策分析。

纵观这五个领域，每个挑战都非常紧迫。而这种紧迫形势主要表现为农村空间发展的资源需求（例如，食物、水、燃料来源、住房和通信设施）和生活在农村地区的人们所表述的日常体验和看法（或者说是与农业有密切联系的人们）之间的差异性。这从不同的角度表述了在一种新农业政策引导下所造成的城乡差异加剧了国家与地方的内部冲突，并且对基于资源环境背景下形成的"新型城乡一体化模式"理想状态的实现设置了障碍。农村社会科学家高度关注这一紧迫形势并着力于探索巩固他们这一关系的动态且微观的过程。

另一方面，随着全球化的加剧，其所带来的影响已经明显地表现出来，特别是对发展中国家的影响尤为显著。全球化与现代化密切相关，现代化的影响之一就是时间和空间被压缩。全球化对农村地区有三个特定的影响。首先，经济全球化意味着食物和其他农产品等传统的农村产品在全球市场的交易不断增加，而且农场主和农村生产者的经济环境较强地受到全球市场条件的影响。此外，这些市场往往由少数跨国公司和"商品链集群"所支配；其次，移动的全球化增加了人员进、出的流动，不仅贯穿区域和国家层面（尺度上）的农村地区，还贯穿国际层面的农村空间；最后，价值观的全球化侵蚀了农村原有文化。传统农村社会的保守主义和一致性已经受到多元化及各种价值观的挑战，并且对农业生产和资源管理产生了冲突。

这些挑战与问题促使发达国家的农村地区开始进行重构，而农村重构的许多过程涉及农村现代化的概念。例如，农业生产活动的变化（农耕方式的改变）意味着机械化、专业化和规模化。更大的农场单位和农业化学化及其他生产最大化的技术使用等在"农业现代化"的旗帜下发展起来。因此,农业从业人员数量直线下降,作为农村就业的主要来源,农业失去了它的地位,并且产生了生产过剩和环境退化的问题。以技术革新(创新)形式的"现代化"特别是通过交通、食品保鲜和通信的发展,改变了农村日常生活模式。一方面,这样的发展提高了农村地区的生活质量,使农村成为更理想的居住地点并促进了逆城镇化。另一方面,技术创新使人们变得更多移动且较少依赖村庄零售商购买本地新鲜食品,进而导致许多农村商店和服务的合理化与关闭。

随着经济发展与加入WTO后受全球化的影响,目前我国也面临着农村重构问题。一般而言,我国的农村重构主要包括三方面内容:一是农村经济重构。指的是加快实现农业产业化与农业现代化,广泛运用先进的生产技术,提高生产组织的社会化与管理的科学化水平,实现土地产出率、劳动生产率与资源利用率相统一。以集聚发展和集约经营的原则为基础,统筹城市生产力布局。二是农村社会重构。即通过加快农村社区转型,提高农村社区组织化程度,加强基层民主建设,建立完善社会保障制度,实现农民物质文明、政治文明与精神文明的巨大提升。三是农村空间重构。即通过有效的规划调控,在优先推进城镇化的前提下,合理规划农村聚落,推动农村人口适度集中居住,第二、三产业适度集聚发展。在此基础上,合理配置农村基础设施,切实提高农村人居环境质量,形成有利于城乡协调互动的空间结构。

从内容上看,我国的农村重构主要是立足于合理完善农村在城乡体系中的作用和地位。通过农村经济社会的可持续发展,物质文明与精神文明的提升,以及空间布局的合理组织,建立起社会主义市场经济体制下的平等、和谐与协调发展的工农关系和城乡关系,改变城乡分割的二元体制和经济社会结构,实现城市与乡村的良性互动。可以说我国目前的农村重构基本上是如何破解城乡二元结构的延伸,与发达国家的农村重构有所不同。因此,在当今世界不断变化的时代,我们更应该不断吸取他人的优点来弥补自身的不足。他山之石,可以攻玉,就能在短时期内取得意想不到的进步而少走弯路。

在这样的大背景下,《农村》(Rural)一书的出版无疑为我们提供了有价值的参考。本书是迈克尔·伍兹(Michael Woods)于2011年在罗德里奇(Routledge)

译者前言

出版社出版的《农村》一书的中文版。本书通过探讨英语圈国家诸多农村地理学学者的研究，指出农村地理学研究所汲取的不同乡村性理念的方式与方法，试图展望并把握当代农村地理学研究视角的丰富性与广泛性，并预测未来农村地理学探索的主题与方法。作者伍兹是英国威尔士阿伯里斯特威斯大学（Aberystwyth University）地理与地球科学学院的终身教授，发表了众多学术论文和著作。同时作为国际地理学会农村可持续发展委员会原主席，目前依然精力充沛地活跃在科研教学第一线，也是英语圈农村地理学界的权威之一。

本书的目的是考察、探索和批判在人文地理学及其他相关学科中已经产生并采用的乡村性和农村空间观念的不同方法。为了强调现在农村地理学的观念和争论，本书主要摘引和参考了近十年出版的相关书籍与论文，因此省略了一些农村地理学的"经典"，这些经典在过去对认识农村是非常重要的，但并不能贴切地反映出人们目前所关注的焦点。同样，由于本书是"当代地理科学译丛"系列的组成部分，主要在地理学研究和文献框架之内进行论述，与农村社会学或农业经济学的著作不同。这些学科实际上有紧密的联系，而且在讨论中，农村社会学家和经济学家将会发现许多有趣的研究视点。

本书尝试采用全球尺度视角进行农村研究，描述了"北半球"（欧洲、北美、东亚、澳大利亚与新西兰等发达工业化国家）和"南半球"（非洲、亚洲、拉丁美洲和大洋洲等经济较为落后的国家，有时也被称为"发展中国家"或"第三世界"）的一些案例。然而，应该认识到这种研究必然是不均衡的，因为它受到农村地理学研究空间格局的限制。例如，在英国和美国，农村地理学研究的焦点与视角是不同的，更不用说在英语圈国家与非英语圈国家之间的农村地理学研究的不同，如法国、德国和日本等国家的农村地理学研究是以实证为主，而且多方面不同的地理学文献也会对这种差异产生影响。此外，北半球的农村地理学研究（由农村地理学学者牵头）与南半球的农村地理学研究（由发展地理学学者牵头）有很大程度的分异，后者更倾向于关注社会与经济结构，受"文化转向"的影响较少。

本书共分为九章，每章都聚焦于地理学学者研究农村的某个概念或某个目标。所有章节都有一个主题，用以表明研究农村空间和农村生活中所强调的本质。第一章作为导论，思考了有关农村理解的历史演变及其在农村地理学中的应用，阐释了作为学术研究领域的农村地理学发展和农村研究中农村概念的形成，同时简要梳理了农村一词的起源和大众语言的用法。第二章想象农村，从学术与非学术的视角审视了农村，并就通过政策和实践来实现这些观念的过程进行了论述。在讨论农村地理学概念的发展轨迹后展望了有关农村关系的各种概念，并与三重模型一起构成了后续各章的基础。在以下各章中都重点讨论了农村中某个方面的具体问题。

　　第三章至第五章论述了作为经济空间的农村所进行的建设。在第三章中就如何开发作为农业和其他基础产业生产空间的农村进行了讨论。第四章则探讨了作为消费空间的农村，特别是通过旅游业的发展，日益形成将农村转化为经济收益场所的替代方式。第五章则重点思考农村的经济发展目标，检讨发展战略如何依托特定的概念化农村。第六章讨论了农村生活方式和农村社区的意义，以及通过充满活力的社会变革对这些意义所进行的检验和改造方式。第七章通过农村生活的性质和日常活动，思考了乡村性所扮演的角色。最后两章的观点更有具政治性。其中第八章讨论了农村经济和农村环境的管理，并描述了农村治理政策和战略的基础。最后第九章考察了21世纪农村变化的一些重要驱动力及由此产生的政治挑战，以及农村地理学研究的意义。

　　以上是本书的简要概述。在翻译此书的过程中，我们认为带来农村空间差异的要素大致可分为自然条件、社会条件、政治条件和文化条件。本书是在西方发达国家的农村经过现代化洗礼后并正在进行农村空间重构的背景下完成的，从中可以看出农村研究的创新动力不仅包括社会、经济和政策的发展，还包括新概念与新研究方法的引进。在农村研究中应用实证主义的传统优势从政治经济学的角度受到了人们的质疑，被一些人错误地视为"技术上的中立"和"理论上的随意"。与当代现存的农村研究相比，本书在理论上更具开放性，并且增设了概念性的讨论，在农村研究新概念的引进方面发挥了重要作用。书中使用了大量不同领域的观点，如马克思政治经济学、女权主义、后结构主义、后现代主义、规制理论、行动者网络理论、政治生态学及其他相关理论。

　　作为一部译著，在此请允许我们就本书翻译的经纬做简要陈述。本书译者之一的王鹏飞于20世纪90年代末和2000年初，在国际地理学会可持续农村发展委员会的年会上曾与伍兹先生有过数次交谈。当时伍兹先生还是学界的新人，但其思想敏锐，研究视点新颖给人印象深刻。那时活跃于英语圈农村地理学领域的主要学者有大卫·格里格(David Grigg)、意波利(Ilbery B. W.)、鲍勒(Bowler I. R.)和克里斯托弗·R. 布莱恩特(Christopher R. Bryant)等人。当2012年王鹏飞在加拿大游学时,收到亚马逊发来的新书推荐名录,其中就有伍兹先生的《农村》一书,于是便马上在线购买。初读感觉与其前著《农村地理学:农村重构的过程、反应及经验》(Rural Geography: Processes, Responses and Experiences in Rural Restructuring, SAGE Knowledge, 2006)相比又有了新的突破。随后将《农村》一书作为研究生的暑期阅读物。到了2013年,王鹏飞在与另一译者鲁奇研究员(中国科学院地理资源所)的交谈中提到此书,就书中内容进行了热议,二人决定计划将此书翻译成中文以便给更多从事农村研究的学者提供参考。随后鲁奇研究员又得知同研究所的龙花楼研究员曾在伍兹先生处做过访问学者,也有意将伍兹的新书介绍给国内同行。因此共同的理念将翻译成员凝聚在一起。

另外,在翻译过程中,我们对一些主要名词的翻译,结合个人理解与英语圈的实际应用,进行了统一。"rural"一词,具有农村或乡村之意,国内似乎更倾向于译成乡村。农村与乡村这两个词,我们认为根据需要有不同的理解,即农村是放在产业关系中来看,而乡村是放在城乡关系中来看。由于英语圈国家的城乡关系矛盾不是很突出,故英语圈国家的学者们对"rural"的使用主要是指农村。在"rural"地区,既有乡村要素又有城市要素,其中最主要的是城市居民在"rural"地区的居住,从而导致原有社区结构发生变化。而在"countryside"地区,乡村要素较多,城市要素较少,故将"countryside"译成乡村。"rurality"在中英词典里译为田园风光或田园风味,但在有关农村研究的英文论文中,多数用以表示农村所具有的特性,所以在此我们将"rurality"译为乡村性。而"country"除了主要代表国家含义外,也包含国家所属的广大地区,即乡下地区,故在此将"country"译为乡下。"identity"在中英词典里译为身份或同一性,但在众多英文论文里主要意指对某件事物的认同,故在此译为认同。

本书翻译的具体分工是,王鹏飞翻译了全书的第一稿,鲁奇、龙花楼分别做了校译。随后王鹏飞基于译文以研究生为对象,在课堂上就欧美农村地理学与农村空间重构进行了讲解,针对一些学生难以理解之处又反复查证与修改,形成终稿。由于本书主要依赖于国外的相关文献和资料,有些内容可能不符合我国国情。但译者认为随着我国改革开放步伐的不断加大,本书所涉及的一些情形已经开始在我国农村地区出现,说明我国农村地区与发达国家农村地区的差距在不断缩小。需要补充说明的是,译者认为翻译外文文献最好以直译为主,这样便于读者对国外论文与图书的相关叙述、思维和逻辑关系等有所了解。因此,本书有些地方阅读起来可能略显生硬,还望读者谅解。

最后,本书翻译出版之时,得到国家自然科学基金(41271188)和首都师范大学内涵发展地理学一流学科建设专项经费的大力支持,在此表示衷心地感谢。同时也要感谢佘之祥教授(中科院南京湖泊所)所提的宝贵意见,以及商务印书馆编辑李娟女士和魏铼先生的慷慨援助。由于译者水平有限而且有些内容在教学实践中还未充分得到应用,因此希望广大读者提出批评意见,以便我们在今后的研究工作中能加以改进并为我国农村重构研究贡献微薄之力。

译者
2016 年 12 月
于北京花园村

农　　村

"农村"与"都市"是地理学最古老的两个概念，并牢牢地根植于我们的文化之中。有史以来，农村被认为具有多种含义：作为食物与能源的资源；作为原始的荒野或田园牧歌式的理想之乡；作为游乐场或一个逃避城市喧闹的场所；作为一个需要保护的自然脆弱空间；以及作为一个需要现代化的落后地方。但农村的理念是否依然与当代有关呢？

《农村》一书对地理学和相关学科中的农村地方及其发展的研究提供了一个前瞻性的导言。本书广泛描述了农村地理学的最新研究，探究了隶属于农村的多种含义，审视了农村概念的产生与重现，研究了在塑造农村地方的社会经济构造以及在农村地区生活、工作和游玩的人员因不同观念造成日常生活上的差异所产生的影响。

这部权威书籍包括来自发达国家和发展中国家的案例研究以便阐明概念化的观点和研究方法，除此之外还包括建议进一步阅读的文献目录。《农村》一书写作风格活泼生动，给读者带来了有关农村差异的思考挑战。

迈克尔·伍兹（Michael Woods）是阿伯里斯特威斯大学（Aberystwyth University）地理与地球科学学院的终身教授。他致力于农村地理学、政治地理学和当代农村政策与治理方面的研究。

纪念比尔·爱德华兹(Bill Edwards,1944—2007)

目　录

示例目录 ……………………………………………	xvii
致谢 …………………………………………………	xix
第一章　研究农村 …………………………………	1
第二章　想象农村 …………………………………	13
第三章　开发农村 …………………………………	42
第四章　消费农村 …………………………………	75
第五章　发展农村 …………………………………	106
第六章　生活在农村 ………………………………	130
第七章　表现农村 …………………………………	160
第八章　管理农村 …………………………………	185
第九章　再造农村 …………………………………	210
参考文献 ……………………………………………	234

示 例 目 录

相片

1.1　全球食物危机连接着城市与农村
2.1　草房和森林:英国农村的田园风光?
3.1　西华盛顿州奥林匹克的时滞商业性林地
3.2　荷兰多功能性农场:自然保护和与向日葵栽培相结合的公众小径
4.1　科罗拉多洛基山国家公园的风景
4.2　新西兰皇后镇《指环王》电影旅游
4.3　英格兰德文郡的食物旅游
6.1　社区与范围:英格兰牛津郡德丁顿教区地图
6.2　新西兰瓦纳卡正在建设中的新房屋,一个有人气的舒适的迁移目的地
7.1　农村遗产的舞台表演,芬兰斯通达斯的历史村落
7.2　英格兰埃克斯莫尔的狩猎和农村社区表演

图

1.1　农村空间的三重模型
5.1　农村发展网络
6.1　"社区"的组成成分与动力

表

3.1　结构变量,农业产业化过程的反应与结果
3.2　商业转基因技术作物耕种的分布,1996—2007

5.1 现代化范式和新型农村发展范式的特征
6.1 1990—1991年所选英国农村案例研究区的贫困率和剥夺的百分比
8.1 20世纪90年代后期英格兰农村政策建构阶段的案例
8.2 农业政策和贸易主要发展的时间线
9.1 全球性乡村表现的特征

专栏

1.1 农村和乡村性，乡下和乡村
2.1 性别化的农村
2.2 农村田园牧歌
3.1 农村劳动体
3.2 绿色革命
4.1 商品化
4.2 购买风景——迁移和中产阶级化
4.3 农村声景中的音乐
5.1 农村生态经济
5.2 社会资本
5.3 印度尼西亚的农村发展
5.4 参与式农村评价
6.1 新平均地权论
6.2 逆城镇化
7.1 通过音乐表现的乡村性
7.2 在南半球的性别和农场工作
7.3 狩猎和本土的农村文化
8.1 政府管辖
8.2 新自由主义
8.3 马达加斯加的土著文化和保护区
9.1 全球化

致　　谢

本书尝试关注当代农村地理学的某些本质与引起争论的兴趣点，正因为这样才需要在农村地理学、社会学和其他从事农村研究的学者中开展形式多样的工作。在主题、论点、叙述、案例研究和参考文献中，我被许多农村研究团体的同僚所激励与指导。这些已在我刊发的著述中适当地被引用，但我还要感谢许多从会议论文和非正式谈话中所得到的提示和忠告，在此我不一一列举。

本书的研究方法源于充满学术气氛的阿伯里斯特威斯大学地理与地球科学学院。特别是在与包括克里斯·柏尔（Chris Bear）、底波拉·狄克逊（Deborah Dixon）、凯特·爱德华兹（Kate Edwards）、格拉翰姆·加德纳（Graham Gardner）、马特·汉娜（Matt Hannah）、杰斯·哈雷（Jesse Heley）、加雷思·霍斯金斯（Gareth Hoskins）、劳拉·琼斯（Laura Jones）、马丁·琼斯（Martin Jones）、里斯·琼斯（Rhys Jones）、皮特·梅里曼（Pete Merriman）、海蒂·史葛（Heidi Scott）、苏西·沃特金（Suzie Watkin）、马克·怀特黑德（Mark Whitehead）和索菲·韦恩-琼斯（Sophie Wynne-Jones）在内的同僚交谈中我获益匪浅。我还尤其要感谢一位英国农村地理学学者的长辈——比尔·爱德华兹（Bill Edwards）。我有关农村的大部分想法是与其交谈而来。他的忠告非常值得怀念，所以这本书要奉献给他。

同时我也要感谢昆士兰大学社会科学学院。本书的大部分内容是在此进行研究期间完成的。特别要对琳达·彻斯舍尔（Lynda Cheshire）、杰夫·劳伦斯（Geoff Lawrence）和卡罗尔·理查兹（Carol Richards）表示感谢。我必须还要感谢劳特利奇出版社（Routledge）的安德烈·莫尔德（Andrew Mould）、米凯尔·琼斯（Michael Jones）和费伊·雷瑞克（Faye Leerink）的耐心与持续的鼓励以及莎拉·霍洛威（Sarah Holloway）和三位匿名评审在早期对本书所做之非常有益的评述。

第一章 研究农村

一、为什么是农村

农村地区拥有许多功能与价值。它生产了世界上大部分的食物，同时也消耗了大部分的水资源。农村是我们大部分能源的来源——不管是化石燃料还是再生资源——也是支撑工业的矿产原料的源泉。从历史上来看，农村至少为人类社会提供了制作衣服的纤维，建造房子的石材和木材，以及造纸用的纸浆。同时农村也是我们的游乐场，或许是散步、骑马、骑自行车和观光的场所或许仅仅是为逃离城市喧嚣而寻找一丝宁静的场所。农村还有很高的自然环境价值与美好的风景景观——农村地区拥有地球上绝大部分动植物物种，农村也是本土文化多样性的家园。在那里，人们可以随意看到传统生活的要素和前工业化时代的生活方式。诸如此类，农村地区通常也是作为民族认同的象征意义，被视为现代性的对立面。无论是其荒野性还是田园牧歌的生活，农村地区都得到了人们各种各样的赞美。然而，农村也会被描绘为偏远、落后和欠发达的地区，迫切需要现代化改造。

农村地区所具有的多种功能和价值也使得农村空间成为一个不明确和复杂的概念。农村是一个不能简单定义的凌乱而含糊的理念。对普通大众来说，我们可能都会直觉地把任何一个地方看作农村而非城市，但解释为什么它是农村而不是城市，以及在地图上画出城市和农村的界线都是非常艰巨的工作。由于不同人对乡村性的意义和农村空间的功能所强调的重点不同，所以农村应该重新定义为一个具有多重意义的空间。

实际上，正是农村的复杂性和多重性，使得农村居于许多当代社会所面临重要问题的中心地位。例如，关于全球食物供给的争论或许可通过城市媒体和政治论坛清晰表达出来，但它们与农村空间的管理有直接的关系（相片1.1）。确保全球食物安全的挑战要求我们要考虑到粮食生产优于其他农村土地利用的限度,以及我们是否准备追求更集约和更高技术形式的农事生产(例如经过遗传改造的作物)。而这种生产既有环境风险,也会威胁到传统的社会结构,例如家庭农场。同样,能源安全、适应气候变化、全球贫困问题治理、移民控制、生物多样性保护和尊重地方文化等问题迫在眉睫,所有这些都提出了农村空间的意义、功能和管理的困难。

相片1.1 全球食物危机连接着城市与农村

本书是关于各种农村意义如何塑造了农村地区的社会与经济结构和在农村生活、工作或游憩的人们的日常生活的描述。本书讨论了农村地理学学者的研究,并调查这些过程及其影响,同时也反映出农村地理学研究汲取了不同乡村性理念的途径。本书试图展望和捕捉当代农村地理学研究的丰富性与广泛性,而且也将预测某些在不远的将来或许成为农村地理学探索的重要主题与方法。然而为了实现这个目标,首先必须思考有关农村认识的历史发展及它们在农村地理学中的应用。在这章导论的其他部分,作者多次概要阐释了作为学术研究领域的农村地理学发展和农村研究中农村概念的形成。本章也简要考虑了"农村"一词的起源和大众语言的用法——在下一章将展开进一步的分析。下一章将对以下几点进行更详细的调查与研究:作为一种理念的农村地区生产和再生产、农村在大众文化中的想象和表现,以及它在景观物质形态中的转换。

二、研究农村

(一) 城市和乡村

"都市"和"农村"之间或城市与乡村之间的区分,是地理学最古老和最普遍的二元区分之一。这样的术语早已作为区分早期封闭和防御的城镇空间(专栏1.1),以及开放与非控制的城外空间之间的方法。但随着融入到语言和文化之中,它们很快就获得了具有象征性的意义。正如雷蒙德·威廉姆斯(Raymond Williams, 1973)评述的那样,"乡村"和"城市"是非常有力的词汇,当我们意识到在人类交流中它们所代表的立场时就不会感到惊讶。对威廉姆斯而言,这两个词汇具有不可分割的联系,并且这个联系代表着人类社会的进步。正因为如此,他指出乡村与城市、农村和都市都蕴含着强大的感情和内在的联系:

专栏1.1 农村和乡村性,乡下和乡村

与乡村性或农村空间有关的英语术语有好几个。农村/乡村性和乡下/乡村这些成对词组可追溯到不同的拉丁语词根,这些词根都反映了农村特质的一些东西。"农村"是作为联系拉丁语中名词"rus"的形容词而出现,意为一个开放的区域(Ayto,1990)。该词以形容词形式插入并纳入到几种欧洲语言之中。它指的是一些与城市以外的有关区域。衍生出的"乡村性"一词出现在18世纪,意指农村的状态。它可能来源于法语中的"农村"(ruralité)。"农村"在一段时间内也曾被当作一个名,意为来自农村地区的人。最近在更多的学术论文中"农村"被当作名词来使用,意指有农村特征的抽象空间,但是没必要把它与特定的地域联系在一起——正如本书章节的标题那样。

"乡下"一词来源于拉丁语的介词"contra"或"against"(与……对比)。它在拉丁文中的原意是"围绕一个地方向外扩展的土地"。后来它被用来指与城镇相对或属于特殊民族和国家的土地。这两种用法一直保持着密切的联系。"乡村"起初强调的是与城镇相对的定义(城镇的另一面),但是在英国大众文化中它被扩大为一个更宽的和充满象征性的含义(Bunce,2003)。然而,正像邦斯指出的那样,"乡村"在其他英语国家里没有同样的感情色彩。在那些国家里它没被广泛使用,至少到目前为止仍然如此。例如,在北美就使用"countryside"(乡村)一词,意在保留它更多的原意。即在像新英格兰和安大略南部那样的一些地区,它主要被用于距城市中心较近的农村区域。

在学术和官方语言中更喜欢使用"农村"(rural)、"乡村性"(rurality)和"农村地区"(rural areas)。可能是因为它们听起来更中性和客观,同时比"乡下"和"乡村"更具有文化气息(有趣的是,"农村"与"质朴的"(rustic)曾是同义词,但后面这个词演变成了一个更具体详细的含义)。虽然对此少有理性的理由,不过"乡村"通常被用作"农村"的形容词。举例来说,英国负责乡村政策的政府机构:农村委员会和乡村发展委员会合并成了乡村署,简化了农村社区委员会。

"农村"在包括英语、法语、意大利语和西班牙语等一些欧洲国家的语言中具有通用语言的优势地位。因为,这些欧洲国家的语言没有直接等同于"countryside"(乡村)的词汇。值得注意的是,很多语言将这个词汇用于表述农村地区,或强调与土地和农业或民族认同有关的人和农村景观。因此,德语用"landschaft"(乡村或景观)和"landlich"(农村);法语用"paysan"(乡下人)和"paysage"(景观),这都与"pays"(民族)有关;西班牙语用"campestre"(农村)和"campesion"(农村人),这都与"campo"(田野)有关。

进一步阅读:邦斯(Bunce,2003),威廉姆斯(Williams,1973)

关于农村的认识主要集中于对那里自然生活方式的概括:恬静、淳朴和单纯的美德。城市则可主要概括为获得中心性的理念:学习、交流和光鲜。这也形成了一些强烈敌对性的概念:城市是一个充斥噪音、世俗性和野心的地方;农村则是一个落后、无知、愚昧和局限的地方。对比农村和城市的基本生活方式,则可以追溯到古代社会。

(Williams,1973)

作为大众文化中的理念,"乡村性"或"乡下"的形成,将在第二章做进一步的讨论。此处,说清楚以下两点就足够了。作为学科训练的"都市"和"农村"这对二元

第一章 研究农村

概念已融入地理学有机体；城市和乡下的大众文化有机体一直影响着城市地理学和农村地理学参数的确定以及它们所探讨对象的定义。

在 20 世纪 60 年代之前，在地理学作为学术学科的早期发展中，城市和乡村的研究都与区域地理学主要的研究方法有联系。区域地理学的研究方法是寻求描述具体区域的地理特征，通过描述区域地理特点再现城市与乡村关系的一般假设情景。因此，人们通常从食物和自然资源的角度描述并解释农村地理学科与城市中心的功能性联系。通过建立城乡关系的一般模型，试图将这些普通的概念转化为科学理论。其理论上可用于任何地区。这类模型包括冯·杜能（von Thünen）的土地利用同心圆模型。此模型绘制了由农村到城市远近关系的耕种类型（最初它是由德国经济学家约翰·海因里希·冯·杜能（Johan Heinrich von Thünen）在 1826 年绘制的，但直到 1966 年才翻译成英语）；1933 年瓦尔特·克里斯泰勒（Walter Christaller）创立了中心地理论（1954 年由奥古斯特·廖什（August Lösch）进行了修正），并解释了农村和城市居住体系的等级结构。

实际上，这些模型不能掌握农村地区的多样性和多变性，因此在实际使用中常常也是不恰当的。尽管如此，它们预示了 20 世纪 60 年代一个基于新体系的地理学研究方法的形成。这个方法批判了过分描述和缺乏科学严谨性的区域地理学。因此通过运用科学调查实证主义原则和询问访谈获取的资料确定空间组织模式和规律，导致新空间科学开始将其主要研究目标放在城市上（Hubbard，2006）。由此形成的城市地理学开始重视城市体系的制图和建模。城市地理学虽延伸并涵盖了农村地区，但实际上只是城市边缘的农村。值得关注的是，虽然没有与农村系统对应的研究，但却促成了强化农村和农业联系的系统农村地理学的发展（Woods，2009a）。

直到 20 世纪 70 年代早期，研究农村地理学的综合性方法才更清楚地表现出来，尤其是在英国的克劳特（Clout，1972）和美国的哈特（Hart，1974）的教科书中。这些教科书认识到，农村不仅仅是农业。通过对生产性土地利用的集中研究，这些教科书把农村描绘成一个联系紧密且有特色的体系。受到这些介入启发的新"农村地理学"明显存在着这样的紧张关系。一方面，农村地理学不加批判地把"农村空间"的存在视为它们研究对象的容器；另一方面，它们试图提取农村的本质，令人信服地绘制农村和城市空间的界线。两者之间的矛盾通过固定分析尺度的方法，可获得的任意空间单位的数据,以及任何性质的选择指标(Cloke,2006)。

(二) 农村地理学概念的形成

自 20 世纪 70 年代以来,农村地理学的发展轨迹受到下述条件的强烈影响:一是人文地理学宽泛概念(以及更宽泛的社会科学概念)的发展;二是人文地理学研究目标重心的变化;三是人文地理学对所观察的过程和现象的解释;四是人文地理学对农村的定义。农村地理学的早期研究,正如上面描述的那样,遵从实证主义的原则。实证主义原则上坚持通过经验调查发现客观事实。例如,农村地理学学者要通过探索得到的统计数据来证明不同于城镇特征的功能特征,寻求对农村做出客观的定义。然而,正如克洛克(Cloke,2006)所证实的那样,由于人文地理学方法上的弱点,在其做出各种假设时,其功能性研究方法就会遭到削弱甚至失效。乡村性的功能性概念能够描述具体农村空间和农村社会的特征,但是它们不能证明这类特征的农村本质,或者解释这些特征如何形成现实的农村生活。

20 世纪七八十年代,由于顺应了政治经济学新研究方法的浪潮和受到研究资本主义运行方式的新马克思主义(neo-Marxist)理论的影响,农村地理学进一步暴露出功能性研究方法的不足(参见 Buttel and Newby,1980;Cloke,1989a;Woods,2005a,2009a)。随着农村社会学研究工作的深入,一些研究者对农业政治经济学的分析发展做出了贡献。他们重点关注像资本主义其他产业那样,提出为必要的资本积累而改变种植结构。认为种植业是传统农村生活方式的核心,这种怀旧与浪漫的观点已经寻觅不见,但在农村地理学的实证主义研究中还可看到。其他的政治经济学研究对资本主义国家所表现出来的农村规划和经济发展过程提出了质疑,调查了随着资本主义劳动空间分布的调整所引起的制造业和服务业部门就业从城市向农村的转移问题,并通过等级分析棱镜(Cloke,1989a;Woods,2009a),研究了社区的社会关系和人口变化与迁移的影响。

研究表明,这些塑造了当代农村空间和社会过程,超出了假设的农村空间边界,发生在区域、国家和全球等各级尺度范围。广泛的社会和经济过程对特殊农村地区的影响会得到地方因素的调整,造成不均衡发展,但是这些地方因素在不同农村地区之间是不同的。正如地方因素在不同城市地区之间的不同是一样的。因此,城乡二元论的解释和作为地理学概念的"农村"价值可归结为:

> 不论其目标是描述性的或是理论性的评价，广义类型的"农村"是模糊的，因为农村内部的差异可能是巨大的，农村—城市的相似性是明显的。
>
> （Hoggart，1990）

这一评述的逻辑结果可能会废除"农村"这个人文地理学中有意义的概念（同上）。然而，不论地理学者在着力界定农村空间或描述农村现状时承受了多少困难，对很多人而言，以下的观点是很清楚的。即，在一般的公众中乡村性概念仍然会得到广泛承认和使用，"农村"仍然还具有非常清晰和重要的意义。

人文地理学的"文化转向"（culture turn）提供了探寻这些含义的框架。由此，后现代主义和后结构主义理论均被引入到农村地理学之中。与实证主义和政治经济学的视角形成对照的是，后现代理论认为，没有等待人们发现的客观真理。事情在于，为了使得这个世界有意义，个体和机构得以建立他们现实的方式。按照这个原理，农村地理学学者开始解构乡村性主导概念得以反复构建的方式（见第二章），并对分支团体论述的有关乡村性的替代经验和含义进行探索。在一项特别有力的干预下，菲洛（Philo，1992）批评了农村地理学的研究趋势。在研究中把农村人描写为就业者中的"一般人"——白人——无论性别、健康与能力，也不论宗教或政治身份，并且呼吁从事传统模式以外的，包括被忽视的其他社会团体的农村地理学研究。

因而，农村地理学学者的注意力也开始离开农村地方的结构特征和活力，而重在表现整体的农村。在新的探索方面，农村被理解为是一种社会建构——农村是一个想象的实体，即由学术界、媒体、政策制定者、农村游说团体和一般人反复提出和争辩的有关乡村性的论述所形成的实体。因此，农村是"一种思想的范畴"（Mormont，1990）。

（三）面向农村空间的三重模型

乡村性的社会建构与物质目标、实践和场所有关，但它们与乡村性的社会建构又不连在一起。正如哈夫克里（Halfacree，1993）指出的那样，农村空间多样化表现的增多，意味着"农村"这个标志正在日益脱离农村地理空间的参照物。换句话说，通常议论中所想象的乡村方式或许与实际的农村空间和农村生活的"现实"几乎没什么关系。这个世界充满了真正的乡村性,有关农村概念也得不到具体地点或生活经验的合理支持,然而,正是这些概念的力量和流行使农村空间符合这些观念想象:

> 如果过去某时,某些乡村性的"真实"形式对乡村性的文化地图负有责任的话,那么,情况就可能是文化地图引领和指导了对农村空间的认知,并呈现给我们某些真实的乡村性。

(Cloke,2006)

探索农村、农村地点和农村生活经验各种表现之间偶然和复杂关系的框架已由基斯·哈夫克里(Keith Halfacree,2006)提出。在这个框架中,他提出了一个把我们知道的农村空间中分散元素聚集到一起的策略。哈夫克里认为农村空间是可想象的、物质的和实践的。因此可以直接通过与以地点为基础和以社会表现为基础的截然相反的方法定义乡村性。他认为这两方面交织在一起的"物质和观念的"农村空间即为事实上的交叉点。乡村性的社会表现没有想象中的农村地方的形式是不可能存在的,同时农村地方的定义依赖于有关乡村性应该像什么的特定观点来实现。而且,哈夫克里还指出,物质的和概念化的农村空间都通过实践表现了出来:

> 我们必须注意农村地方的物质空间如何仅仅依靠结构过程才存在,以及农村社会表现的理念空间如何仅仅通过推论的互动实践才存在。

(Halfacree,2006)

从这些最初的观察中,哈夫克里描绘吸收了昂利·列斐伏尔(Henri Lefebvre)的传播空间理论(理论指出空间是资本主义反复创造的产物)。其是市场和社会再生产、殖民化和商品化、购买和销售、创造和毁灭、使用和滥用以及推测和争夺等诸项压力模型化的产物(Merrifield,2000),亦见列斐伏尔(Lefebvre,1991),由此勾勒出"农村空间的三重模型"(图1.1)。这个模型主张,农村空间折中了交织为一体的三个方面(Halfacree,2006):

- 农村地方,通过与生产和消费联系在一起的相对有特色的空间实践刻画出来。
- 农村的形态表征,正像那些由资本主义势力或政治家所谈到的那样,指的就是在资本主义生产与交换过程中形成的农村表现。

• 农村的日常生活，在农村生活的协商和解释中包括了个人与社会元素，并且不可避免地是松散的与不连贯的（同上）。

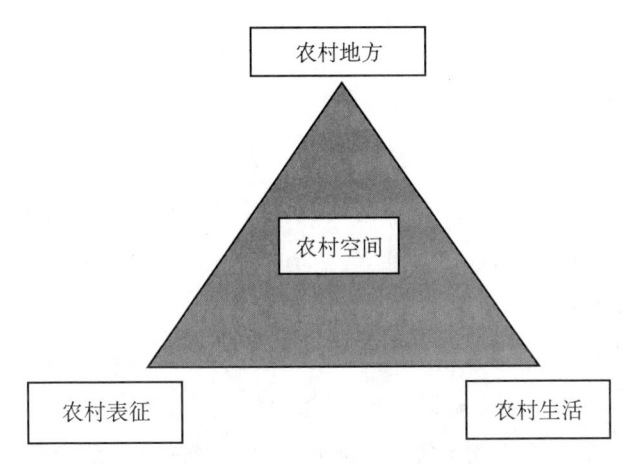

```
              农村地方
               /\
              /  \
             /    \
            / 农村空间 \
           /          \
          /            \
         /_____\
       农村表征          农村生活
```

图1.1 农村空间的三重模型

这三个方面一起构成了农村空间的整体，但是它们未必紧密连为一体呈现出和谐统一的乡村性。在持久和流动力量之间，以及在这三个方面各自的逻辑之间，都存在着紧张关系。举例言之，农村的形态表现从未完全涵盖日常生活的经历——尽管它们可能很接近——并且形态表现和地方空间实践的统一在某种程度上是不平衡的(Halfacree, 2006)。这些紧张关系驱动着农村空间的活力，提供了农村重构的机会，并为以农村的意义和规则为核心的"农村政治"创造了空间。

哈夫克里以战后英国生产主义农业为中心的农村为例说明了他的模型。正如在第三章更进一步讨论的那样，通过哈夫克里模型的三个方面可以清晰地看出，生产主义是一种农业生产最大化支持体系的政策主张，而且成为了20世纪40年代后期至20世纪80年代英国农村生活的基础。首先，通过独特的农业实践优势刻画出"农村地方"(Halfacree, 2006)，尤其是耕作的产业化形式转而对地方更广泛的社会、经济和环境因素产生影响；第二，立法和政策文献形式中"农村的形态表现"强化了生产主义的基础，特别是1942年的斯科特(Scott)农村地区土地利用报告(类似于官方的白皮书——译者注)、1947年的农业法案和在过去30年间定期发表的各种政策"白皮书"；第三，通过生产主义农业与农村空间更广泛的市民社会的联接,农村日常生活主要通过生产主义视角而存在(同上)。这不仅通过农户的生活和工作条件表现出来,而且也通过农民和土地所有者按照自己的利益参与农村地方政府政策制定来表现(更多资料参见 Newby et al., 1978; Woods, 2005b)。

起初,这三个方面紧密配合形成了和谐统一的凝聚力。在这个凝聚力中,作为生产主义农业的英国乡村性的规范表现强劲且统一起来,同时具有统帅一切的强势(Halfacree, 2006)。然而,随着时间的推移,这种生产主义农村空间的每个方面都受到来自其他空间、农村和非农村地区的竞争(同上)。并不是所有的农业都完全采用了生产主义制度,并使较轻生产主义的农业元素存留在农村地区和农村的日常生活之中。农村人口减少的动力以及此后的逆城镇化对农村地区所呈现出的反生产主义理性的论点都产生了影响。同样,生产主义农村规范表征日益受到农村所包含的其他规范表征的挑战。例如,保护政策和动物福利的讨论。总体而言,自1980年开始,这些紧张性就在分解着生产主义垄断,并且导致了对英国乡村性的再思考。

三、本书的范围和结构

基于基斯·哈夫克里(Keith Halfacree)的农村空间三重模型,为介绍本书计划采用的农村观念提供了一个有用的参考点。本书的目的是考察、探索和批判在人文地理学及其他相关学科中已经一再产生并采用的乡村性和农村空间观念的不同方法。其本身不仅在学术、政策、媒体和一般讨论中对乡村性和农村空间的表现有兴趣,而且也对这些观念在农村地方,以及在农村日常生活中的表现有兴趣。

为了采用这种研究方法,本书无意对农村地区和它们的地理学展开综合性的调查。农村生活的某些方面以及农村地理学中的某些研究领域仅在本书中做了简短讨论(针对这些论题更详细的论述,参见 Woods, 2005a; Flora et al., 2008; Ilbery, 1998)。同时一些其他思考也融汇在书中的论述内容。为了强调现在农村地理学的观念和争论,我普遍摘引和参考了近十年出版的书籍和论文,因此略过一些农村地理学的"经典"。这些经典在过去对形成农村过程的认识是非常重要的,但却不能贴切反映出人们当前关注的热点。同样,由于本书是一系列有关地理学"核心概念"的组成部分,这与农村社会学或农业经济的著作不同。尽管这些学科在实际上有紧密的联系，但本书中所论主要在地理学研究和文献的框架之内，而且在讨论中，农村社会学学者和经济学学者将会发现许多有兴趣的事情。

本书也尝试从全球尺度来进行农村研究，描述了"北半球"（欧洲、北美、东亚、澳大利亚和新西兰等发达工业化国家）和"南半球"（非洲、亚洲、拉丁美洲和大洋洲等经济较为落后的国家，有时也被称为"发展中国家"或"第三世界"）的一些案例①。然而，应该承认这种研究必然是不平衡的，因为它受到农村地理学研究空间格局的限制。例如，在英国和美国，农村地理学研究的焦点和视角是不同的（关于这种差异性的更多讨论，参见 Kurtz and Craig, 2009；Woods, 2009b）。更不要说在以英语为母语的农村地理学和法国、德国以及日本等以实证为主的农村地理学之间的不同了。而且多方面不同的地理学文献实体也会对这种差异产生影响。此外，北半球的农村地理学研究（由农村地理学学者引导）与南半球的农村地理学研究（由发展地理学学者引导）有很大程度的分异，后者更倾向于关注社会与经济结构，并较少受到"文化转向"的影响（亦参见 Woods, 2009a）。

本书共九章，每章都聚焦于地理学学者研究农村的某个概念和某个目标的不同方面。所有章节都有"充满活力的"主题，用以表明在我们研究农村空间和农村生活中所强调的活力本质。在某些情况下，这个积极的动词被认为提供了具有农村的目的，如，"开发农村"和"消费农村"。在一些情况下，它指的是展现农村存在的方式。同时，在其他情况下，它仍然指的是研究者在构建有关农村知识方面的实践，如"管理农村"和"再造农村"。

下一章"想象农村"，将用一般性术语调查学术上和非专业讨论中作为观念的"农村"，以及通过政策和实践实现这些观念的过程来继续本章的讨论。下一章还将扩大本章所讨论的农村地理学概念的发展轨迹，引入关于农村关系展望的观念，并与以上勾勒的哈夫克里三重模型一起形成了后续各章的基础。每章都重点讨论农村中某个具体方面的问题。

之后的三章将讨论作为经济空间的农村建设。第三章"开发农村"，将讨论作为农业和其他基础产业生产空间的农村。相比之下，第四章"消费农村"，将探讨作

---

① 东亚主要指日本和韩国，亚洲主要指南亚和东南亚。作者把中国当成南半球——发展中国家。——译者注

为消费空间的农村,特别是通过旅游业的发展,日益形成将农村转化为经济收益的替代方式。第五章"发展农村",将思考农村的经济发展目标,检讨发展战略如何依托特定的概念化农村。

第六章和第七章转向关注农村空间的生活体验。第六章"生活在农村",将讨论农村生活方式和农村社区的意义,以及通过充满活力的社会变革对这些意义进行检验和改造的方式。第七章"表现农村",不再对农村进行描述,而是通过农村生活的性质和日常活动思考乡村性的规定性,包括"超越描述"来认知农村的方式。最后两章为更具政治性的观点。第八章"管理农村",将讨论农村经济和农村环境的管理,并且描述农村治理政策和战略的基础。最后,第九章"再造农村",考察了一些21世纪乡村变化的重要驱动力,以及由此产生的政治挑战和农村地理学研究的意义。

四、进一步阅读

本章讨论的农村空间三重模型由基斯·哈夫克里(Keith Halfacree)在《农村研究手册》(2006)一书中撰写的"农村空间"一章中所提出。在《农村研究手册》一书中,保罗·克洛克(Paul Cloke)撰写的有关概念化乡村性的一章批判地评论了农村地理学中对乡村性使用的功能、政治经济和社会结构的研究方法。欲了解更多作为次级学科的农村地理学史,以及不同国家间农村地理学的实践差异,请参阅《国际人文地理学百科全书》(2009a)中由迈克尔·伍兹(Michael Woods)编写的"农村地理学"词条。欲了解更多有关"农村""乡下"和"乡村"等词汇的语言学起源和发展,请参阅雷蒙德·威廉姆斯(Raymond Williams)的经典著作《乡下和城市》(1973),以及迈克尔·班斯(Michael Bunce)在《国家愿景》一书中所写的章节。

第二章 想象农村

一、引言

在前一章,"农村"表现的是一个难以理解的概念,它是一个不能描述成实在的、牢靠的和无可争议的实体对象。同时它指的还是一系列随着时间推移的毫无拘束的概念和联想。这时常引起人们的讨论和争辩。农村社会学家马克·莫蒙特(Marc Mormont,1990)论证说,最好把"农村"看作是一种"思想范畴"。这个论点强调"农村"首先是想象的,其次是描述的,再次才是塑造成与具体化的"农村"观念、景观以及生活方式等实体形式期望相一致的地方。这些农村地方和生活方式反过来被注入到集体想象当中,完善和修改这个观念并由此形成了"农村"概念在其中反复创造的动态过程。

本章着手的工作是,对农村概念在大众文化中想象和描述的反复创造过程,以及对这个概念在景观中转变为实体的过程进行更详细的调查。本章的结构分为三部分。第一部分追溯了"农村"概念的历史演变。首先展示了有关"农村"概念是如何与它们被认定归属的那种自然空间相分离,接着追溯了欧洲人"农村"概念的世界传播,以及对这个与景观和环境相联系概念的修改情况。第二部分对我们如何知道当代世界的农村提出质疑。通过量化、媒体和通俗的阐述聚焦于对农村的描述。第三部分将农村看作一种有联系的概念,探讨了构成农村的各种关系及农村与都市之间关系不断变动的性质。

二、农村的历史性解释

（一）起源

"农村"这个理念有一个古老的起源。人口一旦开始在可防御的聚落集聚，就需要形成一个术语，它主要指坐落在乡镇和城市外围的土地。我们现在所用的"农村"一词最早记录的词根正好是这样，文字上把这样的地方称为"开阔空间"（Ayto，1990）。到了古罗马时代，形成了一些更成熟的有关乡村性的描述。他们不仅把农村看作是一处"空间"，而且还赋予了这个空间一系列的道德与文化联想。罗马时期，乡村被看作食物和自然资源，同时也是仆人与士兵的来源，而且还是一项政治资源。这里的土地可以作为兵役的报酬而予以重新分配。对富裕的罗马人而言，乡下别墅是隐退和地位的标志；而农村移居者到城市会被视为是粗鲁与笨拙的行为。

在罗马文献中，这种相互矛盾的农村概念是有记载的并被浪漫化的，特别是在维吉尔①（Virgil）写于公元前42至前37年的《田园诗》中（Short，1991）。可是，维吉尔曾受到特奥克里托斯②（Theocritus）早期作品的影响。特奥克里托斯是希腊西西里人，他的《田园诗》写于公元前3世纪，在西方文献中被视作田园传统的始点（B. Short，2006；J. Short，1991；Williams，1973）。在他们的作品中，维吉尔和特奥克里托斯都传递着农村生活的严酷。维吉尔还特别记述了农民和牧人被政治驱逐令驱离土地时的困境。但在这情境中，他们对农村的描述都充满了田园风味。农村生活被描述为简单、天真无邪和善良的，同时还被令人尊敬的农业职业和与自然的亲近所包围（Williams，1973）。

在2000多年前，通过田园生活神话的传播，"农村"这个符号开始与农村地理空间的表述相分离。随着数世纪以来，田园生活传奇在西方文明中一再重现，所以它所包含的农村概念在西方文化中很牢固地扎了根，并且强化了农村这个符号和其表述的不一致性（Bunce，1994；Short，2006）。实际上，中世纪和现代早期就认为，农村田园生活神话的不朽性始终掩盖了农村生活条件的重要方面。同时由于

---

① 古罗马诗人。
② 古希腊诗人。

第二章 想象农村

封建制度的残酷,以及农业革命时期资本主义生产对农村土地的占用,导致它掩盖了乡村的剥削和压迫。除此之外,它还掩盖了城市和乡村之间联系的规模性与复杂性,因为农村地区的活力和农村生活的日常习俗已重笔用诗意般的都市对农村的认知进行了刻画:农村是食物、燃料和建筑材料之源、狩猎场以及防御缓冲区。

此外,对农村的田园描述恰与完全把农村描述为充斥着危险和威胁之地的城市想象相左。这是把农村看作荒野的思想。这种观点甚至比农村田园生活神话有更古老的起源。它在一万年前左右农业社会的形成时就出现了(Short,1991)。那些对荒野的恐惧一直贯穿在那些森林、沼泽和山里居住着邪恶精灵、怪物及野蛮人的欧洲中世纪民间传说之中。通过耕种可以驯服荒野,因此有助于促进田园主义的美德,但耕种的景观也可被看作对城镇旅行者的威胁,就好比流浪汉对高速公路的影响,以及极端天气对孤立农村社区的影响。因而,在城市的想象中至少总是存在着两个农村,每一种都与根据农村生活日常习俗的农村不同。

(二)全球化下的农村

自 15 世纪以来,欧洲人的乡村性观念就被探险者、定居者和帝国的管理者传播到全世界。他们从这些观念的视角解释他们看到的新大陆,并试图在他们新的殖民地重新创造欧洲的农村。例如,早期到达北美洲的殖民者就看到了那里没有可辨识的城镇聚落土地,但是,这点就需要改造以符合欧洲乡村性的田园想象。虽然北美居住着耕种并收获野生动植物的土著部落,但在欧洲人眼里北美仍是荒野,并且对荒野的征服成为明确美国国家认同构建的主题(Short,1991)。驯化荒野不是通过城镇化,而是通过以更为熟悉的田园景观替代生疏的农村(参见专栏 2.1)。正如诺布洛克(Knobloch,1996)的文献所述,农业是美国西部按照欧洲理念和惯例实施殖民化的工具。牧业习俗、农作物和牲畜都来自于欧洲。安达卢西亚长角牛,英国赫里福德牛以及西班牙美利奴羊的到来,都替代了土著的野牛,成了草原上的优势物种。即使一些物种为适应气候条件而付出了努力,但它们也必须获得"改良"(Knobloch,1996)。美国西部的耕种占用了土著部落的狩猎地,并无视他们对这片土地的认知。重要的是,那些接受了欧洲耕作方式的部落,包括称为"五大文明部落"的彻罗基人(Cherokee)(北美印第安人之一族——译者注)、乔克托人(Choctaw)、契卡索人(Chichasaw)、塞米诺人(Seminole)和克里克人(Creek)(同上)。

专栏 2.1　性别化的农村

　　现在人们把对北美农村荒野的"征服"和"驯化"的描述强烈指责为性别化隐喻。主要表现为把土地比作女性,借助欧洲田园传统的大男子主义主张实现土地确权和圈地的需要。然而,正如克洛第(Kolodny,1975)指出的那样,土地如女人的宗法话语,包含着在母系遏制与性别诱惑之间的固有冲突。一方面,土地被想象成一位母亲,她的慷慨和丰足是不可思议的,伊甸园式的。但是,爱得尼克(Edenic)也指出,可以在自给自足方面让定居者欣喜若狂并腐化掉他们的努力(Rose,1993);但另一方面,土地也代表着诱人的妖妇,招来诱惑的渗透力。例如,土地统治开始被看作乱伦和强奸,这样的恐惧就迫使土地和女人在心理和情感上的分离(同上)。

　　美洲荒野的女性化反映了把妇女和自然联系起来,并由此以女性表现自然的农村景观乃是更为古老的传统。欧洲和北美的景观绘画反复描绘了自然背景下性感迷人的妇女,省略了自然的肥沃和女人性的丰饶。在某些方面,女性的身体通常用来代表景观,包括诸如丘陵的轮廓,树木和花卉的利用以及水的展现。这不仅是女人生殖力的标志,事实上也是对女性身体的描述(Little,2002)。这个话题将女性置于被动——嵌入于景观之中,但男人则是主动的,是农村空间转换的代理人(Rose,1993),反过来也展现了对乡村妇女地位的认识,包括土地所有权的宗族观念和农活的性别化(在第七章将有进一步的讨论)。

　　在休闲和消费场所的农村构建中也重现了男权主义对景观的统治(在第四章讨论)。正如罗斯(Rose,1993)观察的那样,步行者或骑自行车人或骑摩托车人对乡村的探索以及对农村休闲的享受等同于性感的快乐。同时他们以对女性美丽具体化的窥淫癖来对农村景观进行美学欣赏。被动的女性农村景观与主动的男性消费者的对比,在农村手册和指南中作为田园旅游者与休闲者的男人进一步强调了这种倾向。例如,考察一下20世纪中叶的地图,一般仅允许女性作为汽车的乘客瞥一眼,但男性会作为汽车驾驶员、漫步者和自行车爱好者登上中心舞台。

　　进一步阅读:李特尔(Little,2002);罗斯(Rose,1993)

第二章 想象农村

不过，北美对地权的重新分配并未产生与欧洲一样的乡村，而是以一种美国的认同和美德表现出一个新的农村空间。正如瓦伦西乌斯（Valenčius）的观察所述：

> 自建国之日起，在美国的思想界和著作中就清楚地表达了农业和道德之间的联系。清楚地从周边不规则的地形勾画出的直线有序排列的田块，意味着在自由种植者中的有序道德。显而易见的非耕种土地不仅是道德上的也是身体上的挑战。发生在中部密西西比河谷藤丛、农田和大草原中与陌生地域相遇的情况标志着对美国自我想象方面的阐释，好的和坏的。
>
> （Valenčius, 2002:10）

由于北美不断增加的城镇人口，那些通过艺术和文学对美国农村的描写被田园化和神话了。班斯（Bunce, 1994）指出在 1891 到 1962 年间，至少出版了 140 部有关美国中西部农场生活的小说，再现了一个农民简朴、品德坚毅、天生智慧和老式礼貌的农村田园牧歌（详见专栏 2.2）。有意义的是，这些描写所表现的农村不仅由景观说明，也由农村居民的日常习俗所阐释。这些活动得到了美国早期农村社会学的研究与提炼（M. Bell, 2007; Woods, 2005a）。而且，从 20 世纪早期，伴随欧洲的田园神话，有关道德高尚的美国自耕农的概念就告别了日益产业化农业的物质性（详见第三章）。

专栏 2.2 农村田园牧歌

"农村田园牧歌"是关于农村的最有力和最持久的思想之一。与城市的喧嚣和傲慢相比，这种思想，把农村想象成一个充满和平、宁静和简朴美德的地方。同时，农村牧歌也脱离了现代性。乡下生活的牧歌式描写与对农村的描写一样古老，而且，在每个历史时期人们都会用他们自己恐惧的反义词润色美化农村的田园牧歌（Short, 2006）。在 19 世纪晚期到 20 世纪早期，欧洲与北美的城镇化和工业化日趋发展，对农村田园牧歌的描写特别流行。农村田园牧歌得到了以下舆论的支持，反城市主义和平均地权论，特别是怀旧城市居民用来区别当时的城镇和罗曼蒂克化的农村过去的自然。班斯（Bunce, 1994）把这描写为"安逸的乡村"。这是出自城市和郊区起居室的想象与评价。这样,"农村田园牧歌"就成了从面加在农村地区和共同体之上的通用概念。

实际上,由于不同文化、道德重点和纪实描述的不同,存在着很多不同的农村田园牧歌。例如,农村田园牧歌视觉影像表达的观念会随着地区和国家而变化,从英格兰起伏的低地到斯堪的纳维亚的森林和湖泊——通常与国家的认同紧密联系。在英语国家,这种农村田园牧歌观念深受前工业社会英格兰农村浪漫化和怀旧记忆的影响,即使这个观念所传递的景观特征与北美或澳大利亚大部分地区不同。尽管如此,好莱坞在现时代重建农村田园牧歌观念中也起到关键作用,促进了这种观念的全球传播——也许具有讽刺意味的是,给予了农村田园牧歌自身把农村社区表现为抵御全球相互联系所带来压力的庇护所(D. Bell, 2006)。

除了电影,农村田园牧歌也通过艺术、文学、诗歌、音乐和电视得到重现。这是一种在大众文化中普遍存在的观念。不过,农村田园牧歌也具有真正的实际影响。在本书此后的章节中将会有更详细的讨论。农村田园牧歌的吸引力在逆城镇化中是一个重要的拉动因素,并是农村旅游的一个卖点(详见第四章)。但是,由于农村景观与生活方式常常与农村田园牧歌的想象相左,为符合投资者和消费者的期望,它们需要改变。农村田园牧歌概念也受到政治观念和政府政策的影响——"家庭农场"不朽的象征意义即是一例——这时农村生活一些严酷的现实被掩盖了起来,如贫穷、偏见和环境问题(详见第六和第八章)。因此,农村田园牧歌是一个规范的概念,这个概念寻求的是建立乡村性的某种方式,而非对实际存在的农村进行描述。在某种意义上,哈夫克里(Halfacree, 1993)认为,农村田园牧歌是由中产阶级的统治性文化对农村地区的展望,班斯(Bunce, 2003)也指出,"即使我们承认,对农村田园牧歌有很多看法,它们都会聚集刻印在社会和经济结构中的那种怀旧观念的周围"。

进一步阅读:班斯(Bunce, 2003);肖特(Short, 2006)

在赞美农民与田园牧歌的同时,19世纪的美国文化着手对荒野进行了重新评价。像詹姆斯·费尼莫尔·库帕(James Fenimore Cooper)、约翰·奥杜邦(John

第二章　想象农村

W. Audubon)和乔治·卡特琳(George Catlin)这样的作家,以及像艾尔伯特·比尔施塔特(Albert Bierstadt)和托马斯·莫兰(Thomas Moran)那样的画家,他们普及了一种新的描述,即把美国的荒野作为自然美、科学与精神意义的地方来描写(Short,1991)。特别是,奥杜邦(Audubon)把这片荒野比作伊甸园,囊括了荒野的浪漫化和其特性与崇高的象征。在荒野地区建立像黄石公园那样的第一个"国家公园",反映了以下两点:一、把它们作为雄伟景观之地加以描写;二、形成可与欧洲拥挤的文化史相比的独特美国史的表述(Runte,1997)。还有,正如克罗农(Cronon,1996)观察到的那样,主要由城市参与人发起的再造美国荒野,恰恰忽略了土著美洲人的存在,因此把荒野神话称作"原始的"。而在曾把这里称作"家园"的印第安人看来,无人居住的土地总是特别残酷的。

　　因此,美洲乡村的建立是一个混杂的过程。它把欧洲观念和物质材料与本地景观和动植物群体结为一体,把文化和政治观念融为一炉。其他地区从属于欧洲殖民化也产生了这样相似的融合。在加拿大,农村聚落遵循着可比较的道德和文化规则。它们按照欧洲人的方式,为土著人的重新安排和景观的重组提供司法管辖:"农业景观具有强力的象征意义,可把英国风格刻在特定的丘陵上,并重视欧洲人的土地所有权,最终使定居者想象他们自己在一片新的土地上再造了一个英国版图"(Murton,2007)。默顿还特别记录了乡村性的合理性。这个合理性来自于20世纪早期不列颠哥伦比亚省南部大规模的土地重新安居计划。这些计划以安置第一次世界大战退伍军人融入健康的农村生活为目标,包含排干湖泊和沼泽、开挖运河和灌溉平原。而促进这些计划的,与其归功于地方的现实,不如说归功于想象力带来的形象展望,正如默顿描述的那样,通过土地安置局制作的宣传手册封面:

> 插图画家让我们看到,渐渐远去的由一块块农田拼成的图案以及用篱笆标界的农田之间的灌丛。整洁的房子点缀着景色。海岸山脉的山峰塑造了整个的景观,透过覆盖弗雷泽(Fraser)河谷的云层。可以看到:不列颠哥伦比亚省和英格兰可爱的混合物(稍微有些不协调)——崎岖的西部和田园式的旧式乡村——一个想象的在现实上简化了的地域。
>
> (Murton,2007)

然而,正如默顿更进一步详细论述的那样,由此建立的乡村则是一个现代的乡村。通过新技术的运用和对自然改造的展示来实现。此外,加拿大自由主义思想流派在政治上提出了土地重新分配计划框架。小型农场的景观反映出将个人财产及企业作为经济繁荣和社会秩序基础的信念。同时这类计划的规模有助于增加两次战争期间加拿大政府在社会和环境改革中不断增长的联系。然而,最终默顿认为连接农村的英国思想限制了现代人,并错过了他们真正利用自然资源的机会。他们聚焦于"转变现存景观成为他们想象那样的合适乡村"(同上),但是他们的农业思想不太适合不列颠哥伦比亚的环境条件。

在新西兰也是如此,殖民地乡村有一个争议和经验的演变。在 19 世纪后期,新西兰开放的乡村由野生草地转变为牧场,改良的草场面积从 1861 年的 15.8 万英亩增长到 1925 年的 1 650 万英亩,并支撑着农业经济。同时它依靠出口到英格兰的羊毛,利用引进的英格兰品种,促进了英国式畜牧业的发展(Holland et al.,2002)。实际上,几乎所有殖民地乡村结构的关键部分都是进口的:

> 从一开始,定居者把本地的动植物带到世界的温带和亚热带地区。引进并广泛传播了大量的树木和灌木、草本和禾本草、花和蔬菜、鸟类和哺乳动物、狩猎和经济动物、昆虫和鱼。几年后,当本地禾本牧草基本上不符合牧场主的期望时,那么,或将引进的禾本和草本植物有目的地移种在广泛采用的"混合种子站",或作为有害植物不经意地植入"混合种子站"。
>
> (Holland et al.,2002:75)

一些引进物种的表现与预期相悖,特别是 19 世纪 80 年代引进的兔子就被称为农业的首要公害,也对本地的植物群落造成了广泛损害。乡村建设的影响不仅是环境的,也是文化的,曾为毛利人(Maori)提供纤维、粮食和动物的生产性水生与陆生动植物栖息地所组成的开阔乡下景致已被取代(同上)。取而代之的则是,新西兰的新农村成了特殊白人定居者的基地(C. Bell,1997)。在北美把那里的农村看作"真正的"农村,不仅有新西兰所反映的问题,而且是对农村生活美德与单纯的陈述。这也反映了一种信念,"开垦土地"的斗争有助于打造民族的性格(同上)。在最近这种观点已受到毛利人(Maori)有关农村景观、动植物和资源的叙事诗挑战(参见 Panelli et al.,2008)。

在热带和亚热带地区的殖民者,所面对的虽然更多是从欧洲农村移植过来的景观,但这里也是殖民控制区内在特征的混合,欧洲观念和地方农村希望与当地环境结合(Casid,2005)。为了在印度和西印度群岛重建英国乡村,殖民统治者建起了英国式乡下庄园(Roberts,1998),并传播了像板球和猎狐那样的英国农村生活的仪典。到20世纪早期,一些对不列颠社会和政治改革步伐感到惊恐的贵族,移民到南非和东非去重建他们的乡下庄园。甚至与欧洲农业传统几乎很少相似的商品作物庄园也充斥着欧洲乡村性的基本主题,就像吉尔·卡西达(Jill Casid)对西印度群岛描述的那样:

> 牙买加那种混合的殖民地景观,不仅是意大利和塔希提岛的混合,也是荷兰和英格兰农村农场景观的混合。牙买加岛工程师托马斯·克拉斯科尔(Thomas Craskeu)和测量员詹姆斯·辛普森(James Simpson)所编绘的地图,给我们展现了1756年牙买加的骡子磨房、风车、甘蔗仓库和蔗糖庄园分块的蔗田画面。除了大背景中多山地带的地形特点外,驱赶着牛车的黑奴、整体的构图、弯曲的小路和植被使牙买加的蔗糖种植园尽可能与想象中的英国和荷兰农村一样。
>
> (Casid,2005)

关键的一点是,尽管农村世界的转型和农村思想理念的扩散不总是一种途径,但也会从殖民地流回到欧洲。例如,像土豆和玉米那样的食物就从美洲引进到了欧洲,成为很多地区的主食,并且改变了农村地区的经济结构和日常习俗。正如卡西达记录的那样,为了奢侈的乡下庄园建设,殖民地种植园和帝国贸易造成的财富被频频运回欧洲。在那些种植着石楠、木兰和杜鹃等树木与灌丛的园林,就会被看作土地所有者财富的来源,并体现出欧洲的农村景致。

(三) 乡村保护和农村时空

19世纪末叶,城市扩张的压力不断增强,殖民者了解到欧洲农村景观和社会的变化,并受到启发。特别在英国,到1851年时英国已有一半人口生活在城市,到1951年急剧增长到五分之四(Saville,1957)。乡村人口的减少反映出在农村生活的田园情景与日常经验的现实之间的分离。为摆脱贫困、孤立和乡村社会缺乏流动性,人们移居到城市,希望有更好的生活条件与发展机会(Short,2000)。

还有,主流文化对城镇化的反映是英国农村田园象征的某种重新普及。例如,作家威廉·莫里斯（William Morris），之后又有克拉夫·威廉姆斯·埃利斯（Clough Williams Ellis）重新访问了富有美德、诚恳和单纯的传统农村社团，但却以新的反城市和反工业的情感使用了这些手段。与一些早期的描写形成对照的是，在城市的入侵面前农村被描绘为脆弱的、易受伤害的，无论在自然上（对郊区的无序侵蚀和带状发展）还是在社会文化上（随着城市文化的扩张，农村传统和手工艺品的丧失）。这些情感受到对自然研究和户外休闲兴趣日益浓烈的新兴中产阶级的欢迎，这为团结在国民信用（创建于 1895 年）和英国农村保护协会（CPRE）（创建于 1926 年）周边的保护主义者运动提供了基础（Bunce,1994；Short,2006）。

　　由英国保护主义者运动宣传的乡村性思想，具有两个主要特点。首先，与国家认同紧密相联。在英国乡村性和国家认同的联系至少可以追溯到 14 世纪，但在 20 世纪初，可察觉到对乡村的威胁和战争的威胁同时存在，并产生了某种命运共同体的意识。田园般的农村形象在第一次世界大战时通常作为征兵和鼓舞士气的海报，但保护主义者认为战争时期的城镇化速度则与这条消息背道而驰。在《猛击》杂志上有幅著名的漫画，描绘了"史密斯先生"1914 年离开小村庄时对"保护乡土不容侵犯之号召"的回答和 1919 年返回到一个新兴城市的故事（Matless,1998）。在 20 世纪 20 年代和 20 世纪 30 年代，诸如《探索英格兰》（*In Search of England*）和《英格兰遗产》（*The Legacy of England*）为题的流行旅游指南和旅游纪录片，强化了这种联系（Brace,2003）。1926 年，英国农村保护协会创始之初，协会秘书处的帕特里克·阿伯克龙比（Patrick Abercrombie）教授明确地说保护乡村就是保护英格兰：

　　　　我们所拥有的最伟大的历史丰碑，最基本的就是英格兰，是乡村、集镇、村庄、灌木篱墙、树木、小路、杂树林、小溪、农场农田及建筑物。

　　　　　　　　　（Patrick Abercrombie,引用 Lowe and Goyder,1983:18）

　　其次，保护主义运动要求农村和城镇有秩序地分离。尽管存在着对城乡之间差别的辩解，但城乡之间的实际边界（实际上的与意念中的）并不总是固定的。出于卫生的考虑，城市清除了牲畜和屠宰场所，并首先尝试从城市内部采用更严格空间秩序（Philo,1995）。保护主义者在没有前人经验的地方寻求建立对城市的限制。马特雷斯（Matless,1998）将这种对空间秩序的意愿描述为"聚落道德"，即都市和农村应该持久呆在它们适当的地点。他再次引用了阿伯克龙比

第二章 想象农村

(Abercrombie)的话作为这一观点的说明：

> 城乡规划的美学本质存在于对这两种对立事物的明确认识之中……让城市的生活方式在城镇流行中占有优势，让农村保留着乡村性，并保持这种清楚的区别。
>
> （Abercrombie,引用 Matless,1998）

这些努力的结果就是1947年的城乡规划法。该法实施了建设控制,规划了居住地的外围以及围绕主要禁止新建城区的"绿化带"。其效果达到了"英国城市的遏制"……(Hall et al., 1973)。然而,正如默多克和洛(Murdoch and Lowe, 2003)所观察到的那样,几乎在城乡分离的同时,这点就被社会经济进程所破坏。在他们称之为"保护主义者悖论"中,保护主义者政策的实施竟使得分离遭到持续的破坏(同上)。因无限制开发受到保护的村庄成了寻求"乡村田园生活"的城镇居民的吸引物。为了抑制进一步的破坏,他们反过来成了像英国农村保护协会(CPRE)那类团体的支持者。

在任意一个时间点。实施城乡空间秩序都会出现问题。随着保护主义者提出的农村保护中强烈的怀旧倾向,都可能会让我们去思考农村的"时空"。换句话说,除了要问"哪里是农村"之外,我们可能还会问"何时曾是农村？"。对农村通常是用与过去相联系的词汇来描述。农村人是作为国家偶像而受到尊敬的,因为人们相信他们保留了部落祖先遗留下来的传统和习俗;同时,田园牧歌生活的描写也将农村定位为逃避现代生活压力的避难所(J. Short,1991)(相片2.1)。

此外,把农村的时间固定下来是不可能的。例如,马特雷斯(Matless,1994)观察到,人们似乎经常用现代和传统这两个对立的词汇假定。英国的村庄位于与现代性相反的一边。他指出,诸如 W. G. 霍斯金斯(Hoskins)和托马斯·夏普(Thomas Sharp)那样的保护主义作家,他们笔下的农村并不符合这种单纯的二元论。同样,历史建筑的保护是乡村保护的主要方面,这些不同时期持续传承下来的建筑是不会过时的。农村文学往往暗示着一个"黄金年代",但这点却令人难以捉摸地一步步不告而别,难以再现(B. Short,2006)。

尽管如此,遗产的商品化仍然是当代农村地方实践的中心部分,不仅在欧洲,而且在世界各地无不如此(C. Bell,1997;Crang,1999;Prideaux,2002;Wilson,1992)。为了与农村历史的现代期望相符,农村遗产的论述常常受到修改和粉饰,

相片 2.1 草房和森林：英国农村的田园风光？

这些过程通常会引起争议。例如，里格和李特奇(Rigg and Ritchie，2002)论述了泰国农村文化遗产的商品化，在泰国论述农村的过去是带有政治敏感性的。激进活动分子一直在利用对过去农村所做的田园牧歌式论述来挑战当今的现代化计划，并维护基于农民的历史。然而，同样田园牧歌式的表现也被新兴的旅游者度假景点所采用。度假景点的发展减少了农民人口。其结果是，对"真实"泰国农村生活的想象与泰国农村的现实基本无关，无论是过去还是现在：

"旅游景点"展示了泰国城市是如何概念化农村的。由于所有者和设计者(泰国人与外国人)为其他人的消费设计了"农村"体验——露天表演虚构的过去(很像激光灯演示的"古代"素可泰(Sukhothai))——与水稻农业生计的现实毫无关系。

(Rigg and Ritchie，2002)

三、了解农村

（一）乡村性的论述

当代农村是一个复杂的空间，这已由上述章节叙述的争论、物质化、写实和想象的多样性与动态过程表现出来，并在不同的语境与不同的展望中表现出了不同的形式。对农村再想象和再现的过程一定是灵活的，这包含所观察到的"农村"现状的批评性思考，以及那些我们期望的比较农村样貌的想象标准。这样，农村再建要求我们具备懂得农村，了解农村。因此，在上一节集中讨论了农村的实体论，即农村如何能够存在。本节将探讨我们如何了解和理解农村的认识论问题。

实际上，了解农村的方法不是单一的。相反，在传播中存在着很多不同的乡村性论述。每一种论述都表现了一种认识和理解农村的不同方法。这里所使用的"论述"一词，在某种意义上源于米歇尔·福柯（Michel Foucault）的著作。在他的著作中"论述"是理解世界的方式或解释构成知识框架的可见的特定关系、实践和主观事物的方法。即我们用来使我们的世界对我们自己和他人有意义的"符号"、象征和实践的广大的网络（Gregory，1994）。因此"论述"就不仅是对现实性的描述。通过展示意义和设定可理解的边界，它还会创造现实。"论述"不仅仅是唯一构成写与说的词汇，它还构成了表象、声音、举止类的肢体行为、习惯思维和习俗等（Wylie，2007）。因此，以前节所举的例子来说，美国农村生活简朴、坚韧的道德、智慧和正直的综合正是不仅由书面文本的讨论形成，而且也是由对艺术、音乐、政治演讲和教堂讲道以及符合这些观念的农村居民的日常习俗的论述所形成。

由地理学者提出的农村空间的学术知识也是一种"论述"（或者不如说是多重性的讨论，远非连贯与一致的学术知识）（Halfacree，1993），但是这种"论述"的产生并不是学术知识的保存。我们也能分辨出不同的"论述"：使国家了解农村和形成农村空间管理框架的针对乡村性的政治与政策的论述；使媒体能制作出"真实"和"虚构"的农村生活故事并传播农村观念的乡村性媒体讨论；特别是，由普通人日常生活中的信仰、思想、描述和行为所构成的非专业性农村论述。

本节集中于"了解"农村的三个特别方面。首先，通过作为学术和政府论述组成部分的量化数据构建了解有关农村的知识;其次,媒介论述用于构建流行的认识农村生活的作用;再次,通过构建与乡村有关的地理知识从事非专业性的乡村性论述。

(二) 量化农村

在历史的进程中,学术界和政府对农村的论述坚持是实证主义的认识论。他们认为农村能够用计量数据准确地认识清楚,并对可以在统计上得到检验和证实的农村空间和农村生活的各个方面做出"真实的"论述。由此类推,非数量的农村论述由于不能用同样的方式检测和证实其不可靠和不切题而遭弃用。因此从19世纪60年代起,计量方法就主导着更多的农村地理学的解析分支(但农村地理学却仍然固守着基于田野调查的强劲传统,特别是与明尼苏达大学约翰·弗雷泽·哈特(John Fraser Hart)相联系的北美学校)[①]。计量分析可用来得出农村几乎每个方面的知识。因而,通过大范围的作物生产、土地规模、肥料使用、农场收入、农场规模等一系列数据,就可以构建起有关农业的知识和认知。同样,通过人口数据、居民距离测量的数量分析和服务点详查,结合一系列的社会经济数据,也可以构建起认识农村聚落模式和聚落功能的知识。

此研究手段的逻辑延伸就是试图用计量分析的方法,或根据如人口、人口密度、可达性、土地利用和农业就业那样的具体指标,或通过更复杂的多指标模型的开发,定义和界定农村地区(例如,请阅读 Cloke,1977;Cloke and Edwards,1986)。然而,这并不能编制出农村地区"真实"的地图,而且这些模型只能产生大量不同的、重叠却不一致的、依靠所选择的指标和所采用的领土单元规模编制的农村地区。更广义地说,农村地理学第一指向政治经济,第二指向文化探讨的运动开始提出有关基础计量分析假设的问题和所产生知识的用途问题。这样做像展现定量方法的批评就是一种特殊的讨论,但却设定了农村地理学中生成知识边界的讨论。正如保罗·克洛克(Paul Cloke)在后来反映早期英格兰和威尔士的"乡村性索引"中所承认的那样:

[①] 详见 John Fraser Hart. *The Rural Landscape*, Johns Hopkins University Press, 1998。——译者注

第二章 想象农村

现在给出我的观点,阐述什么是农村和农村在哪里的思想是这部著作的一个不恰当的方式。我经常问这样的问题,即为什么我做这个索引。我的评价重要聚落政策方面的经验性研究工作集中于德文郡(Devon)(我把这里称为"偏远的"农村地区)和沃里克郡(Warwickshire)(一个"有压力"的农村地区)。尽管我并未这样劝说自己,索引对选择案例研究地区不是必需的。除了法定的或是强迫规定为必要的"主要社会科学文化"这类事情,我只能说关于农村曾经是什么和现在是什么的问题上,在我已具备学术和文化能力去这么做的时候,我曾用唯一的办法说明过一件相当幼稚的事情。我知道当时通过选择大量可进行讨论的可变因素,即我预先确定的大部分农村研究成果,但有趣的是那个预先确定正在地理学的其他领域出现。

(Cloke,1994)

然而,两个防止误解的说明则须与上述计量研究方法转换的描写相联系。例如,首先,英国农村地理学中摒弃计量法的趋势就远强于美国或很多欧洲国家。在美国或那些欧洲国家的大多数农村地理学研究中至少还保留着一些计量分析。其次,在政府对农村认识的政论中强调采用计量方法仍然是普遍的。在官方有关各地区农村生活的定期说明和统计出版物中,这是很明显的。从农业生产到卫生保健的供给,都会用来为决策提供信息。再例如,英国农村社区委员会就编制年度"乡村状况"报告,即展现英国农村社会、经济和环境状况的统计摘要。通过英国农村水准的综合数据也再现了这样的观点。英国乡村是作为一个独特的、有内在联系的整体存在的。

此外,政府所采用的农村地区定义,一直是以计量方法为基础,用以满足区别适于农村政策地域范围的需要。再者,具体政策部门制定的定义已造成不同的定义数量激增。香博·米勒(Shambugh Miller,2007)提到,美国联邦规划使用的不同农村地区定义已超过50种。定义所覆盖空间范围的差异相当大(参见 M. bell, 2007)。例如,根据人口普查的定义,超过3000万人口的地区也被定义为"农村",然而,根据行政和预算部门采用的定义,这样的人口规模居住区域应归类为"大都市"。这些定义的详细规定可对农村地区产生重要影响,因为这些定义会对其他规划实施与筹资的适宜性产生影响。例如,香博·米勒(Shmbaugh Miller)就着重强调了医保药店准入标准规划的案例。该规划拟确保美国70%的农村人口生活在距医保药店15英里的范围内。然而,在该规划中使用的农村地区定义却非常广泛,包含了远离城市中心的每个地方。这样70%的门槛很容易符合郊区地区,但却漏掉了偏远的农村地区,虽然可达性在不断增强。

2002年,英国政府批准了英格兰和威尔士新"农村定义"的扩展,欲为政府部门和机构提供通用的可利用类别。这项创意至少在某种程度上是有政治动机的,反映出政府构建农村地区"客观"描述的愿望,以反对由像乡村联盟那样的压力集团提出的主观表述。这个主观表述是通过对像狩猎和耕种那类传统活动的定义来勾画乡村(Woods,2008a)。使用 GIS 技术对家庭密度数据进行多尺度分析并构建了新的城乡分类(Bibby and Shepherd,2004)。然而,通过实践产生的这种模型从两个方面可以对任何以计量为基础的农村地区持久的偶然性做出解释。第一,模型实际上不能简单地把一些地方称为农村地区。相反,它须在一个二维矩阵内确定地域单元的位置。一个矢量标志着从城镇到"小村庄和散居家庭"的聚落形式,另一个矢量代表着作为稀疏或较稀疏的区域环境。超过1万人的社区,不论其家庭密度怎样,均可被认为是"城镇"。第二,由于此模型建立在很多空间规模之上,因此,根据一个可观察到的规模,就可以用单一的点做出不同的分类。这样,在新的分类中已经产生了英国和威尔士农村更细微差异表述的同时,也证实了并不存在一个客观的乡村性定义。

(三) 乡村性的媒体论述

在更广泛的意义上,媒介在乡村性思想的传播和扩散上始终起着重要作用。像后来在艺术、文学和歌曲上的描述一样,古代特奥克里托斯(Theocritus)和维吉尔(Virgil)的诗歌中的一些内容,就是媒介早期的乡村性描述。19世纪以来,与快速城镇化同时兴起的大众传媒,在确定乡村性讨论框架和重现中的重要性始终得到强化,以致使现在的媒介成了大多数人"了解"农村的手段。这既包括在新闻媒体和文献中对农村生活公开的"实际"记述,也包括通过文学、电影和电视剧所虚构的流传在农村的故事。正如下面所讨论的那样,农村的媒介描述在两种模式之间来回摆动。

当媒介创造和促进新的乡村性讨论之时,农村的媒介描述通常反映和强化了

第二章 想象农村

既有的农村论述,同时也会把特定的道德、文化或政治信仰反映出来。确实,通过无言的描述和有声的描述,媒介均有助于促进乡村性的讨论。例如,主流新闻媒体常常会谴责对农村问题的无视,这样再现那个将乡村看作平静、安宁甚至落后和没有有趣事情发生的地方想象(Harper,2005)。当农村新闻论及的活动与主流舆论不一致时,农村新闻所表现的仅仅是农村的特色,以及获得可唤起农村田园风光想象的语言报道,正如班斯(Bunce,2003)所观察到的加拿大一个小乡村所爆发的致命大肠杆菌(E. Coli 是埃希氏菌,也就是大肠杆菌 Escherichia Coli 的简称——译者注)的新闻报告那样。

农村问题的重大报道只在出现明显"农村危机"的时候,例如,2001 年英国的口蹄疫疫情期间,或者更近期的全球食物安全问题。这些事件吸引了人们的注意力,因为它们要求重新评价乡村性的讨论。在这样的情况下,新闻媒体在农村未来的塑造和讨论中发挥了重要作用。加斯卡(Juska,2007)探讨了在后苏维埃立陶宛里塔斯(Lietuvos Rytas)报刊中农村报道分析中的此类事例。加斯卡记录了 1991 到 1999 年间,随着农村地区适应经济自由化和实施土地改革的调整,农村经验的报道频率增加了 10 倍以上。然而,他也观察到,通过规范好的农村报告,讨论内容有了变化。加斯卡认为,在 20 世纪 90 年代期间,有关立陶宛农村的报道大部分是冷漠无情的,这反映了城市对农村居民的落后现象,支持根本改革的偏见,以及对因改革遗留下的"新的"农村贫穷依赖国家福利的不满。

然而,到了 2000 年,立陶宛的经济变强,并在为加入欧盟做着准备。在这种情形下,加斯卡看到了在乡村性的主流媒体中乡村性讨论的某种转变。不仅大量涉及农村的报道数量迅速下降,而且"立陶宛的乡村性正日益按照欧盟范围的贫困问题重新评定,而不是由城市阶层资助的福利问题所定义"。这样,农村地区那时就被描述为农村发展的舞台,给新的非农企业和生活方式带来了机会。以这样的方式,由立陶宛新闻媒介再现的乡村性论述,既反映了对农村地区的流行看法,也有助于建立农村政治改革的环境。

娱乐媒介对塑造流行的农村观念有着更大的影响,尤其是以农村为题材的电影、电视剧,集叙述、声音和影像为一体,以及传播范围与流行性更强化了它们的影响力。例如,菲利普斯等(Phillips et al.,2001)指出,乡村戏剧是英国收视最高、传播最广泛的电视体裁,诸如《心跳》(Heartbeat)、《巅峰实践》(Peak Practice)、《爱玛山谷》(*Emmerdale*)、《骇人命案》(*Midsomer Murders*)和《巴利吻天使》(*Bally Kiss Angel*)等剧目。这些节目表现出时髦而夸张的农村描述,虽然这脱离了农村生活的日常实际经验,但仍然是成千上万的观众了解农村的重要途径。在许多情况下,农村戏剧的感染力可能要用乡村田园风光的城市感知补充予以解释。这甚至容纳了大量归于此类的犯罪剧目,而在犯罪和田园风光之间的不协调则是这种节目结构的组成部分。再现乡村田园风光的面貌可以通过情节、人物塑造和景色表现,也可通过大量的讲述技巧表现。一些流行的农村节目主要包括渲染乡村田园生活怀旧情结的历史剧。它们通常有个"局外人"角色着重展现城乡差别的乡村节目。正如菲利普斯等(Phillips et al.,2001)所讨论的那样,包含着利他主义的专业人员和让工人阶级满意的智慧,许多节目含蓄地勾勒出由阶级冲突或无阶级冲突构成的乡村。

然而,在电影和电视节目中还会看到另一个农村,这类节目以城市对农村社区的孤立和"落后"的偏见以及对荒野的原始恐惧为思想基础。诸如《解救》(*Deliverance*)、《柳条编织人》(*The Wicker Man*)和《女巫布莱尔的计划》(*The Blair Witch Project*, D. Bell, 1997)电影,以及(模仿的形式)英国电视系列喜剧《绅士联盟》(*The League of Gentlemen*),都是"反田园生活"的组成部分。电视节目中互相并重的农村节目的组成部分地验证了这个事实,电视观众歧视和批判的性质,通过电视节目表现的夸张和小说化的存在,观众能够认识农村(Phillips et al., 2001)。还有,观众仍会把电视节目所勾画的农村和他们所看到的农村联系起来,并从观看这样的节目中撷取"农村知识"元素。

因而,通过电影和电视节目所重现的乡村性讨论,已从三方面对农村地方产生了实在的影响。第一,"农村"电影和电视节目的全球传播已导致了对农村的描述与现实农村地区的脱节。城市观众的农村印象是通过媒体而非通过农村地区的直接体验而获得。他们把一系列不同的农村环境下的节目所表达的混合农村观点集合起来,这些观点反过来也许能用于他们当地的农村(Phillips, 2008)。例如,菲利普斯(Phillips, 2004)观察到,在新西兰,英国农村电视剧的普及度意味着"英国乡村形象可能因此会像新西兰乡村形象一样有助于新西兰的乡村意识"。

第二,一些农村竞选人和评论家认为,媒体对农村田园生活的描写与电影、电视和文学中对动物的拟人描述,促成了农村生活的某种"错误"形象,并且改变了公众对诸如狩猎和农业活动问题的看法。例如,英国压力集团乡村联盟的杂志特辑曾断言,"对单个议题而言,看《无价值林地动物》(*The Animals of Farthing Wood*)(一部动画片——译者注)、华特迪士尼影片和观光主题公园长大的一代是容易吃亏的,压力集团正是利用了年青一代对乡村现实缺乏认识来达到他们的目的"(Hanbury-Tenison,1997)。

第三,很多电影和电视连续剧的拍摄地点已成为旅游景点,吸引着那些寻求描写虚构农村本质的项目爱好者。在有些情况中,现实的景观已经被修改成虚构景点的元素。例如,莫迪尤(Mordue,1999)描述了戈斯兰(Goathland)的约克郡(Yorshire)村庄的案例情况,在该村成为流行电视剧《心跳》(*Heartbeat*)的拍摄地后,就有大量旅游者到此观光。结果,这个村庄的景观就成了戈斯兰实在的社区和虚构的艾登斯菲尔德(Aidensfield)社区的混合体,具有了电影背景所保留的成分,如节目中临街的村庄商店。

(四)乡村性的非学术性论述

非学术性的乡村性论述被欧文·琼斯(Owain Jones,1995)定义为"人们在日常生活中使用的和遇到的所有有意和偶然的交流手段。尽管农村的含义可以分为有意的和偶然的,但都要表达与建立起来"。尽管非学术性论述的知识源于媒介论述、政策论述和学术论述,也反作用于媒介论述、政策论述和学术论述,但它们又是不同的,因为它们是以乡村生活的日常活动为依据。正如琼斯(Jones,1995)所观察到的那样,"非学术性的农村论述即是乡村性本身的重要组成部分。虽会直接塑造和改变它,但也与其他具有自身影响力的同等论述相联系"。因而,如在第一章所介绍的那样,非学术性论述试图描述和解释的是哈夫克里农村空间三重模型中的"农村日常生活",与构成"正规农村描述"的媒体、政策和学术论述有着互动关系。

然而,这并不是说,有关乡村性的非学术性论述比其他论述更"真实"。非学术性论述是"情境知识",由个体的经验所形成,也反映了个体的年龄、性别、种族、社会阶层、教育和居住史等。研究非学术性论述对农村地理学的价值在于,它们讲述的是农村生活的直接故事。在理解农村人员怎样看待乡村性方面和在检验了解农村和农村空间活动之间的联系方面,它们可以给我们提供更多的描写方式。这点可以被乡村性非学术性论述简单聚焦的四个关键要素加以解释。

第一,乡村性的非学术性论述清晰说明了农村地区的人员是怎样把他们的地方看作农村。重要的是,这些概念虽然凭借着由媒介传播的流行论述,但它们与实际经验是联系在一起的。因而,琼斯(Jones)在英格兰南部的两份报道中,记述了在当地的道路上被拖拉机和牲畜滞留的经验,并毫无保留地再现了对农业的论述:

我们非常幸运拥有几家地方农场,牲畜在地里放牧。拖拉机在道路上上下行驶。但这并不一定是祝福!

我们经常被去挤奶或回来的牛群挡在路上。我们谛听着羊叫、鸟鸣和拖拉机的声音等。

(Jones,1995)

第二,非学术性的乡村性讨论可以设定界线标准,分辨谁是或谁不是农村的,因而,作为排他性的办法。例如,贝尔(Bell,1994)在他对一个英国村庄的种族学研究中,描述了当地出生的居民如何用与乡村、特殊习俗和传统有关的某种知识把他们自己作为"乡下人"来与外来移民区分开。例如,一名被采访者,告诉贝尔说,她奶奶总是说,她在学会吃"罐煨兔子",或者用兔血烹调兔子肉之前,她不是一个真正的农村姑娘。同样,城市居民进行的非学术性乡村性论述会强化农村人员的旧俗。

第三,非学术性论述也表达了对农村社区变化的认知,如认为各地变得越来越不那么农村了的概念。这在贝尔(Bell,1994)和琼斯(Jones,1995)有关英格兰的著作中和为凯洛格(W. K. Kellogg)基金会提交的美国农村概念的报告中非常明显:

从事农业的村庄居民极少,因此,它已不是20或30年前的真正的乡村了。

(Jones,1995)

总体而言,移出城市之后,你已不再是美国乡下人了……那是一件困难的事。人们正在进来,人们卖掉了自己的土地,人们正在进来了。

(W. K. Kellogg,2002)

第四,非学术性论述为农村生活的生存经验和农村居民感知的需要提供了框架。在有些情况下,非学术性论述再现了乡村是一处与田园生活相联系的安全、和平和自给自足的生存地方。不过,非学术性论述也会对那些与贫穷和偏见的轻松假设发出挑战。这些报道和紧张状态将在第六章做进一步探讨。

四、关系的农村

(一) 农村关系的思考

本章前面部分重点讲述了若干农村概念的特点:它是一种社会构造,在它构想的时候既已产生。作为一种社会构造,农村一般是与另一实体联系起来认知的(比起城市来,农村更接近自然、欠发达、与过去有更多的联系等)。同时农村的社会结构不是空中楼阁,而是镶嵌在社会、经济和政治关系的网络中。对农村描述也已脱离了农村空间本身,并由全球网络传布流传开来。最终通过人类和非人类、本地和外来的各类角色组成的社会、经济和政治关系,将农村理念物化在各地农村之中。

从这个简要总结中可清晰地看到,在我们的探索中一个经常性的主题是关系的意义。的确,我们或许可以构建对农村关系的阐释。在过去大约十年左右的时间内,"关系的探索"在人文地理学中是很流行的。它可简单地描述成在构建空间、场所和社会、政治、经济、文化形式以及与它们相联的过程中,重视网络、联系、流量和流动性的重要性。这种关系性探讨排斥了作为固定存在的在范围和规模的静态和分层结构中受到限制的空间与地方概念(Marstion et al., 2005),代之以"活动、轨迹和互联的产物"总是动态和偶然的位置空间(Massey, 2004)。正如怀利(Wylie, 2007)所观察到的那样,"关系不在空间上出现,它们创造空间——关系的空间,以及由这些因素组成的世界地理"。

此外,关系的探讨退出了人文地理特征的社会特权。关系研究也削弱了自然与社会、人类与非人类的二元性,接受了把所有存在的,人的和非人的,都视为网络中平等组成部分的一种不可知的位置。每个部分都具备通过它们的参与或不参与而改变结果的能力(另请参阅 Murdoch, 1997a, 1998, 2003; Woods, 1998a)。采用这种视角试图获取按它们的性质不能表现出来的行为与冲动。这样,关系研究也关系到"非可描述性的事情"——感情、冲动的肢体行为、情感关系等(Thrift, 2007)。

默多克(Murdoch, 2003)认为,对处在社会构建方法与将乡村视作与自然打交道之地的一般认识之间的农村,在农村地理学的视野中存在着不同的看法。关系研究为解决这种紧张关系展现了机会。第二种看法,他建议,限制第一种看法,即"乡村只是一个简单的社会建构的看法",这种看法反映了一种社会关系的主导模式,却不能充分说明在它的界限内看到的"自然的"实体(p.264)。默多克提出,"在关系理论(特别是行动者网络理论)中,删去自然与社会的划分,为新的研究提供一个基础。"为了将乡村作为一个混合空间对待,它"将人们熟悉的'社会'与'自然'的观点结合起来,在创造性的结合中混合了社会和自然实体"。

(二)混合的农村

这里使用的混合性概念,主要形成于布鲁诺·拉图尔(Bruno Latour)的著作和他认为现代性涉及将自然和社会王国人为分开的论文。实际上,拉图尔认为,现代性建立在各种异质过程之上,在这个过程中人愈限制非人类,这就使得世界像是人类和非人类行动体混合聚集所构成的那样(Latour,1993;另请参见 Murdoch,2003;Whatmore,2002)。

默多克(Murdoch,2003)对以混合形式存在的农村网络和关系的演替做了分类。这些类型包括了与人类、非人类生物和技术成分结合在一起的各种农业生产的网络形式;因社会或经济目的改变了景观的发展过程;凭借复杂的技术和特殊的景观和气候条件的休闲活动;以及由新型的人类与机器关系组成的运输模式(亦请参阅 Murdoch,2006)。他还指出,农村是由混合网络管理的。比如恩蒂克科特(Enticott,2001)有关英国所谓獾和牛结核病之间联系决策的网络研究,这个网络由人类和非人类行动者组成。

默多克进一步论辩到,农村本身是混合状态的。将农村地方视为混合聚集体认识的可能性由鲁迪(Rudy,2005)在加利福尼亚州南部帝王谷的研究中予以检验。鲁迪批判了将帝王谷作为流域和区域的传统论述。他指出,这再现了自然与社会的分离。相反,鲁迪提议用"半机械体"来理解帝王谷(即一个"共同进化的、混合的和受计算机控制的生物体"),这是借用了哈拉维(Haraway,1991)的术语。作为一个半机械体,帝王谷被理解为由多样因素所组成,包括科罗拉多(Colorado)河水、迁移水鸟、索尔顿海(Salton Sea)刻意挑选出的食物链、圣安德烈亚斯断层(San Andreas Fault)、墨西哥人的田间劳动、公立大学的扩大服务、全球的市场和供应链、国际生物技术、化肥和种子联合企业、州和联邦的水权管理、规章和市场。这些因素受到大量复杂相互关系的限制,以致"帝王谷在维持着与多重历史上,即与自然、社会或科学技术实体和现象类别联系的同时,从未完全归在这些类别中的任何一种"(Rudy,2005)。帝王谷这种复合结构意味着不能把个体的社会、经济或环境问题看作是与网络中的其他因素无关的孤立体,所以,诸如,"帝王谷的生态问题不但不能与劳工斗争和工人健康等因素完全分开,更不能与农业活动和社区再开发"等问题分开了。

如果把农村作为混合体来认识就需要用新的方法了解农村,同时将仅以社会或自然为重点的农村空间观察所看不到的盲区和遗漏揭示出来。默多克(Murdoch,2003)指出:

> 乡村是混合体。之所以这样说是想强调,乡村的混合性是由以多样方式将各类异质存在连在一起的网络所定义。也要指出,这些网络产生了乡村的轻微差异:并不存在一个能看到整体面貌的农村或乡村关系的单一制高点。

(Murdoch,2003:274)

关系研究可帮助说明这个"拓扑学复杂性"的农村空间,但是默多克表示,关系性的观察范围会被它们自身所限制。特别是,他认为有很多行动者需要被看作不仅仅是混合网络中同等的参与者时,当人类明显地纠缠在异质关系网络中时,作为可以被看作这种网络和这些特质的成员,他们也保留了独特的品质,时常作为社会-自然世界中变化的"驱动"设备。这样,默多克提出,关系研究不应被看作是取代社会结构主义和与自然打交道的农村研究,但是关系研究应被当作农村地理学工具包中与那些成熟的方法并列的附加工具。

(三)重新思考城乡关系

关系研究也能帮助我们反思农村与城市之间的关系。在关系术语中,农村总是被定义和想象为城市空间和社会的相对物。与此同时,实际的社会与经济关系——即人员与物品,资金和权力的网络与流动,总是超越城市与农村模糊的划分。乡村性的功能和政治经济的概念化一直在设法解决这个悖论,因此出现了作为分析术语的"农村"应予放弃的建议(Hoggart,1990)。与此同时各种社会主义的方法因聚焦模糊领域而忽视了现存的社会和经济关系。相反,关系研究使得我们认识到跨农村和城市空间的多样性网络与交流,以及出现的农村和城市结构部分的混合形式。

城市与农村的混合通常在有意识的农村城镇化方面观察到。城镇化包括大量不同的过程,所有这些过程都表现出对乡村之"农村"本质的威胁。不过,也最有利地说明了,全部都取决于固定在历史中某些未专门指出要点上的城乡模式的模糊分类。因此,城镇化就与非农业经济活动的扩张和向城市市场供应农村产品的导向联系起来。然而,正如巴尼特(Barnett,1998)观察到的那样,城市经济的统治经历了漫长的历史:"乡村已掌控在城市手中,自城市形成了它的交易和资本以来就一直如此"。不易感知的是,城镇化也与到处弥漫着的城市文化习俗、态度和消费模式融为一体。不过在此,城镇化通常与全球化并存,以致任何取代约定俗成的乡村信仰和传统的外部文化影响都以"城市"为特征(Cloke,2006)。

因此,关于乡村城镇化的主张是以城市与农村的主观特征为基础。然而,这些特征所面对的是,经验上可论证的事实,即今天的农村地域已卷入以城市地区的经济、政治和文化力量为中心的网络之中,而且这也扩展到了对农村模糊的描述之中。正如斯文蒂森(Svendsen,2004)在丹麦所观察到的那样,"可以看到,当代所有丹麦农村的认同都受到了城市术语和习俗的影响,这是最起码的。"

通常,较少评论的是城市空间和社会的农村化。再次,这种现象由几种不同的因素构成。第一,城市中有农村人口的存在。历史上,农村精英普遍保有城市财产并参与城市的社会和政治事务,以致农村势力总是部分地依赖镶嵌在城市背景的网络,而城市势力又依赖镶嵌在农村背景的网络(Woods,2005b)。在社会秩序的另一端,农村向城市的移民总是带着他们家乡的传统和习俗形成了混合文化。这在发展中国家的许多城市明显存在,这点将在第六章做进一步讨论。

第二,也存在着农村景观特征与城市建筑环境结为一体的情况。从道德地理学得知,乡村的纯洁和秩序通常与城市的混乱和堕落形成鲜明对比。例子很多,如埃比尼泽·霍华德(Ebenezer Howar)那样的以外形开拓的"花园城市"和"花园郊区"(Bunce,1994)。同样,当代人试图在城市装有大门的社区和在城市商业开发区复制"村庄"生活(Wilson,1992)。正如琼斯和威尔斯(Jones and Wills,2005)描述的那样,城市花园也表现出"把乡村带入大都市"的现象。第一批城市花园是精

第二章 想象农村

英狩猎场，随后它们转化为公共休闲场所，包括重建乡村庄园的公园景观。如纽约中央公园，起初不仅以正规的花园、四轮马车驾道和林地而自豪，而且在草地中还有供羊吃草的牧场。

第三，如果将农业定义为农村，那么，城市农业场所就能定位为城市中的乡村性孤岛。在发展中国家的许多城市，城市农业是重要的。在这些国家，城市农业对当地粮食的供给有着极其重要的贡献。城市农业的实例很多，从后院养鸡场、屋顶园艺到可供商业性牧场放牧的路边地和荒地的利用（Lynch，2005）。有些国家，城市农业得到官方鼓励。例如，在尼日利亚，城市地区的空闲公用地可免费耕种（Potter et al.，2008）。然而在其他城市，城市农业则会被看作是对健康及卫生管理的挑战（Lynch，2005）。在全球发达国家，许多城市正在恢复被规划和卫生管理条例所压制的城市农业。在20世纪70年代，一些城市，如以基础教育为目标的伦敦和布里斯托，就建立了城市农场（Jones，1997）。但是，随着对替代食物网络兴趣的增长，英国城市分配的日益普及，以及像纽约和旧金山等一些城市为食物生产利用社区花园，城市农业一直在扩展（Allen et al.，2003）。城市居民从事得到社区支持的农业计划，与周边城市农场以及城市内部农场主市场相联系（Allen et al.，2003；Jarosz，2008），均能被看作是城市生活方面"农村化"的组成部分。

第四，城市消费文化可展现出与农村画面相联系的商品偏好。这些例子包括通过服装和内衣设计表达"农村时髦"的周期性时装，以及城市居民运动用汽车（SUVs）的普及。而这些汽车最初就是为越野农村旅行设计的（以繁荣的伦敦邻区的不列颠口语称切尔西为"切尔西拖拉机"）。富裕的职业性"服务阶级"的消费偏好团体通常在逆城镇化过程中被视为主要群体（Thrift，1989）。这表明，他们部分地被渴望农村生活方式的愿望所驱使，或者至少被传播一种欲望所驱使，即所有者能够以逃到乡村休闲的方式超越"城市与农村"的分离。

第五，乌贝恩（Urbain，2002）描述了城市地域向乡村的扩展，而城市的乡村化过程与乡村的城镇化过程一样，正如克洛克总结的那样：

> 乌贝恩坚持认为，城市向乡下蔓延一直是城市有效乡村化的重要组成部分。假定城市性质在集中化倾向和分散化实践影响下已发生了根本性变化，这就可以认为，当代城市性的重要部分可在村庄看到。因而，现

在城市形态已被强大的农村特征和影响所包围。

(Cloke,2006)

关于城市乡村化的这个论断,使我们更为关注城乡交织最明显的临界区。这些临界区包括以"农村"景观和聚落形态为特征的城市边缘地带。但是在北美,这些地带也被包围在城市劳动市场和服务中心(参见 Bertrand and Kreibich,2006;Hoggart,2005;Masuda and Garvin,2008),以及"远郊"社区之中。

"远郊"概念与乌贝恩的论点高度一致。远郊化过程与城市移民建立的农村社区的市郊化和殖民化不同。有论文指出,"远郊化是指在离城市中心有一定距离有较高审美价值和自然环境的怡人地区中建设分散、孤立的小片地区的居民点"(Larsen et al.,2007)。这与意在中密度开发的大牧场和农田的次级划分联系在一起,经常采用"蛙跳"或"棋盘格"式的开发形式,特征为平房、"连体房屋"和"多间细分房"(Hayden,2004),以致房屋建筑散布在开阔的土地之上,但仍接近于城市密度水准。

远郊的开发也常常是投机的,受财富开发者所驱动。他们利用对田园风光生活方式的想象为中产消费者带来交易稳定、无时间限制和平静(Larsen et al.,2007)。远郊开发的乡村田园生活品牌和郊区型建筑环境的生活经验之间的分离,以及对快速发展的社会和环境影响的关注,使得远郊成了一处有争议的空间。例如,拉森等(Larsen et al.,2007)描述了居民对远郊开发严重威胁了对科罗拉多(Colorado)公园地方的强烈依恋之情的关注。同时沃克和福特曼(Walker and Fortmann,2003)详述了加利福尼亚州内华达(Nevada)郡环境原则纳入发展规划时的冲突。

拉库尔和普易山特(Lacour and Puissant,2007)认为,产生于城乡之间水乳交融关系的混合空间形式和习俗特征,正是"前城市性"的条件。他们把这点视为由农村地区清晰表明的城市性,并将城乡吸引力因素融合的文艺复兴。城市移民被农村田园生活观念吸引至农村地区,即接近自然、团结和社区精神。但是,农村地区也因其高质量的公共服务、艺术和文化活动及文化多样性等城市特征禀赋而被城市移民所接受。充满活力的农村社区产生了普遍认为与城市性一致的创造性表述形式,并且生产了依靠城市消费的新商品。反过来说,团结、社区精神和与农村生活统一的观念可用在创造城市地区配合农村地区振兴的尝试。用这种办法,拉库尔和普易山特(Lacour and Puissant)把我们定位在以农村城镇化和城市农村化为标志的转型与重生时代。

五、结语

本章的目的是检验农村长期被想象的那些存在途径。我们通过这些方面了解农村，无论是作为探寻我们周围世界有意义的个体，还是作为地理学者对研究塑造地方和空间的农村思想之力量都有着持续的兴趣。本章从三个视角着手研究这些问题。第一，从最早记载的特奥克里托斯和维吉尔的著作中回溯了有关农村发展的思想，从中世纪到殖民时期，欧洲人的乡村性理念向世界的传输。就像讨论过的那样，居民过去试图按照欧洲人的乡村性理念塑造世界其他地区的农村空间，但这些野心与殖民地领土的自然现实是冲突的，产生了反过来影响欧洲人观念的新型混合农村。田原牧歌和反田园的荒野之间的矛盾就是这样的例子。这种紧张早在中世纪欧洲人对农村的印象中既已存在。最初，这种二元区分培育了征服美洲、非洲和澳洲所遇"荒野"的驱动力。然而，随着时间的推移，特别是北美人开始看到了农村荒野的价值，并保护荒野空间。此后，这种观念的全球性传播与欧洲对城市蚕食农村日益增长的关注相吻合，并产生了保护主义运动，同时将想象的城乡分离转变为规则的空间秩序。

第二，本章探讨了我们如何了解农村认识论的问题。既部分地揭示了乡村性各种讨论的性质，也揭示了这些讨论对农村空间具有的实质影响力。例如，计量性讨论在明确农村空间界限方面虽不确定，但它们确定的界限对政策的实施和提供资金的方案中还是具有实际效果。媒体的讨论通常会夸大农村生活的陈规陋习，但它们也塑造了公众对农村的期待。非专业性的农村论述特别在农村生活经验方面是以知识为基础的，但展现了农村居民适应变化过程的方式。第三，本章将近期农村地理学著作的农村关系研究用于农村，把农村重新描述为由人类和非人类行为网络和流动构成的混合空间。特别是，本章认为，关系研究呈现出重新思考城乡关系的机会，重新认识农村城镇化和城市农村化。

这些观察中的每个观点都揭示了乡村性所认识的部分，特别阐明了哈夫克里(Halfacree)有关农村空间三重模型的各个方面(见第一章)。例如，政府确定和绘制的农村空间的官方分类地图,就是农村正式说明的部分内容。如同有关乡村性的各种政策、媒介和学术论述那样。非专业乡村性论述可清晰阐释农村日常生活的同时,也是一种非描述性表现的方式(见第七章),还是"不可避免地不连贯和断裂的"(Halfacree,2006),引起复杂、脱节和混合的农村经验。这些推断性描述类型既与农村地方的实体契合,也铭记着有特色的生产或消费活动的空间惯例(第三和第四章中分别做进一步讨论)。反之,在更广阔的关系网络中可确定它们的位置。

农村不是一个统一的、无联系的和清楚的空间。乡村性总是一个复杂的和有争议的类型。相对于其他可替代空间性来说,农村地方表现出的突出特点是农村地方仅能被描述为农村。因而,至少在大部分农村地方可以看到城市地区的某些特征,但是在城镇和城市也能看到农村空间的元素。这里的要点是主张城市空间无处不在,或农村不再是一个有意义类型的论点是错误的。乡村性继续是一个强有力的文化概念,如它贯穿整个历史那样,乡村性会继续在塑造世界大部分地区的社会、经济和政治地理方面产生实际影响。在随后的各章,将更详细审视一些为想象的农村提供理由、制定规则而且具有实质影响的方式。

六、进一步阅读

在保罗·克洛克(Paul Cloke)、特里·马斯登(Terry Marsden)和帕特里克·穆尼(Patrick Mooney)(2006)编辑的《农村研究手册》所写的条目中,对本章涉及主题中的几个问题做过深入讨论。这几个问题有保罗·克洛克写的"概念化乡村性"一章。这章考察了农村定义和研究的不同方法;布赖恩·肖特(Brian Short)写的"田园生活的乡村性"一章;乔纳森·默多克(Jonathan Murdoch)写的"网络化乡村性"一章,都追溯了乡村田园生活观念的演进。迈克尔·班斯(Michael Bunce)在《乡村理想》(1994)一书中广泛记述了英国和北美农村观念的历史发展。与此同时,吉尔·卡西达(Jill Casid)在《播种的帝国》(2005)中探讨了作为殖民化战略的农村景观的养成。在重现乡村性媒介论述中,马丁·菲利普斯(Martin Phillips)、罗布·菲什(Rob Fish)和珍妮·阿格(Jenny Agg)在《农村研究杂志》(2001)中对电视剧的作用做了进一步的检讨。与此同时,欧文·琼斯(Owain

Jones)在《农村研究杂志》中发展了乡村性非专业论述的概念。乔纳森·默多克在保罗·克洛克(Paul Cloke,2003)编辑的《乡村视野》一书中,对农村关系研究提供了最好的导论。在《农村研究杂志》中阿兰·鲁迪(Alan Rudy,2005)的关于帝王谷的论文是适于农村地区关系的易于理解的案例研究。

第三章 开发农村

一、引言

尽管当代社会试图与农村结构重建的结果达成妥协,但乡村是做什么的?这仍是一个问题,这个问题在会议、研讨会和发表的论文中正以日益提高的频率被人诘问。不过回顾历史,对这个问题的回答一直比较简单。有史以来,农村空间的基本功能始终被理解为食物与自然资源的供给,包括矿产品、燃料和建筑材料。而城镇和城市已经构成了贸易、制造业、文化交流、社会给养和行政管理的中心。乡村则通过农业、林业、采矿业、采石业、渔业、狩猎和能源生产等与自然资源的开发联系在一起。在塑造农村空间,造成特殊的景观、聚落模式、社会组织形式、政治结构和政策,以及经济系统诸方面,视农村为生产和开发空间的观念一直是单一且最有影响的观念。

起初,开发农村土地资源是为了家庭生计,在发展中国家的一些地区,口粮农业的活动仍然是非常重要的(Waters,2007)。城镇和城市的发展创造了对食物的需求和对剩余农产品贸易的其他资源的需求,并开拓了为获得矿产资源的采石与采矿业。长期以来,商业化农业、林业、采矿业和采石业的开发无疑都是服务市场需求的,并共同构成了农村经济的支柱。与农业资本主义或资源资本主义(包括采矿业、采石业等)的共同发展体现出了巨大的进步。在这个过程中,产品不再受需求驱动,相反是受获取利润的绝对使命所驱动,以致生产者开始收缩新的市场来寻求增加他们资本投入回报的途径。

现时期受不同政治、经济制度框架影响,生产的资本主义模式已经主宰了农村资源的开发,但是农业和资源资本主义的运作条件不论在时间上还是在地理空间上都发生了多种变化。因此,本章检验了在三种不同政治、经济框架下的农村资源

第三章　开发农村

的资本主义开发。首先分析了19世纪后期加利福尼亚无限制的资源资本主义开发，特别引述了乔治·亨德森和理查德·沃克（George Henderson and Richard Walker）著作中的描述。尽管加利福尼亚资源资本主义的情况是特殊的，但这个案例研究可用来认识很多更普遍表述的资源资本主义特征。这点可通过对太平洋西北部的林业、热带和美洲南部的资本主义种植园，以及加拿大北部的石油和煤炭开发的资源边界扩张的简短论述予以说明。

其次，本章考察了第二次世界大战后的一段时期。国家资助的生产主义农业的兴起，尤其重点考察了欧洲，但也对欧洲经验和发展中国家的"绿色革命"进行了比较。在生产主义把农业生产摆在农村经济优先目标被争论的同时，也认识到，农业生产产生于更广泛的社会经济体系和具体化的离开纯粹资源资本主义的社会目标内。然而，这个讨论，在它所引入的改革措施造成降低农村人口对农业的依赖方面，也暴露了生产主义的悖论，因而，为最终可对生产主义的霸权形成挑战并可启动后生产主义转变和多功能性讨论的替代性农村讨论开拓了空间。

第三，本章考虑了"多功能农业制度的出现"。人们已认识到，在这个制度内农业和农村空间的功能，不仅是追求食物和纤维生产的最大化。某些观点认为多功能性比后生产主义转换是一个更有用的概念，因为它承认生产主义不仅仅继续塑造着某个农村地区，而且在"超生产主义"形式中有了更大的进步。同时，多功能性制度也容许选择性的生产模式，例如有机农业。然而，就像所讨论的那样，甚至这些部门也要服从农业资本主义积累的绝对命令。

在每一节中，讨论都在寻求展现与生产模式相关的生产是怎样与农村经济特定的推断描述联系在一起，以及反过来模式又如何转变为影响农村地区景观、社会和经济的实际活动。这样，本章着重讨论有关农村空间的哈夫克里（Halfacree）三重模型的两个方面之间的联系（见第一章）。初级生产——食物、纤维、木材、燃料和矿石的生产——通常被想象为会记下农村地方的"独特的空间活动"之一。但这些活动所需条件则把农村视作生产空间的正式描述所制定。以生产为基础的经济也与哈夫克里模型的第三元素、农村的日常生活交织在一起，但这个维度将在第七章详细检讨，在表现方面后结构主义的展望并超过具有代表性的地区。相比之下，本章采用了更多结构主义的研究方法，集中探讨了支撑农村经济的结构，以及确定农村经济在更广泛的资本主义政治经济内的地位（更多农村地理学的政治经济观点,参见 Cloke,1989a)。

二、资源资本主义和农村经济

(一) 资源资本主义和加利福尼亚的农村现实主义

1840 年,加利福尼亚处在欧美世界的边缘。它是墨西哥共和国的一部分,不足 15,000 的非本地人分散聚集在沿岸的传教和贸易定居点。沙漠、山脉、森林、湿地和灌丛等内陆景观是这里大约 70 个土著部落和大型牛牧场工人的家园,为了与东海岸商人进行贸易而生产牛皮和牛脂。1848 年,科洛马(Coloma)金子的发现改变了一切。掀起的"淘金热"吸引了大约 30 万移居者来到这个地区。1850 年,加利福尼亚加入美国。在随后的几十年中,加利福尼亚经历了一场建立在前所未有的自然资源开发基础上的经济繁荣。正如沃克(Walker,2001)所说的那样,"一波又一波的资源积累造成了政府的快速成长:黄金、银子、小麦、柑橘、木材、铜、水利资源、石油和沙丁鱼"。

有很多经历了资源繁荣的农村区域。加利福尼亚轨迹的突出特征之一就是它这样迅速地在如此多样的商品范围内,取得了卓越的成就。19 世纪末,加利福尼亚是世界上最重要的矿产地区,占全球黄金产量的五分之一;1925 年加利福尼亚成了美国农业生产量最高的州,涵盖着 76 种作物的生产;在 20 世纪的第一个二十五年,加利福尼亚是三大木材生产州之一;1905 到 1930 年间,引领着世界石油生产(Walker,2001,2005)。19 世纪后期和 20 世纪初期,这些产业的指数级发展改变了加利福尼亚的经济、社会和景观,有效地塑造了现代加利福尼亚乡村。

然而,正如沃克(Walker,2001)评论的那样,"加利福尼亚的资源财富并不是消极地取自大地"。它们无疑是资源资本主义的创造:设计的生产模式使为获得自然资源的土地开发的财政收益最大化。资源资本主义需要以最小的成本从自然攫取价值的有效机制,就像大卫和赖特(David and Wright,1997)在对"调查强度,新的提取技术,精炼和利用,市场开发和运输投资"中概括了这类特点。这些原则可运用于跨不同的初级产业,并可产生一种需要持续创新和提高的动力。同时,亨德森(Henderson,1998)指出,以自然为中心的耕作事实是决定性的,把自然看作积

第三章 开发农村

极的力量可以限制或约束资本主义积累(同样的观察也适用于采矿业和其他采掘业)。因而,在讲述加利福尼亚乡村这个非凡成长的故事时,它也会被粮食歉收、矿井塌陷、洪水和其他以不能描述的方式进行干预的自然事件所打断。

加利福尼亚资源繁荣时期,资源资本主义已在世界很多地方的不同情况下建立。造成加利福尼亚与众不同的条件是,各种丰富的自然资源与先前几乎没有的社会、经济结构的具体结合,限制了资本主义原则的应用。因此,资源资本主义能以接近其最纯粹的形式在加利福尼亚发展。沃克(Walker,2005)指出,与欧洲或美国东部农耕不同,加利福尼亚农业"总是为了获得利润",并且"随着时间推移,成为更彻底的资本主义"。资源资本主义在加利福尼亚全面发展甚至受到卡尔·马克思(Karl Marx)的注意。他对一名记者评论说,"加利福尼亚是非常重要的……因为没有任何地方以这样的速度由产生的资本主义集中化造成最无耻的巨变"(引自 Walker,2001)。

加利福尼亚资源资本主义的松散框架始于将国土描述为土地的机会和秘密的财富,以及可在移民者中激起第一波淘金浪潮的许诺。随着加利福尼亚农村开发的进展,为了补充资源繁荣所需的动力,吸引更多的居民,国家在土地拍卖中将田园生活描述为富饶多产和气候宜人相结合的有利环境。例如,沃克就重新绘制了一份加利福尼亚移民委员会1885年颁布的海报。这张海报的广告词是:"'世界的丰饶之地',有为亿万移民准备的房屋、为百万农民准备了上百万英亩的无主土地,以及'没有旋风和暴风雪的健康且丰饶的气候'。"亨德森(Henderson)贴上"农村现实主义"标签的新文学流派,用文字记录了聚落和土地的开发,避开了庆祝在农村制造业中"自然的"乡村充当资金英雄角色的田园式的表述:

> 农村现实主义充斥着平凡的印象——丰饶的平原、凉亭遮蔽的农庄、闪光的小溪——仅仅更好地说明,农村现实主义中的"农村"不是躲避资本的避难所,反是资本最渴望的地方之一……不止一次这些注重生活的农村现实主义特点造成了银行家和开发商不是经营那里的农田和橘树林,而是躲开它们。资本可以把农村带进现实,而且,回归性地会更好地做到这点。

(Henderson,1998)

因而,当代资源经济宽泛的框架也规定了将机会梦想转换为物质现实所需的社会关系。私有财产原则就是以这些为中心来作为资源采掘和生产基础。新生的州政府主持对当地土著部落的剥夺促进了发展,不管使用霸占还是恐吓策略,夺取大牧场主的土地,并在立法中对采矿业权利设置激进的民粹派体系(Walker,2001,2005)。实际上,通过土地开发者带来的企业家精神的小型勘探者、农民和牧场主擦净了殖民时期的地图。

小规模的经营者需要资金发展他们的企业,而加利福尼亚农村政治经济的第二个关键因素则是资源开发的收益被保留在本州并在本州进行二次投资。在矿产收益方面建立的一家银行系统再投资于农业发展上(Walker,2001,2005)。正如亨德森(Henderson,1998)详述的那样,金融资本的流通是加利福尼亚农业发展的关键,信贷的延伸可使农场主克服对农业生产带来的稳定资金积累造成的自然障碍(投资需要准备土地;防御干旱、洪水和作物歉收等风险)。而且,信贷体系也涉及到对农村广泛描述的更深层的形式,因为,根据农村土地的潜在生产价值,农村土地可被转化为贷款安全基础的"虚拟资本"。

资源资本主义对加利福尼亚自然资源的开发带来了现代加利福尼亚农村景观和农村社会。重要的是,尽管这些景观和社会影响并不是资源开发的副产品,而是与资本积累战略密切结合的产物。例如,土地开垦工程改变了景观,如为农田生产在萨克拉门托圣华金三角洲的排水和清除工程,以及到 1900 年已建造 5,000 英里的灌溉渠水利工程(Henderson,1998;Walker,2005)。更微妙的是,这里的风景集中分布着引进的作物和牲畜——如,羊、牛、骡子、桃子、苹果、梨、杏、橘子、樱桃、葡萄、草莓、橄榄、无花果、菊芋、大米,以及许多其他动植物——之后由州政府自己的农业科学家繁殖的品种和种类。根本而言,这些作物和牲畜都是由专业生产者来种植和饲养。虽然加利福尼亚农业从一开始就是以单一农业栽培为基础,但区域专业化与各地完美种植的特有作物则产生了一个拼凑的景观(Walker,2005)。

新的农村景观也以发展出口矿山、森林和农场产品的铁路网络为特点,也以由服务资源经济的铁路、矿石、木材和家畜公司建立的城镇点为特点(Walker,2001)。与欧洲或北美更早的定居地区相比,加利福尼亚不存在为资源资本主义提供劳动力的农村人口。一开始,来自各地的移民由于较高的日工资被吸引到美国。然而,由于资本积累的动力要求大量的、低成本的和少麻烦的劳动者,加利福尼亚农业转而雇佣移民工人,因此吸引了一批又一批来自墨西哥、中国、日本、越南和印度的工人。正如沃克(Walker,2005)所论,"加利福尼亚农业最显著的事是劳动制度。这里的劳动制度不仅仅是雇佣劳动,而且还是大量地使用一批又一批的雇佣劳动,形成招募、雇佣、剥削和开除的反复循环"(参见专栏 3.1)。移民劳动力虽为资源资本主义服务,但也会遭遇猖獗的种族主义。种族主义的空间性和社会性是以建立隔离的移民工人村所表现出来(González,1994,参见 Henderson,1998;Mitchell,1996;Walker,2005)。最为臭名昭著的是,合法入境墨西哥短工计划。这是以契约农业劳动的形式把墨西哥工人引进的一种形式:"由政府签订契约,宿舍在密封的营地,坐公车到农田,一旦季节结束就回墨西哥"(Walker,2005:72)。

最后,从一开始,资源资本主义创造的加利福尼亚乡村就与该州的城市中心形成固定的共生关系。一些城市像洛杉矶和旧金山的发展都建立在资源开发创造的财富之上。一些派生产业的发展,诸如食品加工、炼油和农业机械制造类。这些城市也形成了农产品的一级市场,而且随着对新市场追求的加强,正是以城市为基础的集聚体引致了一些创新,如超级市场、罐头食品和新的食物商品销售了加利福尼亚的产品(Walker,2005)。随着新市场的发展,加利福尼亚农村被快速地整合到全球网络和流动之中。亨德森(Henderson,1998)对此进行了出色的阐释。他引用弗兰克·诺里斯(Frank Norris)1901 年的小说《章鱼》塑造的角色,对此进行了解释:

> 最重要的目标……是收报机……因为牧场办公室要通过电报线与旧金山联系,而且要通过这座城市与明尼阿波利斯市、德卢斯、芝加哥、纽约和更多重要的城市,最重要的是,最终与利物浦取得联系。在丰收期间和之后世界作物价格的波动直接刺激到洛斯穆埃尔托岛的办公室,……这个牧场仅仅成了庞大整体的一部分。整个世界围绕着广大的小麦产地集聚体的一个单元,感受到了几千英里距离外引起的影响——达科他草原的干旱,印度平原的降雨,俄罗斯干草原的严寒,阿根廷南美大草原的热风。
>
> (Henderson,1998)

> **专栏 3.1 农村劳动体**
>
> 劳动是资源资本主义的基本投入,尤其是集约农田耕作类型和 19 世纪后期在加利福尼亚发展起来的园艺农业。土地整理、作物播种、农田管理、作物收获和产品包装都需要劳动力。与其他投入一样,廉价、可靠和顺从的劳动力是资本积累绝对必要的。然而,正如米切尔(Mitchell,2000)所观察的那样,"廉价的劳动力不是自然的商品,它需要被制造。当农场主需要劳动力时,劳动力被供给至农场主。同样,在理想的状况下,就是农场主们不再需要劳动力"。此外,亨德森(Henderson,1998)认为,劳动力不同于其他农业投入,因为劳动力的使用受到人类肉体的限制:
>
> > 众多的劳动者踩踏在养育作物之根的地面上;当他们弯下身去,他们的手指通过茎或藤去寻找发现成熟的浆果,收获葡萄,或剪断芦笋时,他们将暂时阻断阳光。有时在最热的时候,这些众多的劳动者将会停下来找些喝的和吃的。一部分农业资金也会暂停。
> >
> > (Henderson,1998)
>
> 因此,理想的农村劳动者需要被塑造成既可最大化投入价值也可使资金积累过程中不可避免地所引起的损失最小化。开始,加利福尼亚的农业资本家希望能塑造"更高效率,更少激进情绪,给劳动力住宅"的白种美州移民工人(Mitchell,1996)。随着农业劳动力联合会对这些努力的挫败,农场主日益转向外国劳动力。正如米切尔(Mitchell,1996)所记录的那样,雇佣墨西哥和东亚移民工人被移民者团体的种族主义描述者从两方面判定为"天生适合"农场工作。第一,移民工人的身体状况被描述为"天生"适合农场工作的代表,尤其是中国工人的矮小身材。第二,因为非白种人被描绘为原本就比白种人落后。一般接受的看法是,他们的身体可以不适用于白种美国人的训练和控制方式。
>
> 因而,米切尔陈述了记录在档的一名加利福尼亚农场主的解释,"我们想要墨西哥人,因为我们可以用任何活人不可接受的方式对待他们……我们可以晚上关上门控制他们,并关在一间 8 英尺高的栅栏内,盖上有刺铁丝网……我们让他们在有武装警卫的农田里干活"(Mitchell,1996)。与此相似,他引用另一

第三章 开发农村

家当代农场的报告是"输入进来的墨西哥人一天工作10或12个小时,在晚上给他们戴上手铐以防他们逃跑"(同上)。

米切尔集中研究了移民农场工人被迫生活其中的简陋而不卫生的条件,以及强加在他们身体之上的流动限制。同时,农场工人的身体会受到长时间劳作和惩罚制度的管束、计件工作的刺激、落后的装备、有限的安全预防措施以及暴露在酷热和农药之下等——第二次世界大战后,后一点尤为严重(Nash,2004)。

尽管工作条件在其间几十年中已得到改善,但在加利福尼亚(及其他地方)移民农业劳动者的身体仍继续被资本积累的利益所左右和滥用。米切尔(Mitchell,2000)认为,在加利福尼亚当今的草莓种植中,身体上的做法仍是重要组成部分。他指出"草莓的采摘和植株管理仍需工人弯下腰去沿着草莓种植行花费成倍的时间工作,通常在他们到达终点时才能站起来或伸伸腰"。他指出,这些条件给工人身体留下的标记是:"背伤极为常见。与吸入杀虫剂和尘埃的呼吸道疾病亦然,切伤了手指和手,以及不断形成的对草莓汁、花和叶子的过敏反应。"

这样,资本主义农业对身体的需求影响了农场工人的身体,也留下了印记。米切尔将这点描述为对身体的暴力形式,因此认为"加利福尼亚农业通过暴力而构建。这种暴力通过不间断的弯腰劳动,暴露在农药之下,可怕的生活条件、在边境、在他们的家乡村落、组织农场工人的运动(和由农场主对这些运动的抵抗),以及在州农业谷的周边农场工人居住的城镇等所有的各种暴力"而表现出来(Mitchell,2002)。

进一步阅读:米切尔(Mitchell,2000)

(二)资源资本主义的变化

以上对加利福尼亚资源资本主义的宽泛讨论已提供了一份详细的样本,阐述了作为其基本功能是自然资源的资本主义开发之空间的农村框架如何在塑造农村经济结构、社会和景观上产生实际影响。加利福尼亚虽是一个极端和唯一的案例,但资源资本主义和农业资本主义在世界以各种方式实践着,复制了很多加利福尼亚所观察到的特征。确实,强调以下这点是重要的,无论资源资本主义还是农业资本主义都不是在加利福尼亚发明的。在英国和荷兰,农业资本主义的表现可远溯到 15 世纪。直到 19 世纪早期,农业资本主义才逐渐传布到整个英国(Shaw Taylor,2005;Whittle,2000)。这个转变创造了英国乡村独特而封闭的景观,以及其社会与经济结构。在美国,确切而言,农业资本主义在大平原和在西海岸都很繁盛,但在中西部,则以将开拓农民的生计融入市场,并被康格拉(ConAgra)那样的联合大企业控制为特征。康格拉这样的企业为资本主义积累提供了基础设施,它可以完成像谷物碾磨和食品加工等工作。

种植园资本主义、殖民主义的工具,到 19 世纪也确立了其牢固的地位。"种植园"和"殖民地"甚至是可以互换的两个词汇(Casid,2005)。在 15 世纪和 16 世纪,种植园制度在加那利群岛、佛得角群岛和西非以外的圣多美岛得到发展,并由西班牙和葡萄牙殖民者传播到加勒比海和南美地区。种植园代表了欧洲人最贪婪的开发利用非洲、亚洲和美洲乡村土地的形式,它是仅仅为满足欧洲消费者欲望和欧洲商人创造财富的商品作物生产所设计的制度。如卡西达(Casid,2005)记述的那样,种植园的建立需对先前存在的景观做一次简单快捷的巡检,包括"大面积的森林砍伐,灌木丛的砍伐和任何残存根茎的焚烧"。这个过程使乡村土地变得空荡,因此合法地被殖民者占用,殖民者为了他们的商业潜力重新种植从世界引进的作物:

> 种植园种植的不仅仅是主要的经济作物——移植的甘蔗、咖啡和槐蓝属植物,而且也将从欧洲、亚洲、非洲和南太平洋移植的作物种植在加勒比海地区,由此从根本上改变了加勒比海地区岛屿的景观,这些与"热带"最具标志性联系的物种群落恰恰是英国人将这些植物从一个岛屿移植到另一个岛屿天堂的思想。竹子、洋苏木、腰果树、木麻黄、皇家棕榈、椰树、柑橘、芒果、酸角、面包树、香蕉树、叶子花属、芙蓉、夹竹桃、一品红、山牵牛花,甚至牧草(来自西非的羊草)全部都是殖民的移植。
>
> (Casid,2005)

种植园是密集型工业化农业的场地,通过生产和加工规模经济的最佳调整来实现资本回报的最大化。然而,种植园超过小农农业的优势因作物的局限性、任务

第三章 开发农村

的专业化,以及在大面积地区劳动管理的低效率所削弱,在东南亚那样的土地竞争比较激烈的地区尤为如此(Hayami,2004)。

限制劳动成本对种植园是至关重要的。尤其在美国,奴隶劳动是种植园生产模式的关键因素。16世纪到19世纪期间,接近1,500万人作为奴隶强制地从非洲运到美国去工作,大部分在种植园工作(Potter *et al.*,2008)。然而,就像洪(Hong,2001)描述美国南部甘蔗种植园的情况那样,种植园资本主义并不是纯粹的奴隶生产模式,相反"它的框架不仅是半封建的等级结构和强制性劳动制度的构建,而且是由资本主义的积累和商品化的绝对性所建构的"。资本、土地和技术也是基础性投入,而且众多管理战略的改革也运用到完善奴隶劳动中。特别是,时间对种植园生产制度的人类和非人类要素的规章制度至关重要,以致洪(Hong,2001)认为"正是种植园的资本主义将农村社会置于现代时间意识的牢固基础之上"。种植园的文化条件和流行的习俗渗透到当地社会,而且奴隶制废除以后很久,种植园资本主义的遗产仍然持续存在于景观之中,存在于种植园曾居于统治地位的农村地区文化、政治和社会经济结构之中。

资源资本主义模式中的进一步变化可在历史上商业性林业居主导地位的地区看到。比如,美国太平洋西北沿岸的"道格拉斯冷杉乡村"。作为资本主义企业,林业也分享了农业所经历的诸多挑战,如暴露在自然的不可预知性之下和从资本投资获得回报的时间滞后,因而就需将农村土地和资源转化为"虚拟资本"(Henderson,1998;Prudham,2005)。的确,商业性林业的时间尺度使农业的时间尺度显得短暂。比如,太平洋西北岸的道格拉斯冷杉林(相片3.1),长到商业性采伐的成熟期需用50到80年。结果,林业是一个土地饥饿的产业,普鲁达姆(Prudham,2005)观察到,俄勒冈州典型的锯木厂需要长期经营大约10万英亩的木材种植园。

商业性林业生产资本主义模型的特殊需求和木材工业已在它们占主导优势的农村地区形成了经济、社会与环境关系的独特形式,正如斯科特·普鲁达姆(Scott Prudham,2005)在他的俄勒冈州研究中说明的那样。比如,从采伐树木时的最小化浪费获取资本投资的最大化利润的绝对命令,促进了专业化生产商品的加工业的发展,以不同型号和不同形式消耗木材,从整根原木转变为木材,再到胶合板加工,制浆和制纸。与此相近,将砍伐木材运输到锯木厂的成本强化了鼓励锯木厂和木材加工厂在地理上接近木材区发展的空间稳固性，反过来减缓了大型种植场的规模经济绩效。这样，木材加工历史上是以小规模经营为特点的产业。因而，俄勒冈州和华盛顿州木材工业的扩张见证了两州锯木厂从 1850 年的 36 家增加到 1920 年的 1,243 家。它们大多数主要服务于地方市场，而且所用劳动力不多。森林土地所有权的联合替代了合作企业的扩张，按照普鲁达姆（Prudham,2005）的报告，到 1913 年，太平洋西北沿岸 16 家最大的木材地所有者控制了该地区 40% 以上的私有林地。

相片 3.1 西华盛顿州奥林匹克的时滞商业性林地

林业和木材加工都需要劳动投入，但是这项产业也需要为种植树木而保护土地，因而，限制了城市的发展。这些因素导致了小城镇独特的聚落模式，即伐木、锯木厂或纸浆厂就业主导着小城镇的社会和经济，并在第二次世界大战后的期间日益巩固。普鲁达姆描述了俄勒冈州约瑟芬（Josephine）地区的一个例子，1940 年代木材行业的繁荣到来，以致在 1950 年时，木材生产部门超过了当地劳动力的四分之一，包括全部制造业就业的 90%。然而，他指出，1951 年时，该县 64 个木材纸厂通常仅雇佣 8 到 10 人。这样，本地区的社会经济文化是小规模资本主义类型

第三章 开发农村

之一:

> 工人的数量超过老板,原因并不复杂。等级差异在某些重要方面是模糊不清的,如下事实说明了这点:小工厂所有者与他们的雇员亲密地一起工作……而且,很多企业主在他们着手创业时,工人和所有者之间的界线被进一步抹去了……如果事情不成功,则会再做雇佣劳动。
>
> (Prudham,2005)

这些社会经济活力致使整个社区把木材产业产品与其经济利益结合在一起。然而,与此同时,道格拉斯冷杉乡村地域社区也在这项产业内被不同功能的职业社区所打乱。卡罗尔(Carroll,1995)描述了太平洋西北部伐木工职业社区,自定义为包括"任何修建伐木道路或驾驶伐木卡车的人,任何从事砍伐和把原木从树桩地运到地面的人",以及把那些伐木工看为刻板、虚弱、懒惰、娇气的人从工厂工人中分出去。除了公司伐木工,为林业工作的劳动者也由巡回伐木组和季节植树者补充。这样,在太平洋西北部以林业为基础的社区内,一系列类似的乡村生活方式被想象和实施,一些空间上固定的其他可移动物体,均由林地开发利用所定。

而且,林业已控制和改变了道格拉斯冷杉地区的农村景观。同时,森林产业最初包含已建成的"自然的"道格拉斯冷杉林的伐木。据估计,现在19世纪在此区域就存在90%的过熟林被砍伐干净。因此,现在太平洋西北部的商业性林地则要依靠产业性的植树造林,所营造林场未来的唯一目的是收获由经选育或遗传工程提高最终产品的组合林木(Prudham,2005)。林地的自然管理由一项宽泛的管理所补充,这种把林地视为作物和商品的管理已在传统上否定了替代性的观点,例如,将森林视为栖息地或生态系统的观点。然而,在过去的三十年中,由于环境抗议和立法,这些替代性观点又得到了新的重视和声望。最突出的是,1990年6月美国鱼类和野生动物局把北方斑点猫头鹰列入濒危物种表,并且在西北部林木砍伐结束之前,林业具有无法挑战的最高地位(Prudham,2005)。保护太平洋西北部道格拉斯冷杉林中的北方斑点猫头鹰的自然栖息地的措施包括:严格限制对美国政府机构所有森林的采伐——关闭被看作太平洋西北部森林产业经济可持续发展基础的木材地。随着成千上万人失业和预测整个社区的骚乱,"斑点猫头鹰的争吵"成了该区域一个主要的政治问题,削弱了资源资本主义创建的农村经济、社会和景观对抗环境主义者构建的生物物理的农村力量。

(三) 拓展资源边疆

由大卫和赖特(David and Wright,1997)分析出的资源资本主义的重要特点之一是探索的精深程度。资源资本主义依靠为开发寻找新的自然能源等,在为利用和发展边缘的农村土地新区域开发中已成为重要的驱动力。从加拿大的克朗代克(Klondike)到刚果(Congo),历史零星分散地记载着采掘边远的(通常是荒凉的)农村地区矿产的失败和短暂成功的努力。不过,潜在巨大的资本回报促成了在北美极地和次极地地区广泛矿产资源的发现,或西伯利亚,或澳大利亚内地。历史改变了从荒野到地方机会这类空间的宽泛描述。

然而,为开发边远农村地区矿产资源的可持续机制的发展所要求的不仅是可持续的资本投资(包括交通基础设施的公共投资)和技术创新,还有劳动的投入、在公司周边建房,或把不同的和有特色的社会组织形式引入到农村空间的新颖而单一目的城镇。例如,意在促进矿物贮藏开发获得资本收益,北美和澳大利亚边远采矿城镇就是这样产生的。城镇及其居民可能很少与矿区之外周边的农村环境有联系。在很多情况下,这些地方大部分是无人居住的和未开发的。这类城镇的孤立、它们那些外来人口、突出的手工劳动和工业劳动的关系,通常是为单一雇主工作。这些东西一起意味着,它们的社会结构和文化可能出现比农村更城镇的特点——获取如工联主义、左翼政治、赌博、卖淫等罪恶之岛的名声,至少历史上是这样的(例如,参见 Harvie and Jobes,2001,有关蒙大拿资源城市罪恶的论述)。

然而,作为资本积累的媒介,矿山和工厂的平稳经营需要对城镇实行社会和政治的控制。对控制的需要有利于快速的发展,公司城镇、规划的聚落随之创造了新的产业发展,就像不列颠哥伦比亚北部的马更些(Mackenzie)和坦布尔里奇岭(Tumbler Ridge)(Halseth and Sullivan,2002)。马更些从1966年开始建立,与锯木厂、纸浆厂和一个主要水力发电工程相联系;坦布尔里奇岭在之后的15年为新的露天煤矿输送劳动力。几乎同时,这两座城市获得了大约4,000到5,000人。正如哈尔斯和沙利文(Halseth and Sullivan,2002)所记录的,城镇结构遵循着先进规划的原理,不仅提供了工厂和住房,而且还有公共服务、商业中心和娱乐设施,每区都有单独的工厂和住宅的土地。由于地方政府和重要雇主的赞助,各项工作的投入也促进了社区之间的相互作用。

第三章 开发农村

尽管马更些和坦布尔里奇岭主要由分别拥有锯木厂和煤矿的公司所建立与塑造，但在这两个案例中，计划的城镇都试图以发展核心产业的独立经济体来获得长期可持续发展。实际上，经济的多样化却受到了限制，坦布尔里奇岭尤为如此，并且城镇的命运仍然与它们的主要产业紧密相连。与其他单一产业资源城镇一样，马更些和坦布尔里奇岭都高度面临着自然的变化无常（如矿产资源的有限程度）和已售出、接管与合并到全球集团企业的共同决策。坦布尔里奇岭的昆泰特（Quintette）煤矿2000年关闭，随后"贱卖"了公司所有的房产，同时马更些失去了一家造纸厂和两家锯木厂。两个城市的人口都大为减少，但是仍要为避免加拿大其他地方，如不列颠哥伦比亚的卡西亚（Cassiar）和拉布拉多（Labrador）的加尼翁（Gagnon）等单一产业城镇的命运而奋斗，这些都是矿山一旦关闭就马上关闭和抛弃的城镇（Clemenson，1992；Coates，2001）。维持资源型城镇也面临其他周边农村地区的挑战，如俄罗斯北部，在那里已随着结果的变化尝试了经济的多样化（Tykkyläinen，2008）。

寻找新资源开发机会继续越来越向偏远地区推进，如艾尔伯塔北部的油砂开发、加拿大北极露天矿的挖掘、巴芬岛（Baffin）的纳尼西维克（Nanisivik）矿、帕里（Parry）群岛的波拉利斯（Polaris）矿和阿拉斯加北极野生动物保护区的石油钻探（Bone，2003；Standlea，2006）。对这类矿点不断增加，开发者已用飞机轮换运送工人解决了劳动力问题，包括本地村落的雇佣工通勤航班（Bone，2003）。乘飞机飞进飞出的新模式的发展（Markey，2010），或许限制了资源资本主义对边远农村环境的改造性影响，但以"远古"荒野为目标的开发已与环境主义者的农村荒野性探讨产生了冲突，这点将在第九章做进一步讨论。

三、生产主义的乡村

（一）生产主义简介

20世纪中叶，生产主义农业的兴起重新塑造了发达市场经济体的农村经济、社会和环境。生产主义指的是对农业组织的论述，在这个组织中，耕种的功能被看作单一的食物和纤维生产，以及在所有其他经济活动之外，优先考虑日益增长的农业生产。这样，生产主义不仅改变了农业产业，也改变了整个乡村。为了支持最大化农业生产的单一目标,就要求重新认识劳动关系、社会结构、环境条件和景观。

生产主义农业的结构特征是三重的(Bowler,1985;Ilbery and Bowler,1998)。第一,它包括耕种的集约化,如生产过程的机械化和自动化,为提高产量和减少损耗增加农业化学要素的使用,生物技术的应用,以及牲畜饲养的"工厂农场"方法的引进。第二,生产主义农业涉及在农业部门内的集中,农田与农田的合并,农业企业和合作农业的扩张,日益依赖根据与食物加工和零售业者的合同进行生产,以及依赖社团合作者与联盟的食物商品链的流水线。第三,生产主义农业也包括种植业的专业化,如由个体农场专门生产的特殊产品的单一经营的扩张和当前区域专业化模式的出现,以及劳动专业化、契约劳动和农业服务利用的增长。这些生产主义结构维度的每个方面都因为耕作实践和乡村地区广泛的社会、经济和环境的活力而产生了结果,如表 3.1 总结所示。

表 3.1 结构变量,农业产业化过程的反应与结果(根据 Ilbery and Bowler,1998 改编)

结构维度	主要过程反应	次要结果
集约化	购买投入品代替劳动和替换土地,增加对农业投入品产业的依赖 生产加工的机械化和自动化 生物技术发展的应用	供应(必需品)合作社的发展 提高农业负债 提高能源密度和对化石燃料的依赖 为国内市场的过量生产 环境和农业生态系统的破坏
集中化	更少但更大的耕作单位 大部分作物和牲畜生产集中在更少的农场、区域和国家 农场产品出售到食物加工业——增加了对契约农业的依赖	市场营销合作社的发展 农村社区新的社会关系 年轻人无能力进入农业 农场规模结构的两极分化 土地的法人所有制 农场规模、类型和区位之间日益增长的不平衡性 有利大型农场和特殊区域的国家农业政策
专业化	劳动力专业化,包括管理功能 更少的农场产品来自每个农场、区域和国家	食物生产地之外的食品消费 增加的制度失败风险 改变劳动力构成 农场生产中的结构僵化

第三章　开发农村

20世纪中叶生产主义农业的发展受到农业部门内部和外部的刺激与制约。意波利和鲍勒(Ilbery and Bowler, 1998)概括了对已提出的解释生产主义兴起的三个竞争理论。每个理论都把农业定位在广阔的社会—经济框架之中。因而,第一个商业化模式强调,在驱动农场生产现代化过程中和在农场整合到资本主义市场关系中,经济因素的重要意义。受新古典经济学的强烈影响,商业化模型意味着,用于市场经济中供求关系的引入,家庭农场已被转换为资本主义企业。因此,为帮助农场符合市场需求,就要接受生产主义的手段和原则,而且要保持市场内的竞争优势。特别是,商业化文献强调了技术创新在支持农业发展中的重要性,认为"技术是农业现代化和经济发展的原因(不是结果)"(Ilbery and Bowler, 1998)。然而,仍有观点认为由于现代资本农场和传统家庭农场之间的歧异,商业化产生了一个"二元的农业经济"。由于与主要城镇市场的距离、区域农场规模结构以及可以说明农业现代化不同地域的自然资源的分布,因此这些农场类型的混合空间分布也是多种多样。

第二个模型是商品化,采纳了政治经济的方法,并强调了经济结构之上的社会结构的重要性,以及农场产出高于农场投入的重要性。第二个模型提出,现代农场家庭,资本主义社会日益依赖市场来得到商品。因而,为了挣得购买农场投入的资本,它们自己就要通过市场出售农产品(Ilbery and Bowler, 1998)。农场因而就卷进资本主义的积累过程之中,反过来农场劳动结构也得到重构。现代资本主义农场在拥有和管理农场的资本主义土地所有阶级和为工资回报付出劳动的劳动阶级之间的分离中得到发展。传统家庭农场依靠家庭劳动,在效率上不能与资本主义工资劳动农场竞争。根据商品化理论,应该逐渐地消失。然而,尽管商品化观点在20世纪80年代颇为流行,但是这种观点的经验证据是薄弱的。特别是,批评家们认为,家庭农场在先进资本主义社会的持续表现说明这个模型的假说是不成立的(参见Ilbery and Bowler, 1998)。

第三个模型是产业化,产业化将商业化和商品化方法的因素结合起来,但在检测大型食物供应体系及其长期发展方面也采纳了更广泛的视角。特别是,产业化研究聚焦于长期以来工业资本造成的农业转型。用对生物物理和自然过程的响应为这个转型创造条件。模型认为,在自然中农业的嵌入意味着,农业生产的变化是不一样的,因而,资本主义农业的发展是在一系列步骤下前进的(Goodman *et al.*,

1987；Ilbery and Bowler，1998）。例如，畜力被机械代替是早期的一步，之后紧接着的是人力被机械取代。古德曼和雷德克利夫特（Goodman and Redclift，1991）进一步认为，渐进的农业演化包括拨款的过程和替代的过程。这里所说的拨款指的是清除农场生产过程中可在他们的农场自然再生产的部分和通过商业购买替代的部分。农场机械代替动物和合成肥料代替粪肥就是这样的例子。替代，在这个语境中，指由工业生产的替代品代替耕种粮食和纤维，在衣服和食品加工业中尤为如此，因而改变了农产品的需求。替代的例子包括人工甜味剂的开发代替了食物砂糖，尼龙的使用代替了棉线。

因此，工业化观点承认，农业中的变化不仅由农场层面的决策塑造，也由影响食物供应体系的广泛的社会、经济、政治和技术活力所塑造。古德曼和雷德克利夫特（Goodman and Redclift，1989）认为，农业生产定位于历史上具体食物制度之中，这种定位已在全球范围可依次回溯到19世纪70年代的食物生产与消费的关系之中。生产主义与第二个食物制度相联系，流行于20世纪20年代到20世纪80年代，为了供应日益增长的全球市场，造成农业跨国的结构重组（Le Heron，1993）。

这样，产业化研究提供了考虑广泛的社会、政治事件和关系如何塑造食物制度进化的机会，以及资本主义农业在这些制度中的发展。尤其是，产业化研究让我们认识国家在支持和倡导生产主义中的作用。主要措施如下：研究开发项目和农业培训筹资；给农民颁发奖项、补贴和提供贷款，使其有能力投资于农场的现代化；使用价格支持机制的市场管理；通过关税及进口限制保护国内市场。这些措施被铭记于政府政策之中。最著名的是欧盟共同农业政策，为农业提供了其他产业无法企及的国家级别的支持——这种情况已被贴上了"农业例外主义"标签。

在生产主义计划支持下，农业得以从容支配大量的国家资源，反映了20世纪中叶对养活快速和持续增长的城镇人口需求关心的盛行，这些关心又与第二次世界大战对欧洲农业体系的破坏性影响结合在一起。由此，农业资本家和国家机构能够明确地表述如下的观点，解决粮食危机的措施，就是优先考虑最大化的农业生产。在这个观点中，农村地区的首要定位就是粮食之源和农村生活的组成要素。从牲畜到农场工人到灌木篱墙均被描述为农业生产模式中可被改造、精细化或替代的组成要素。

生产主义政策的实施给农业资本主义带来了真正的物质收益。然而，在一些

第三章 开发农村

方面,国家干预也减缓和限制了资本的积累过程。例如,利用人为市场机制控制农产品价格,对主要商品建立采购和营销的国有垄断权与农业工资规定。的确,欧洲家庭农场的生存可归功于共同农业政策为小农提供的保护,避免完全暴露于自由市场条件。同时,在澳大利亚和新西兰,政府农业干预的退缩已导致许多小型的家庭经营农场的消失(见第八章)。

进一步而言,当商业化、商品化和产业化模式在发达的市场经济体中均将生产主义定位为资本主义农业发展的一部分之时,或许需要指出的是,社会主义国家也采纳了生产主义原则。这种相似的政策在发展中国家经历的"绿色革命"中可以看到,如在印度和墨西哥(详见专栏3.2)。

> **专栏3.2 绿色革命**
>
> 第一波世界性生产主义,由于驱动了农业生产的增长,在20世纪60年代和70年代的南半球的许多地方所实行的绿色革命即是生产主义的类似物。与欧洲生产主义一样,绿色革命也是受人口激增要保证食物供给安全的迫切需要所驱动的。不过,不仅突出的人口增长规模远远超出了战后欧洲的"婴儿潮",而且绿色革命也需要提出农村地方的极端贫困、基础农业技术和技巧、疾病和极端天气的脆弱性,以及后殖民经济的改造等问题。许多政府也热情地支持绿色革命,将其作为支持国家自足的后殖民地政治战略目标和对更激进土地再分配和经济改革要求的限制(Atkins and Bowler,2001)。
>
> 绿色革命包括在发展中国家通过机械化、灌溉化和土地管理改良、农药和其他农业化学品的引进,以及特别要指出的是,能够抵抗如谷物中的锈病病毒(Atkins and Bowler,2001;Southgate *et al*.,2007)等特定疾病和提高产量的新型杂交水稻和小麦的研制。整体而言,这些改革在农业产出中产生了迅速的进步。如20世纪60年代中期至20世纪90年代中期,亚洲人均粮食产量增长27%(Jewitt and Baker,2007),而且帮助印度次大陆地区避免了严重饥荒的威胁。绿色革命也对广泛农村生活的各方面造成了变革性的影响。由于农业就业的长期性扩大,社会关系也得以重新构建,造成了像印度等国家出现了对传统阶级和种姓结构形成挑战的新型农村无产阶级。2001年在对1972年研

究的三个印度村庄的追踪研究中,朱伊特和贝克(Jewitt and Baker),记录了基础设施、消费品货品所有权、健康和读写能力以及食物安全情况的提高,村民把这归功于绿色革命:

> 露天井大部分被家庭手泵代替,砖房代替了泥土建筑,汽车和拖拉机数量增多。就村民自己来说……衣服的标准更高了。1972年常见的眼睛传染病和四肢上明显的脓毒伤口几乎没有了。大部分人似乎更为健康和吃得更好。
>
> (Jewitt and Baker,2007)

然而,与欧洲的生产主义一样,绿色革命将农业置于更广泛的社会和环境利益之上的优先考虑地位。随着本地作物被高产杂交品种的替代,生物多样性的减少,乡村景观的改变,这些引起了对农业集约化环境影响的严重关注(Jewitt and Baker,2007;Southgate et al.,2007)。绿色革命的社会影响也是复杂的,带来了对绿色革命在农业社区增加了社会不平等性的批评(Jewitt and Baker,2007)。此外,通过商业性生产的杂交品种对本地作物的替代,无可争辩地使农民依赖跨国生物技术公司,并把他们暴露在接受有争议的转基因工程改良品种的压力之下(Richards,2004)。因而,在朱伊特和贝克(Jewitt and Baker,2007)指出草根阶层接纳的绿色革命好处之时,批评者率先对此开发提出了强烈的批评。如印度积极分子、作家范达纳·希瓦(Vandana Shiva)就认为,"绿色革命的大范围试验不仅把自然推到了生态崩溃的边缘,而且似乎也把社会推到了社会崩溃的边缘"(Shiva,1992)。

进一步阅读:朱伊特和贝克(Jewitt and Baker,2007)

(二) 生产主义的悖论

生产主义农业的能力对发达市场经济农村地区的转型是其话语效应与物质效应相结合的结果。就其推论而言,生产主义反复宣传和强调的观点是,农村地区的主要功能是生产粮食、纤维和其他自然资源。这个基本原理巩固了生产主义政策的发展,并证明了排斥和驳斥替代的、相对立的质疑生产主义技术和目标的合理性

第三章 开发农村

或突出农村土地其他的非生产功能论述的正当性。

在政府政策中生产主义论点的霸主地位被复制在很多农村居民的非专业性论述之中,特别是在农业社区本身内部。正如伯顿(Burton,2004)观察到的那样,生产主义理性已形成并保持着,孕育于农民自身认知的自我观念中。他们主要根据粮食和纤维生产所构建。伯顿对英国南部农民的访谈表明,对"好农民"的理解就是将他与增加产量和最大化作物产量的能力联系在一起,至少部分地联系在一起的。因而,这个"好农民"被一位农民描述为"这个能以一英亩一吨或无论什么都可以提高他的产出,或能继续这样做到的家伙"(Burton,2004),并被另一个描述为"试图在通常收获两只玉米的地方得到三只,或在通常收获两束草的地方得到三束"(同上)。第三个农民则认为好农民应该是:

> 总是寻求每英亩的产量高于业已达到的产量。这是每个人的目的……如果你是一个合格的农民,至少应该这样做。
>
> (Burton,2004)

通过在酒馆中的议论及吹嘘作物产量,农民越过篱笆和栏杆相互观察农田进行视觉监视。农民的社会互动强化和再现了对这些价值的坚守。监视和窥探的压力可防止新耕作技术或农业化学品过度和粗心使用,反映出农民对"整洁、干净、有序"景观的喜好。例如,伯顿的研究也很清楚地表明了生产主义理性中建构的农民喜爱整洁和有序的观念,以致用化学除草剂喷洒农田被认为是好的耕作法。伯顿指出,很多农民给予了更高象征性价值的实践也产生了经济收益,尽管它们本身可能并不是收益的精确标志。

农村社会各层面的生产主义讨论的主导地位标准化了对农业产量增长的驱动力,并迅速产生了实际农村地区的经济、社会和环境结果的农业活动变化的合法化。或许生产主义的实际结果在环境影响方面很快显现。大部分农村景观都是被以下各个方面因素所改变,农场单元合并、为更大片的农田拆除篱笆和栅栏以及清除池塘、沼泽、杂树林和其他非生产性土地碎片。例如,在1947年农业法之后,生产主义引领时代的50年间,英格兰和威尔士有20万千米以上的篱笆被移除,减少的篱笆占总长度的近四分之一(Green,1996;Woods,2005a)。为追求更高的收益回报,将牧场、果园和草地转化为耕地也改变了景观的外表。自20世纪60年代以来,由于转换耕地、应用除草剂和贫瘠土地管理等活动,估计英国已失去了97%的野花草地(Green,1996;Woods,2005a)。

栖息地的破坏和对化学农药、除草剂和杀虫剂使用的增加已造成了农业景观中鸟类和其他野生动物数量减少。例如,英国12种普通农田鸟类物种的数量在1978年到1998年期间下降了58%(Woods,2005a)。而且,生产主义农业已与土壤侵蚀、洪水和地下蓄水层枯竭、河道污染以及富营养化等问题联系在一起(Green,1996;Harvey,1998;Woods,2005a)。还有,对于战后大部分时间来说,生产主义议题得到强化,以致生产主义农业的环境后果竟以"无问题"而被模糊、消除或构建。受人瞩目的揭露,如蕾切尔·卡逊(Rachel Carson,1962)对杀虫剂DDT的致命遗留物的揭发,(最终)促成了一些变化的同时,其他的结果或是作为增加农业产量的接受成本而予以忍受(例如,灌木篱墙移除),或是在农业社区内部化及从正规的环境管制中得到豁免(例如,农场污水污染)(Lowe et al.,1997)。

生产主义农业对农村地区的社会和经济影响仍然重要。特别是,劳动专业化和农场生产过程机械化实际上在发达市场经济体内减少了农业劳动。在英国,雇佣农场工人的数量从20世纪40年代的超过80万人减少到20世纪90年代的30万人以下(Clark,1991;Woods,2005a)。在法国,农业劳动力包括农场主,从1954年的超过5百万人减少到1975年的2百万人左右(Woods,2005a)。许多原来的农民离开乡村社区寻找工作,这对战后初期农村人口减少做出了主要贡献。具有讽刺意味的是,随着迁移潮的逆转,过去留下的小屋和废弃的农场房舍,之后竟时常被城镇和城市的移入者收购与修复(参见第四章)。

原来留在农村地区的农场工人应聘到新的制造业和服务业(通常作为农村发展计划的一部分,目的是安置失去农业就业的人)就业,在很多地区就雇佣数量来说迅速超过了农业。同时,由于农场按照合同越过当地公司直接为食品加工业者和零售商提供生产的趋势,农业对当地农村经济的重要性进一步减弱。

这些变化的后果是,农民和农村社区之间的纽带已在减弱,而且农村生活中农业暗淡无光的表现也已抹去。像英国那样国家的农村地区,农民不再像以前那样居于社区的领导地位(Woods,2005b),并且,在农业日历中的关键事件中,比如羊羔生产和收获不再是整个农村社区所忙碌的大事件。村庄里的学校、邮局和酒铺等农村服务部门的关闭或合理化已经限制了农场和非农场人员互动的机会(Errington,1997)。最近在英国的研究标明,大约仅三分之一的农场主认为,在当地社区中,他们自己是"非常积极参与的"(Lobley et al.,2005),而且大约八分之一的农村居民与农场主没有任何社交联系(Milbourne et al.,2001)。

由于更多的农场人口已脱离了广阔的农村社区,可以想象农民和非农民之间的紧张关系和冲突已有增加,特别是那些几乎没有农业背景知识或农业经历的城市远郊移民的涌入。例如,考特尼等(Courtney et al.,2007)报告,在英国案例研究区他们调查的农民中10%的人已受到非农业居民的抱怨,尤其是道路上的泥浆和进入公共区域的小径上所置的障碍。不过,研究也表明,在农场和非农场人员之间观念上的差异比实际的冲突事件更重要。例如,史密瑟斯等(Smithers et al.,2005)在加拿大安大略南部的研究发现,农民和非农民都承认农业对该地经济的意义,但是,当问及农业面临的主要挑战时,这个观点就有了分歧。随着产生于工业农场的竞争,大部分非农民都把对环境问题的担忧视为农业的主要挑战。然而,大多数接受调查的农场主们常常把低廉的商品价格视为主要的挑战,而对环境问题给予较少的关注。史密瑟斯等(Smithers et al.,2005)的报告显示,超过四分之三的农场主怀疑当地城市居民通常未意识到当地农业发生了什么、农民面临着什么难题,以及他们的观点被更一般化的农业印象所塑造。正如一个农场主所评论的那样,"一些人仍然认为,你在这有老麦克唐纳(Macdonald)的农场……除非他们来自农场,否则他们就不懂农业……他们认为他们懂,但是他们并不懂"(Smithers et al.,2005)。

这是一个生产主义的悖论。生产主义农业建立于以下观点之上。这种观点认为,农村土地的主要目的是生产粮食、纤维和其他农场产品,以致驱动增加农业生产的驱动力便可合法地在所有其他问题之上得到优先处理。不过,生产主义农业的实践则有弱化农村社区农业实际影响的作用,因而,创造了替代性议题可清晰表达挑战农业获得特殊地位的条件。这样,就要求生产主义农业创造它自己衰败的环境。

(三) 后生产主义的转变

第二次世界大战结束后的40多年,在北半球,生产主义政策在增加农业产量的目标上取得了显著的成功。例如,欧洲、北美、澳大利亚和新西兰的谷物总产量在1961到1981年间增长了75%;与此同时,这些地区的肉类产量在同一时期增加了71%。确实,生产力的提高如此成功以致到了20世纪70年代末,北半球的农业在很多商品上的产量超过了市场要求。然而,农业部门自然调整过剩产量问题的能力受到了人为市场控制机制的限制,这是作为生产主义革命的组成部分所引进的机制。特别是,一旦商品价格跌至规定的低价时意味着农场主就得不到避免生产过剩的刺激,就要采用国家干预购买剩余物品的价格支持机制;同时,保护主义的贸易政策就会限制在世界市场上出售剩余产品的机会。与此相应,大量的剩余商品只是简单储存在不断扩大的仓储内。1982年,欧共体储存了将近700万吨的剩余小麦;到1984年,欧共体已经累计存储了超过100万吨的黄油和大约50万吨的牛肉(Winter,1996)。

战后时代,当对粮食供给的忧虑居于统治地位之时,国家对生产主义农业的投资也得到了政治舆论的支持;大量国家财政持续支出支持了过剩农业生产的争议日益增多,在要求政府支出受财政限制氛围盛行的20世纪80年代初期尤为如此。此外,有关集约农业、动物福利和食物质量环境影响的公众关注,引起了要求农业政策和实践改革的压力狂潮。在澳大利亚和新西兰,实施了取消政府支持农业的根本改革,这点在第八章将进一步讨论。相比之下,在欧盟和美国,虽则农业游说议员有足够强大的力量阻挠根本性改革的努力,但通过一系列以"后生产主义转变"著称的更温和与渐进的措施,也制定了脱离生产主义的尝试性步骤。这些步骤包括,鼓励农场的多样化,为农场家庭开创了另一个非农业收入流,例如,通过旅游或休闲业;为农场主改善环境支付费用,包括种植林地和农田休闲;支持以生产高品质本地品牌食品为目的的主动性;援助向有机农业的转换。

然而,在论及"后生产主义转变"中,表明政府政策方向变化方面是有用的同时,这一概念在农村研究中的广泛应用和完全转变为"后生产主义"的概念却引来了争议。贯穿20世纪80年代到20世纪90年代,农村地理学学者使用这个词汇的频率日益增高意味着农业生产一个新时代的出现。不过,罗宾逊(Robinson,2004)则认为"后生产主义"概念被接受得太快并且太不加批判地使用了,而且大量评论也在批判这种观念,表现出对这种观点的两种主要指责。第一,"后生产主义"概念理论上是薄弱的,在定义上也是不充分的。不同的作者可赋予它不同的特点,以致确定"后生产主义乡村"就没有统一的框架(Evans et al.,2002;Ilbery and Bowler,1998;Mather et al.,2006;Wilson,2001)。第二,尽管这个词汇的宽松和宽泛的使用可表明离开生产主义理想的农业实践的重要转变,但是实证研究为支持这个主张的证据却是有限的(Argent,2002;Evans et al.,2002;Walford,2003)。这样,伊文斯等(Evans et al.,2002)认为"农业(和农村)地理学只有放弃后生产主义方能取得更大的进步"。因此,农村地理学学者开始寻求农村经济中概念化改变的替代途径,尤应把注意力集中在当代乡村日益增长的多功能性上。

四、走向多功能的乡村?

(一) 多功能的农业

"多功能性"的概念源于农村地理学学者和农村社会学者试图打破20世纪90年代后期形成的"生产主义"和"后生产主义"农业二分的明显僵局。像马斯登(Marsden,1992,2003)和威尔逊(Wilson,2001,2007)那样的批评家通过挑战后生产主义是以直线发展出现在生产主义之后的含义,对已与"后生产主义"一致的概念和实证困难做出了回答。相反,"多功能农业体制"概念的引进,允许"生产主义和后生产主义行动及思想的多维共存"(Wilson,2001),有观点认为,这个看法提供了"一个农村和农业变化多层性质的更准确描述"(同上)。

然而,由于多功能性概念已在农村地理学和农村社会学中广泛采用,这意味着不仅仅是一个可简单区分的农业经济。尤其是,此概念已提供了农业的多种结果,不仅包括粮食和其他资源的生产,而且还包括社会和环境收益。正如波特和伯尼(Potter and Burney)总结的那样:

> 农业是多功能化的,不仅生产食物而且还有可持续的农村景观、保护生物多样性、创造就业和有助于农村地区的活力。
>
> (Potter and Burney,2002)

通过这种方式构建,多功能性不仅可作为描述和分析区域实践证据中生产主义和后生产主义的混合机制,而且也是认识农业体系动力的模型。这样,多样性假定了一个规范意义,作为农业政策的目标,得到家庭农场和环境活动者拥护,也得到农业自由化倡导者的支持(Potter,2004;Potter and Tilzey,2005)。

结果,目前农村地理学研究所采用的多功能性至少有三个既有联系又有不同的论点。第一个论点,因为直接针对农业政策分析及它们认可与支持的农业多功能范围的调查重点,多功能性被看作是政策的结果(Bjorkhang and Richards, 2008;Potter, 2004;Potter and Burney, 2002;Potter and Tilzey, 2005)。第二个论点,多功能性被描述为"一个由散漫、温和和有力的多功能性路径组成的复杂转变"(Wilson, 2008),这可以用来解释个体农场,在生产主义和非生产主义活动和思想两极之间移动的变化轨迹(参见 Wilson, 2007)。第三个论点,多功能性被看作国家或区域农业体制的一个特征,聚焦于跨地区(Holmes, 2006)的农业实践或区域产业整体实践和功能的结合(Hollander, 2004)。可以说,最后这个论点超越了农业扩展至其他自然资源产业,如林业,以及区域农村经济的整体经营情况。在这个整体经营中,以生产和消费为导向的活动既相互联系又相互独立。

无论采用这些探讨中的哪一个,多功能性都必然意味着重新思考农村空间的含义和目的,脱离把农村视为资源生产和开发的产业场所的生产主义逻辑。但是,多功能性也不像它的支持者所暗示的那样激进。多功能农业体制的中心仍然集中在通过农业的土地开发,置于需要农产品商品化和农业收益的资本主义范式之中。而且,可以说,它们也承认生产主义实践仍具有持续的、允许的和优先考虑的重要性,承认由市场支持的大规模生产的产业化农场。多功能性在以下这个问题上不同于以前的途径,即通过农产品自由市场不能持续生存的农场发生了什么。多功能性认识到,这样的农场对乡村的价值,远在它们为大众市场生产的商品之上,并且为了获得经济的可持续性,在寻求能使这些广泛功能稳定的办法。这可能意味着,转换生产高价值的农产品,如有机食品,或通过旅游和休闲活动开发农地的舒适、娱乐价值,或通过对良好管理工作支付奖赏实现农业环境利益的商品化(相片3.2)。这样,向多功能农业体制的转变可定位在全球经济从福特主义体制向后福特主义体制,从大众化和标准化到专业化再到小型市场发展的广泛转变中的一部分(Potter and Tilzey, 2005)(指那些被市场中的统治者/有绝对优势的企业忽略的某些细分市场,企业选定一个很小的产品或服务领域,集中力量进入并成为领先者。从当地市场到全国再到全球,同时建立各种壁垒,逐渐形成持久的竞争优势——译者注)。

第三章 开发农村 67

相片3.2 荷兰多功能性农场:自然保护和与向日葵栽培相结合的公众小径

(二) 超级生产主义和复杂的全球农业食物复合体

多功能性概念揭穿了一般将后生产主义转换误解为脱离生产主义的错误,这种见解不仅启发了农民尝试把多样化纳入非生产主义活动的战略,并且也使得全球农业中生产主义实践的持续强化更为清楚。的确,可以这样说,寻求包含在多功能性概念中的非生产主义替代物,不仅要吸取生产主义的失败教训,也要吸取农业生产过程中取得的成功经验。在其他产业中就是这种情况,通过农业,有效的大批量食物和纤维的生产已在空间上集中于成本最小化和生产最大化并服务全球规模的大众市场。

这些包含精心安排的发达农业生产,被哈夫克里(Halfacree,1999,2006)描述为"超级生产主义",从19世纪后期加利福尼亚的资源繁荣开始,建立在以资本主义农业为中心的原理和技术之上。首先,人们一直在努力改善农业生产的环境,减少自然的外部威胁(坏天气、干旱、掠夺者等)。随着在南半球灌溉农田的区域规划在1999到2030年间将会提高20%,如灌溉等历史悠久的技术将继续被提倡(Bruinsma,2003)。随着室内集中饲养业生产了世界家禽的74%和猪肉的50%(Weis,2007),畜牧的"工厂农业"也得到加强,对工业景观和流水线加工的解释正如科伯恩对北卡罗来纳州羊猪场描述的那样:

> 它那散发着恶臭的潟湖环绕着暗淡无光的动物库房。库房里的动物被捉放在稍大于它们身体的金属板条箱内,尾巴被切去,用泵把玉米、大豆和化学品压进它们胃里。直到,六个月之内,当它们重达240磅时,就把它们用船运到屠宰场屠宰。

(Cockburn,1996)

公众对动物幸福和工业化农场环境后果的关心在发达国家已导致规则的添加。如2008年11月加利福尼亚选民投票通过的"提案2"中限制监禁农场里的动物。但是,牲畜的室内密集饲养正在南半球迅速扩大,支持着许多国家肉类消费的快速增长,如中国和印度。

与此相似,营养液农业技术促进了以矿物营养溶液给予植物养分的吸收,也使它们在没有土壤的情况下生长,并在密封、气候条件下控制作物种植的实际扩张。350平方千米的塑料温室已改变了西班牙南部阿尔梅里亚(Almería)的景观。利用这种技术种植温室西红柿、小胡瓜和其他一些作物(Tremlett,2005)。在英国,同样的营养液技术将被应用于新的"超级农场"。在塞恩特厄斯(Thanet Earth),农场有七大片温室,覆盖面积92公顷,种植130万株植物,从天花板悬空成排生长。预测这个单独企业将使英国的全部色拉作物增长15%(Addley,2008)。新技术也用于精准农业。在农场中,来自自动传感器和卫星监控的数据结合GIS模型和全球定位系统(GPS)横跨大片农场,进行作物生长的微观管理,例如,集约使用化肥。

第二,生物技术研究与开发一直在"改良"着牲畜和作物。特别是,自从20世纪90年代早期以来,用基因工程可以改变作物和农场牲畜的现状颇有争议。在许多情况下,转基因生物(GMOs)已得到开发。这种技术可提高作物对昆虫和病毒的抵抗力,但提高产量和改进食物健康质量,改变产品色彩和形状,以及符合其他具体市场需求的 GMOs 技术也正在得到开发。转基因作物和牲畜明显地为农业资本主义提供了收益,但作为一种开发更有弹性作物的手段,转基因农业的倡导者也促进了它在发展中国家的使用,并且为发展经济强调了项目财政收益(Anderson and Valenzuela,2008;Moschini,2008)。

不过,对于未检测其环境影响的转基因农业还是存在着普遍的恐惧,甚至担忧人类消费转基因生物的安全性。在很多发达国家,公众反对已限制了农业转基因生物的使用。特别是在欧洲,农场主已积极地抵抗在印度部分地区采用转基因技术的作物(参见 Hall,2008;McAfee,2008;Pechlaner and Otero,2008;Scoones,2008)。这样,尽管在转基因技术种植下的土地面积已经急速上升,1997 到 2001 年间增长超过 375%(Bruinsma,2003,Millstone and Lang,2003),到了 2007 年进一步增长到 117%。转基因农业的地域分布也确定被极化了(表 3.2)。到 2001 年,只有 13 个国家允许转基因技术作物的商业性生产,91%的转基因技术作物生长在美国和阿根廷。随着转基因技术农业的扩张陆续在欧洲、加拿大和墨西哥面临着障碍,生物技术企业仍然把目标定在了拉丁美洲、东南亚和非洲的发展中国家。在这些地方有组织的公众反抗潜能是更有限的,导致了转基因技术种植在这些国家大量增长,如巴西、印度和巴拉圭(Paul and Steinbrecher,2003)。

表 3.2　商业转基因技术作物耕种的分布,1996—2007

	商业转基因技术作物面积(百万公顷)			
	1996	1999	2001	2007
美国	1.5	28.7	35.7	57.7
阿根廷	0.1	6.7	11.8	19.1
巴西	0	0	0	15.0
加拿大	0.1	4.0	3.2	7.0
印度	0	0	0	6.2
中国	1.1	0.3	1.5	3.8
巴拉圭	0	0	0	2.6
南非	0	0.1	0.2	1.8

续表

	商业转基因技术作物面积(百万公顷)			
	1996	1999	2001	2007
乌拉圭	0	<0.1	<0.1	0.5
菲律宾	0	0	0	0.3
澳大利亚	<0.1	0.1	0.2	0.1
其他发达国家[1]	0	<0.1	<0.1	<0.1
其他发展中国家[2]	<0.1	<0.1	<0.1	<0.1
全球总数	1.7	39.9	52.6	114.3

资料来源:Bruinsma(2003),ISAAA(2007),Millstone and Lang(2003)。

1. 2001年包括法国、德国、葡萄牙、罗马尼亚和西班牙,加上2007年的捷克、斯洛伐克和波兰。
2. 2001年墨西哥,加上2007年的智利、哥伦比亚和洪都拉斯。

第三,超级生产主义与更进一步的企业集中和企业空间转移战略相关。效益调查已产生了企业合并并创造了水平整合和垂直整合的战略联盟。水平整合,即连接起不同国家的平等经营体;垂直整合,即连接起不同阶段的食物链。例如,亨德里克森和郝福楠(Hendrickson and Heffernan,2002)就描述了这个由"三个最大的食物链集群"组成的复杂网络,它们覆盖从生物技术公司到超级市场。由于国家农业干预已消减,正是这些全球企业网络对"从种子到货架上"的农业食品体系的影响日益增强。"从种子到货架上"是康格拉(ConAgra)企业的口号(参见Kneen,2002)。

农业食品企业的空间战略已在全球范围重构。这包括随着发展全球,自由贸易的游说、寻找新的市场(第八章进一步讨论)以及在印度那样的国家,将转基因技术生物提升为保障农民安全依靠专有杂交种的媒介物(Kneen,2002)。生产也从全球范围重新设定了目标。新技术也让农业产业变得"自由自在",并重新把企业安排在成本最低或管理最宽松的地区。不可避免地,这些目标在经济上造成了北半球和南半球农村地区的萧条,那里的地方政治当局正准备利用对环境问题的关心创造增加就业和收入的机会。例如,夸尔曼(Quarlman,2001)、兰普和科克(Ramp and Koc,2001)描述了加拿大西部艾尔伯塔和马尼托巴的工业化猪场的快速扩张,以及艾尔伯塔莱斯布里奇一家主要供应亚洲市场的大型猪肉加工厂的发展。

因此,超级生产主义扩展了早就存在那种趋势的压力。这种趋势压力在战后生产主义中很明显,在资源资本主义时期就有更早的表述。但是这样一来,这种压力抛弃了生产主义所呈现的道德维度——农业包括土地的改良,农业资本主义为支持农户和保持农村文化提供了最好的途径。相比之下,超级生产主义视野将农村土地定位为"仅仅与利润最大化有关的生产资源"(Halfacree,2006:57)。实际上,人们可能会问,超级生产主义的产业农业本质上是否仍具有农村特点。随着精准农业技术的利用,排除了对地方乡村环境条件、基因工程、圈养牲畜单元和特大温室景观的标准化的依赖,由于对空间和传统需要的拖延,产业农业持续所需的农村场所出现减弱趋势。

(三)回归土地

多功能性框架容纳了许多现在农场主仍在追随的不同途径。因而,正像超级生产主义农业已进一步把它们的农产品加工从它们置身其中的农村环境、文化和社会中迁出,食物消费也进一步远离了食物生产(见 Gouveia and Juska,2002),很多寻求离开生产主义模式的农场已转移到相反的方向。多功能农业体制的突出特征就是重新说明农业的形式,这种形式的农业不但是资本积累的一种手段,也是广泛农村系统内的一个组成部分。这样的农业替代模型对农村的描述与超级生产主义中的描述大不相同。农村空间不仅是通过资源开发进行资金积累的场所,而且也可理解为由互相连在一起的社会、文化、环境和经济因素组成的空间。在这个空间里,可靠的自然资源开发是一个主要的中间活动。

拒绝很多当代生物技术,特别是农业化学品,而且重视农场系统生态学观点,这就是有机农业。有机农业是农业最高形象的替代模型之一。有机食品已获得了关心食品安全、动物幸福之消费者的普遍赞誉。获得认证的有机产品在世界范围的销售额从 1997 年的 100 亿美元增长到 2000 年的 175 亿美元,以及 2005 年的 330 亿美元(IFOAM,2007;Millstone and Lang,2003)。不断成长的市场需求,消费者为有机产品支付的额外加价,以及国家为有机转换付出的补贴,已激励农民转到了有机农业。例如,欧盟认证的有机农田总面积在 1995 至 2000 年之间,增加了 215%(Millstone and Lang,2003)。而且,在认证的有机销售中大部分集中在欧洲和北美,以及大部分的认证有机土地坐落在北半球。据估计,南半球大约 80%的农场实际上还是有机的,不需要为获得认证而改变它们的耕种方式(同上)。

然而,有机农业的扩大在有机运动中也产生了污点。一些评论家认为,有机耕种和生产体制一样是一项社会运动(Reed,2008;Tovey,1997),这体现了环境可持续性的价值与自然一体,食物生产和消费一体,并强调地方化经济中的小规模生产(Guthman,2002;Morgan and Murdoch,2000)。一些早期的先驱者与激进的社会政治和反现代性意识形态有着特殊的联系(Matless,1998)。这样,随着对农村社会组织和农村环境开发极不相同的物质结果,有机运动所表现出乡村视野很快就远离了生产主义所表述的观念。但是,有机运动的原则则阻碍了大众生产,也限制了有机运动对不断增长的消费需求做出反应的能力。因此,市场需求则日益须由主流有机农业企业的保证来满足,这被描述为这个部门的"惯例化"(Buck et al.,1997;Guthman,2004)。

在本章开始的地方,格斯曼(Guthman,2004)恰当地详述了加利福尼亚有机农业的惯例化。正如她所记述的那样,随着城市精于计算的文化影响刺激了早期发展,以及 2002 年在全国的有机销售额达到了 2.63 亿美元,加利福尼亚是美国有机农业的中心。不过,随着公司在可能的地方引进了工业化农业技术,采用积极的市场营销策略,以及接收更小的有机运营公司来保护全球业绩的安全,加利福尼亚也见证了重要的农业企业向有机部门的渗透。格斯曼认为,通过这些行动,农业企业已经创立了有机品牌,建立了"即使削弱了最坚定的生产者去实践有机农业完全替代形式能力"的状态。

正如本章开始所说,格斯曼承认加利福尼亚有机农业中的农业企业的表现,部分反映了加利福尼亚农业的特殊历史,但作为与资源资本主义同在的,加利福尼亚的极端案例阐述了更广泛的实际情况。有机农业的惯例化在其他地理环境中是明显的,不仅被农业企业所驱动,也被超级市场所驱动。例如,在英国,作为有机食品销售的重要渠道,超级市场的重要性已引致了对农场收购价格的挤压,与传统农业的经验相似(Smith and Marsden,2004)。正像有机农业日益被视为农业资本主义的替代性积累战略——而非管理农村环境的替代性框架——保持溢价容量对于它的持续扩张是决定性的。这点或可证明是全球经济衰退中的挑战。有机食品在英国的销量显著下降到 2008 年的四分之一(Jowitt,2008),而且英国的有机耕种面积也从 2004 年的峰值跌了下来(Defra,2009)。

五、结语

本章检验了作为资本主义生产方式主导框架内粮食、纤维以及其他自然资源之源的农村得以被利用的制度转变。从 19 世纪后期加利福尼亚的先驱资源资本主义者到加拿大北极孤立的矿山,从殖民地种植园到现代有机农场,农村经济的自然、生物和人类部分已为获取利润而被组织、改造与开发。通过农村是生产空间的普及宣传,这些活动已成为可用来证明农业和资源资本主义利益优先于所有其他社会和环境问题正当性的基础,而且,它们也早已造成了很多的实际影响——改变景观、栖息地和生态系统,创造出新的劳动力和社会关系,重塑聚落模式和构建交通网络,以及发现新的制度。我们现在认为可作为农村生活画像的特点,从家庭农场到严格管理的森林种植园到灌溉渠道到牲畜集市,都是乡村资本主义开发的产品。

与此同时,乡村资本主义的产品——粮食、燃料、木材——通常被认为在战略上非常重要,以致不能仅留给市场。因此农村的开发也由国家主持——提供基础设施,支持研究与开发,制定市场规则,补贴生产者。通过如战后欧洲生产主义那样的监管制度,国家与资本共谋推动了将农村看作生产空间的宣传,这点将在第八章进一步讨论。

资金积累的迫切性要求经常重新创造和改革,产生新技术、新作物、新牲畜品种和新产品。由于在日益边远地区和实验地区找到新的生产场所,确保了已成为全球化农业食物产品链的新市场,所以驱动了扩张的、充满活力的地理学。一个结果是,北半球大面积乡村地区现在正面临着按资源资本主义标准成为剩余的风险,表现为对国家政治的挑战。应该把公共基金有效用于补贴农场主和其他生产者,维持生产的乡村神话和保留如家庭农场那样的物质特征吗?或非竞争性的农村产业应该允许倒闭,可能把它们与社区连在一起吗?

由于生产主义范式已变弱,多功能性概念传播开来,标志着可能存在着第三种方式。有争论认为,生产主义和非生产主义活动可在农村地区共存——甚至在同一家农场共存——因为能产生资本。然而,尽管这种观点当前很流行,但共存的原理却显示着生态和经济上的挑战。例如,转基因技术作物的污染风险阻碍了与有机农业共存的超级生产主义的前景;与此同时,有机部门的惯例化经验表明,替代性生产方式对主流农业产业和准生产主义方法引进的转让是脆弱的。

而且,如果扩展多功能性逻辑,那么农村经济的生产首位就会受到质疑。通过对由农业(或其他开发产业)表现出的全部功能范围的认知,多功能性表现出的观点是,农业的价值不仅在于它生产的商品,也在于它所传递的社会和环境收益。作为一项经济战略,多功能性的提出,这些非生产性收益应该被当作税收资源利用,把它们作为被消费的商品出售(例如,作为旅游品和休闲品)。这样,多功能性开始长期作为视农村为生产空间的一面镜子的另一传统,这点将在下一章讨论。

六、进一步阅读

19世纪后期和20世纪早期的加利福尼亚,理查德·沃克(Richard Walker)在《面包的征服》(2005)中详细探讨了资源资本主义的发展。该书以农业为讨论重点,而且在载于《美国地理学家协会年刊》(2001)的"加利福尼亚致富的黄金之路:自然资源与区域资本主义,1848—1940"一文中,更多集中在矿业和林业上。乔治·亨德森(George Henderson)在《加利福尼亚和资本虚构》(1998)中,也质疑了资本对加利福尼亚农业的重要性。对更多关于产业化林业的政治经济及其社会和环境影响,请阅斯科特·普鲁达姆(Scott Prudham)有关俄勒冈的研究,《敲击森林:作为达拉斯冷杉地区商品的自然》(2005)。对生产主义和后生产主义最好的介绍是本章由布赖恩·意波利和伊恩·鲍勒(Brian Ilbery and Ian Bowler)撰写的,"从农业生产主义到后生产主义"部分,载于意波利编辑的《农村变化的地理学》(1998)。同时,关于后生产主义的辩论,尼克·伊文斯(Nick Evans),卡罗尔·莫里斯和迈克尔·温特(Carol Morris and Michael Winter,2002)在《人文地理学进展》中做了总结。对于更多关于多功能性概念及其实践应用,参阅杰夫·威尔逊(Geoff Wilson)在《英国地理学家协会汇刊》和《农村研究杂志》(2008)中的论文。朱莉·格斯曼(Julie Guthman)关于加利福尼亚有机农业的论著,发表在《农村人类学报》(2002,2004),说明了这个部门的演变并为沃克(Walker)的研究提供了一个有趣的对照物。

第四章 消费农村

一、引言

只要载满粮食、燃料和矿石的马车从乡村进入城市,就有一些引领另一方向的追求享乐者进入农村,去狩猎、游玩、散步、游泳和逃离城镇生活压力。在上一章考察了把农村作为生产空间的观念,这个观念同样影响了把农村看作消费空间的观念,特别是把农村看作休闲娱乐场所的观念,这就是一种借鉴。在有些情况下,农村地区只是简单地承办一些本质上是非农村的活动——例如,各式各样的运动或最近兴起的主题公园、汽车后备厢销售(在汽车后备厢上摆放商品进行销售——译者注)和购物中心。然而,一般而言,为休闲娱乐利用农村空间在某种程度上与消费乡村性的观念相联系,或至少与想象的农村田园生活的消费特征相联系。

农村消费有许多形式。观光者在视觉上消费农村景观;徒步爬山者享受新鲜空气和宁静的环境;自然观察者在视觉上消费野生动物;骑山地自行车者消费凹凸不平的地形;访问风俗和节日的人消费农村的文化;购物者购买农村的手工艺品;食客就是来消费农村的食物和饮品;等等。在每一种情况下,作为消费对象的乡村性特点——景色、自然、宁静、遗产——都被转换成了可以买卖的商品。

几个世纪以来,农村的消费主要(尽管不是唯一的)是精英们的狩猎禁地:罗马市民建成了作为休憩寓所的别墅;中世纪贵族建立了狩猎公园;18世纪的绅士在他们的乡下庄园建立享乐花园和开始消费阿尔卑斯或苏格兰高地风景宝藏的"豪华旅行"。然而,随着铁路、汽车和商业航班的发展使得进入农村地区的旅行成为可能(到达每一个地点都会遭到反对破坏乡村安宁和礼仪的人们的抵制)。20世纪见证了大众消费文化、旅游和休闲的兴起。为了占主导地位的城镇人口的休闲和娱乐,有规则地利用农村空间已改变了北半球公众对农村的看法,挑战了农业的政治本色。这也为资本积累创造了新的机会,在北半球大部分地区和南半球的主要地区,消费经济现在至少与维持着农村生计的生产经济一样重要。

　　本章将探索消费农村的方式,其中也包括对乡村性和重要结果的描述。这始于商品化概念的引进和农村旅游活动如何隐含在农村景观、文化和经验中。商品化对作为资本积累之源的农村旅游至关重要,但正如本章将讨论的那样,资本主义对持续创新和再发明的要求也会造成农村消费场所的"创造性破坏",如同景观积累更新那样。本章其余部分将通过依次聚焦约定消费的不同含义说明乡村旅游和休闲中的推力。首先,通过"农村凝视"和乡村声音景观的听觉消费的设计,检验农村景观的视觉消费;其次,如从事食物旅游那样,集中于味觉的讨论;最后,讨论了与农村地形有切实接触的农村消费的具体形式——如实际参与的各样冒险运动,或与自然一起,或通过自然旅游所寻求的冒险运动。

二、乡村商品化

(一) 农村旅游和商品化

　　为了旅游和休闲而利用农村地区已经遍布于北半球和南半球的许多地区。尽管很难建立农村旅游精准与综合的数据,但可得到的证据验证了农村旅游和休闲活动的参与规模及其对农村经济领域的价值。例如,调查发现英国39%的人声称至少每月去乡村娱乐一次,平均每人每年至少有22次到访乡村并从事休闲活动(Defra,2002;CRC,2007)。到英国农村的游客一年总计花费估计在120亿英镑,与农业生产的56亿英镑形成对比(Defra,2007)。实际上,旅游业作为农村地区寻求取代日见衰落的像农业的第一产业的替代产业,已经成为广泛促进农村地区经济发展的战略(Cawley and Gillmor,2008;Storey,2004)。

　　然而,这些数据涵盖了一系列多样的休闲活动,包括许多发生在农村地区的活动。也许,更确切地说,"农村旅游"可能被更狭窄地定义为集中在农村景观、人工制品、文化和体验的消费活动。这包括不同程度的利用与表演。在最消极的层面,农村是通过"风景旅游"而被消费(Rojek and Urry,1997),如观光客、马车旅游、"美景"和遗产点访问及短距离步行,即可观察到旅游者和农村景观之间的距离。

第四章 消费农村

除此之外还可以更积极参与多种多样的活动,如与农村所在地的地形和环境有实际接触的活动——从如骑马的传统追逐到现代的冒险运动。又如,地理宝藏寻找(一种新型的户外活动,主办方将所谓的宝物藏到地下让游人寻找——译者注)和汽船;邂逅自然,从观鸟到狩猎旅行;或者浸润在农村文化中——从传统节日到农场度假劳动。纵览活动的全部节目,农村旅游总是涉及农村符号的消费和参与者寻找与想象的农村意念有联系的消费。而且,旅游者愿意用入场费和租金支付这种联系,比如住宿、食物、饮料支出,购买纪念品、明信片、地方工艺品、旅行指南和地图的支出,以及置办"合适"的衣服和装备的支出。这样,农村旅游本质上还包括多种多样的像"新鲜空气"和历史建筑那样的有农村含义的商品化(被加罗德等(Garrod et al.,2006)描述为"乡村资本"的投入),实际上是通过旅游者消费购买和出售产品。

首先关注把农村"包装"和"出售"给消费者的方式,其次关注旅游经济在农村景观中的实际结果,商品化概念(参见专栏 4.1)为农村旅游结构分析和影响提供了一个理论框架。正像一些评论者,如克洛克(Cloke,1993),克劳奇(Crouch,2006)和帕金斯(Perkins,2006)所描述的那样,乡村旅游消费的商品化要对众多的农村客体和体验进行梳理与重新包装,对很多不同的农村期待要做出回应。在有些情况下,已作为商品存在的客观物体和农村符号均被赋予了新的意义和新的价值,例如,食物产品当作为区域特产重新登场时,就得到了更高的价值,同时,老式拖拉机也被当作乡村遗产而被珍藏。在另一些情况下,一些传统上即是乡村日常休闲的活动,比如划船、骑车、骑马、钓鱼和散步,现在正在转变为出售给旅游者的体验(Perkins,2006),有时还要用更高的技术来提高吸引力:

> 在浪花飞溅的水面上,穿梭着游艇、木筏和皮划艇;四轮驱动车的冒险和山地自行车的竞骑,一些生态旅游活动和散步所利用的精致乡间小屋就是基于商品化农村休闲活动的全部样板,在支付费用的基础上为地方与国际游客提供伙食、住宿和娱乐。
>
> (Perkins,2006)

专栏 4.1　商品化

　　一件物品当它具有交换价值的时候,它就成为了商品,消费者愿意为这件物品支付的价格就超过了它的使用价值。这种转化指的就是马克思主义政治经济学理论中的商品化。商品化是以市场经济为基础。因为它意味着,物品对生产者来说,作为交易的货物比作为使用的财产具有更高的价值。人们也认识到交换价值可以因文化时尚和偏好膨胀——例如,古董家具的交换价值远超过它对所有者的有用性。而且,当传统上未从经济价值方面考虑的实体被赋予了经济价值时,商品化就产生了——在农村环境中,这就包括一些东西,如景观、新鲜空气、自然考察和冒险,或者生物多样性和碳回收。

　　随着资本主义的发展,日益广泛的物体、功能和经验一并转换为商品。附着在商品上的交换价值也日益被赋予了文化概念并越来越远离商品的客观效用及其生产条件。史蒂文·贝斯特(Steven Best,1989)从理论上把这点概括为来自卡尔·马克思所描绘的商品社会到景观社会最终到虚拟社会的进步。虚拟社会的概念源自盖伊·德博德(Guy Debord)的著作。这个观点认为社会控制是由其他因素和为抚慰与去政治化所设计的假象世界的大众消费所维持。这是一个由大众媒体、娱乐、休闲和旅游主导的世界,而且随着常常是抽象的或实际的并以提供经验为目的商品发展,商品化也扩展到先前非商品化的生活领域。

　　景观商品化社会采取了更进一步进入超现实的措施。引自让·鲍德里亚(Jean Baudrillard)的后现代性描述,景观社会是以消费和信息技术为基础。正如克洛克(Cloke,1993)所解释的那样,在这个社会"交换是在符号、影像和信息层面上实施的,而且商品化并不仅仅是关于销售所谓影像和景观那样的物品。在抽象的意义上说,商品化只是把物品吸收到影像中以至交换能以符号学的形式发生表述"。因此,消费就被围绕在现实中没有形式和基础的"符号"中,且被描述性商品所组织起来。可以说这种超现实的商品已经没有使用价值,只有交换价值。

　　进一步阅读:贝斯特(Best,1989)

更具争议的是商品化也延展到农村经验中更为抽象的成分。如景观、新鲜空气和静谧都为了利润被转化成消费物体。也能直接地获得这些元素的资本化——例如,通过支付进入景点费用,或间接地获得这些元素的资本化,或通过素材营销在农村地区获得预期的旅游者。

实际上,营销在乡村商品化中是至关重要的组成部分。通过商品化创造的新意义是一个既包括生产者又包括消费者的协作过程(Bell,2006;Crouch,2006;Perkins,2006)。引人注目的是,商品化农村必须与消费者期望的农村一致,这点则由各式各样的文化影响来塑造(参见第二章)。但是,大众的乡村视角也受到用促进农村地区成为旅游目的地的描述所左右。因为这种描述选择性地强调了乡村性的特殊符号。例如,克洛克(Cloke,1993)在英国农村旅游景点手册的分析中就指出要反复唤醒景观、自然、历史、购买工艺品、乡下风俗以及家庭安全,甚至是主题公园的类型景点。

这样,在市场营销中针对游客所展开的商品化乡村的描述就脱离了有关地区的现实。例如,帕金斯(Perkins,2006)引用了休斯(Hughes,1992)为苏格兰旅游局宣传资料所做的分析——"创造了一个清静的风景如画的神话高地,与历史上真正的贫穷与压抑的高地截然不同"(Perkins,2006)。对南半球农村旅游目的地的营销也提出了一个相似的批评,因为这个营销只强调了异国景观和野生动物,却忽略了极端的贫困和政治压迫的问题。

正是以这种方式,乡村的商品化沿着贝斯特(Best,1989)勾勒的纲要有序地从商品社会走向虚拟社会(Perkins,2006;参见专栏4.1)。早在大众农村旅游兴起之前,农村地区就已建立了商品社会,动力就是资源资本主义所生产物品的交换价值超过了对农村居民直接的使用性(参见第三章)。消费经济的早期侵入仅仅为附着在其使用价值已经下降的物品上的交换价值创造一个抬高的新机会。例如,农场开始把不再使用的屋外建筑改造成度假用住房,或把农田转化为付费宿营地以获取额外收入。然而,大众农村旅游的兴起也与景观社会的出现相一致。通过提供壮丽的景观,自然和文化的展现,以及宁静、秩序、传统和安全那样充实的主题,可以认为商品化的乡村为安抚和非政治化社会的景观功能做出了重大贡献。

向虚拟社会的转变是明显的,正如帕金斯(Perkins,2006)所观察的那样,即"具有深入超现实的步骤和把其重心置于现实中无形或没有基础的代表性商品的消费上"。因此,虚拟社会暗示着农村符号的消费,这种符号已完全脱离了实际体现的乡村性,而是作为虚拟的或超农村的纯粹专为消费设计所存在。这方面的例子有包含地名的虚幻景观、电影、电视节目和文学叙述(Mordue,1999;Squire,1992);农场工作、工艺品制作和农村"传统"的舞台表演(Edensor,2006);仅为旅游市场生产的农村工艺品和手工制品;为付费游客提供的风格化和夸大化的农村景观再现,如各式各样的主题公园、农场公园、购物村和度假村(Mitchell,1998;Wilson,1992)。

(二) 地方、商品化和创造性破坏

乡村商品化改变了那些成为游客和来访者消费地方的农村地区。这些变化开始于投机风险,包括企业家积极主动的首创精神,地方政府和商家联盟。诸如自然公园和城镇残迹的创建,农场建筑或历史遗迹改为旅游景点的改变。随着游客数量的增加,将会建立起更多的企业以迎合旅游者。为满足游客期望,农村景观本身就可能被改造,或成为农村生活的其他方面,如地方节日。然而,由于拥挤、污染和商业冒险的开发,越来越多的景点不是原始的农村景点——例如,快餐厅或夜总会,因此游客数量的增加也有负面影响。最终,游客数量会达到开始下降的那个点,因为地方不再能提供起初促进了旅游成长的"农村"体验。

米切尔(Mitchell,1998)将这种循环描述为创造性破坏。这个借用概念最初由大卫·哈维(David Harvey,1985)提出,指的是资本主义积累周期固有产品的创造和破坏——例如,技术革新淘汰了以前的产品。米切尔采用了这个概念解释农村旅游和消费,明确了在商品化的农村景观中创造性破坏循环的五个阶段:早期商品化;后期商品化;早期破坏;晚期破坏;后破坏。

在早期商品化的第一阶段,旅游者和其他消费者被为企业家提供机会的农村场所所吸引。这些场所获利后再得到投资,便吸引了更多的投资人和消费者,推进了商品日益脱离它们最初农村的商品化。然而,不断增长的游客数量,商业化,以及与它们携手出现的噪音、拥挤、垃圾和污染的影响,开始破坏最初的消费者,促成早期破坏阶段的农村特征(如安宁或真实性)。随着这些消极因素的密集出现,消费水准下降,"产品"的破坏变得更加提前。在最后的后破坏阶段,消费者和投资者已切断了他们对任何地方的关注,曾经的商品化景观或被放弃,或成为新投资的地点,

第四章 消费农村

也许这与旅游或消费已无必然的联系(Mitchell, 1998; Mitchell and de Waal, 2009)。

加拿大安大略省南部的圣雅各布社区,曾是米切尔研究的地方。这个社区的情况很好地说明了这个过程。这个大约1,500人的小镇历史上一直扮演着旧秩序门诺派社区服务中心的角色。这是一个拒绝现代技术并继续坚守传统的小镇。它包含带装饰的马车运输,独特的文化和宗教团体。在20世纪70年代,对门诺派的好奇心开始吸引来自邻近滑铁卢和多伦多等城市的游客,这导致了地方企业开办了门诺派主题的礼品店和餐馆。很快,一家退役面粉厂被改造成一家翻新松木家具的销售店和一家乡村面包房。随着旅游者数量的增多,小镇开办了更多相似主题的商店。伴随着地方居民的普遍支持,圣雅各布变成了一个遗产购物村庄(Mitchell, 1998)。

1979年到1990年,主要开发商在圣雅各布的投资至少840万加元,其中绝大多数资金投入到旅游业。其他投资者开办了对游客出售农村地区传统纪念品和产品的商店。在1989年,访问此镇的人数达百万。在后期商品化阶段,全镇开始营销传统消费品,鼓励旅游者去访问"时间仍是静止的村庄"(米切尔引用的口号,1998)。

到1995年,圣雅各布镇的商店超过100家,主要与旅游业有关。商业冒险已超出历史核心区,开发扩展到新的城镇边缘。然而,米切尔(Mitchell, 1998)观察到,商品化的规模已"迫使门诺派人为了他们的购物需要,而寻求较少人为的景观",以及"在一些本村居民看来乡村田园生活已遭到部分破坏"。这已标志着向早期破坏阶段的转变。自1995年以来,圣雅各布的投资一直在继续,如国内和国际连锁店。这进一步增加了访问者的数量,但也改变了零售组合的特点(Mitchell and de Waal, 2009)。当地居民的不满也仍然继续,有些人开始搬离此城;但重要的是,一些早先开办的商业也已开始搬出。米切尔和德瓦尔举出一家出售传统"刺绣针迹装饰"制品商店的例子,这家商店在2000年倒闭,因为"对观光场所不再有舒适感"。

在北半球,创造性破坏没有受到区位限制。范等(Fan et al., 2008)把这种模型用到中国的甪直(LU ZHI)水乡城。这是一个以河为基础的古代聚落,因为它的历史和它的田园背景吸引着旅游者。在中国的政治经济体系中,国家在促进甪直古镇发展方面虽然发挥了关键作用,不过随着20世纪90年代中期自由化改革,旅游者和为旅游者服务的私人企业的数量也随之增加。但是有学者(Fan et al.,

2008)认为,当明显的经济收益已实现时,当地居民逐渐意识到旅游业和商品化的消极影响,符合创造性破坏模式。

三、乡村的风景、声音和味道

(一) 风景旅游

乡村旅游消费是一种多感官的体验,但是首要的和最重要的维度是视觉消费(相片4.1)。"看风景"的时尚出现在18世纪,并快速取代了精神的提升或身体的疗养。休闲旅游成为那些能够为此支付费用人的主要理由(Alder,1989)。19世纪铁路的发展彻底改变了休闲旅游。大众很容易地能够进入农村地区,开发了人们通常认为"风景"质量可反映他们与世隔绝和缺乏城镇化状态的景观地区(Bunce,1994)。这些地区的企业也很快发现了从新时尚获取利润的机会,并对所见景观做了出色的视觉描绘,促进了新型农村度假村的发展。

相片4.1 科罗拉多洛基山国家公园的风景

第四章　消费农村

加拿大和美国边境的门弗雷梅戈格(Memphremagog)湖就是这样一个地方。它在魁北克省和佛蒙特州之间。这个令人印象深刻的 27 英里长的湖泊景观被森林与群山环绕。在 1864 年康涅狄格—帕松塞克(passumpsic)铁路通车之前,这座湖泊一直被旅游者颂扬,但是,正是这条铁路带来了大众旅游,促进了环湖宾馆和其他旅游设施与景点的发展。如李特尔(Little,2009)记录的那样,"由于有了外部资金援助,企业家建成了汽船和度假旅馆。当'时髦的'度假地如萨拉托加温泉城日益被批评为人工雕琢和伤风败俗地方的时候,这里还能凭借旅行指南和报纸记者把这座湖泊描写成湖光明媚、风景如画和未受到破坏的荒野"。

引入湖面汽船旅游项目为旅游者提供了从一个独一无二的视角环湖欣赏风光的手段,突破了道路和铁路的限制进入到"荒野"。李特尔(Little,2009)指出,湖的狭长形状意味"在宣传推广资料中把这个景致描述为一幅慢慢展开的全景画"。与此同时,汽船的缓慢航行鼓励乘客"与他们周围景色形成精神上的亲和关系"。尽管长途徒步和钓鱼开始在门弗雷梅戈格湖周围地区得到普及,但是对大多数旅游者来说,主要的景点是这里的景色。甚至登上当地枭头峰也主要是为了从山顶俯瞰风景。这被描述为将"宏大和美丽结合在一起,一览无余的景色和'一些宝石般的岛屿"很好地集中"并被美丽繁茂的植被所覆盖'"(Little,2009)。农村景观因而是一种从合适的距离进行视觉消费的东西,并通过提供给游客附带"观景"的汽船、步行小道和公寓酒店而被商品化。

(二) 凝视乡村

不过,观看农村景观的行为并非像它最初看起来那样简单或中性。就像艾布拉姆(Abram,2003)写的那样,"观看就是把我们所见到的活动组织起来,而我们所见的是组织起来的社会,通过我们视觉刺激的内在解释而结构化"。这种有组织的和系统性的"观看方式"被福柯(Foucault,1976)概念化为"凝视"——一种能力的活动,在这种活动中集体的社会规范不仅定义了我们怎样解释我们所看到的东西,而且也解释了我们实际看到了什么(和没看到什么)及我们在哪里能看到。例如,福柯主要对"医学凝视"感兴趣。他表明直到 18 世纪社会上都没有看到情感疾病,因为情感疾病的征兆不能被社会理解为与健康有关联。因而,观察者看到了"抑郁的"人而非有精神疾病的人。

厄里(Urry,1990)利用福柯的研究,提出了旅游者凝视的概念。其要旨是旅游者观看景观、文化节事和他们视觉消费中其他物体的方式,是受社会条件制约的。我们对什么是风景和什么不是风景的评价,我们对景观美学的欣赏,以及我们对真实性和自然性的判断,所有这些都由社会与文化的规范和影响,我们所受的教育,旅行指南和小册子,我们所消费的电影、电视、艺术、图片和其他媒体影像等一系列因素所塑造的。旅游者凝视也说明我们的景观观察是选择性的。这意味着,我们不能经常看到在风景中生活和工作的人,维护景观的劳动者以及隐藏在如画风景大门背后破旧小屋的贫穷。

凝视的观念由艾布拉姆(Abram,2003)进一步扩展,他将引进的农村凝视作为一种机制探索人用何种方式看待乡村,这些方式也同样由社会性所建构。艾布拉姆(Abram,2003)认识到,在为旅游消费建构乡村的怀旧想象力中,农村凝视和旅游者凝视是结合在一起的。他指出在农村景观之上的旅游者凝视与农村凝视是相同的。它是一种试图在与当代资本和全球化进程保持距离的怀旧方式中使土地利用美学化的农村凝视。然而,她认为,农村凝视扩展超出了旅游业范围。例如,在向农村社区内部的移民动机和响应中,在保护和保存的态度上,在土地使用规划政策和发展控制上,在土地管理决策上,以及在掩盖对农村地区贫穷与丧失问题的认识上,这些都是明显存在的(参见专栏4.2)。

> **专栏4.2 购买风景——迁移和中产阶级化**
>
> 乡村消费不仅包括农村旅游和休闲的增长,也包括城市居民的度假屋或新的永久住宅的农村财产的购买。人们为什么搬到农村地区,原因有很多,为了就业和家庭原因而迁移最为普遍。然而,在对很多国家如澳大利亚、英国、荷兰、挪威和美国的研究中,已清楚知道渴望消费乡村性的愿望是移民决定的主要因素(Burnley and Murphy,2004;Flognfeldt,2006;Halfacree,1994;Nelson,2006;van Dam et al.,2002)。本章讨论了跨感官体验范围的预期消费。对一些移居者来说,主要的吸引力是参与农村社区生活或对农村生活方式的向往(第六章进一步讨论)。对于其原因,移居到乡下可以在如散步和骑车那样的休闲活动中更容易享受景观。

第四章 消费农村

　　个体迁入者对购买具体财产的选择会频繁地受到视觉和听觉消费偏好的影响。俯瞰农村景观(山区或海岸风光)的房屋相应地随着价格的上涨备受珍爱。符合视觉上农村凝视所期望的村庄和小镇,建在村庄草地或如历史上的石质十字架等当地乡土和质朴特点的老建筑,受到与赋予了现代和标准化建筑特点相近的聚落的喜爱(Abram,2003)。宁静也受到高度欢迎,尤受偏远地区房地产投资者的喜爱(Smith and Phillips,2001)。例如,菲利普斯(Phillips,2002)摘引了英格兰南部伯克郡(Berkshire)移民到农村社区的例子,其中解释说"我选择这个村庄隐退主要因为它的平静、安宁、美丽以及其具有在相当嘈杂世界中的农村面貌"。

　　在乡下购买房屋和其他财产的过程本质上就是一种消费行为,是农村商品化的组成部分。为响应将来移民者的需求,欧洲、北美、澳大利亚和新西兰很多受欢迎的农村地区的房价已在过去的20年猛增。在个体尺度上所反映的价值则取决于历史特点、观景和安静等特征。房价在这些地区上涨已频繁地降低了赚取当地平均工资的居民购买房产的支付力,因而,在绅士化的过程中,原当地家庭对农村社区重组的贡献被更富裕的前城市中产阶级移民所取代(Smith and Phillips,2001;Phillips,2001)。城市绅士化研究已把这个过程描述为"形成消费偏好的空间复合体"过程(Zukin,1990)。同时该研究还指出"居民的绅士化通常要伴随着零售业、休闲和娱乐设施如餐馆、酒吧俱乐部、时尚精品店、艺术画廊、博物馆和运动设施的发展,而且确实可说受到了这些发展的刺激"(Phillips,2002)。

　　菲利普斯(Phillips,2002)认为,当农村绅士化看似采取了不同的形式时,仍然可以把绅士化描述为消费偏好的空间复合体,起着劳动能力和财政资金投资焦点的作用,生产了对进一步的资本流通有贡献的象征性产品。例如,他观察到,"从乡村房屋的买卖得到的快速收益,以及大量在他们用来提高交换价值的房产上进行了实际建设工作的大量农村居民的存在"。同样,菲利普斯指出了把过剩的农村建筑如以前的学校、火车站、教堂和谷仓等改造为服务中产阶级居民和旅游者生活方式需求的零售商品和休闲设施，并且通过汽车和整体厨房类产品的广告唤起中产阶级的农村审美。

进一步阅读：菲利普斯（Phillips，2002），史密斯和菲利普斯（Smith and Phillips，2001）

旅游者对农村景观凝视的约束性部分是仔细思考企图引导观察者观点的结果。在某些为了商业目的的案例中，在精英信仰的其他案例上，大众如何看待乡村是需要引导的。认识到视觉教育的需要尤其受到战争期间小汽车兴起的推动。汽车化的交通不仅使更多的人更加自由地穿过乡村，摆脱铁路网络的限制而进入农村深处，而且引进了一种观赏农村景观的新方式。铁路旅游限制了乘客的眼界（Schivelbusch，1986），但汽车运输却创造了一个新的视角：路上观景。公共汽车和长途客运汽车运营商创立了观光旅游。一家公司宣称它的新款大型游览车能使"一个旁观者观看和欣赏乡村所有令人愉快的事物"（Brace，2003）。

汽车甚至带来了更多的灵活性，不久之后，为支持以汽车为基础的观光和引导司机及其乘客凝视而设计的基础设施开始形成。这包括景观道路的修建，如贯穿美国东部弗吉尼亚州和北卡罗来纳州的阿巴拉契亚山脉的蓝岭公路（Blue Ridge Parkway）。这条公路修建于新政时期，显然为休闲交通而设计。这条路线用引人注目的自然全景景观奖励乘车旅行的人，而且这项工程也对道路周边环境进行了改善——"以创造一个令乘车旅行者愉快的景观，包括以蓝岭公路为背景创造了引人入胜的画境"（Wilson，1992）。而且，信息丰富和解释详尽的沿路标记还可以引导着乘车旅游者观景：

就像铁路一样，蓝岭公路的里程碑会定期刷新。目的是引导驾车人注视着他们的行程并帮助道路的维护与管理。在起初的计划中就讨论了缓解景观单调的方法。里程碑也为乘车旅行者体验景观引进了先进的概念；随着里程的报出，自然也在我们面前壮丽地展开。蓝岭公路有一条标识语——一条循环封闭的道路，一座山峰和一株风中白松——像所有的标识语那样重复着这句话。其他的道路记号，尤其在入口处的记号，标准化地强调了这个创造环境的特殊质量。凿木标记标出道路海拔、地方史

第四章 消费农村

和景观古老名称的特点。其他支线也组织汽车旅行,停车远眺,短途登山径行,地方博物馆,露营地和每隔三十英里的公园空间。用这种方式,规划者把旅游者的活动设计在景观中。

(Wilson,1992)

司机和他们的乘客也能转而选择旅行指南的其他观光资源。例如,按照地图可获得新的目标,有些地图已开始标记风景道路、景点及旅游者感兴趣的其他特征。旅行指南也增加很快,如由贝茨福特出版的不列颠遗产系列丛书。尽管严格限于素描和人物版画,这些指南文本仍然传递了生动的重现不列颠乡村怀旧情调的农村凝视的绘画。这样做,它们就为成千的游客制定了观赏农村景观的方式。

有些小册子更具有明显的指导性,如哈里·贝茨福特(Harry Batsford)编写并出版于1940年的《如何看乡村》,汤姆·斯蒂芬森(Tom Stephenson)编写的《乡村指南》,1939年出版,其中有一章的标题与书名相同(Matless,1998)。这些文本"认为当景观在未被理解时也可以被欣赏,它最好的欣赏是对形式和结构的理解"(Brace,2003:58),并且这样才能把有关自然学习、景观历史、建筑和地图阅读教给读者。它们构成了农村休闲文化和空间广泛训练的组成部分。例如,根据英国和威尔士1951年通过的"乡下代码"的咨询规则(Merriman,2005;Parker,2006),旅游者被告知了在乡村中如何进行活动和行为举止如何表现,但也指出特殊的农村消费空间,如国家公园。

旅游者农村凝视的指导现在可能少一些说教,但仍很流行。附有光滑图片的旅游指南、宣传小册子、明信片、游客中心展厅、活页传单和小径标记及信息板告诉我们看什么和如何解释景色。同时还有指示牌上的景点、导游板,甚至仔细放置的引导我们在上面观看的长凳。这些很快构成了农村景观视觉消费商品化的组成部分,甚至在它们不直接收取费用或付款的场所,它们也试图把游客引导到茶屋、付费停车场和礼品店。在那些地方,游客看到了一系列纪念品复制的相同景色。正如麦克诺滕和厄里(Macnaghten and Urry,1998)观察的那样,"相对个人在乡村美上的自由,关注乡村美的政策明显地欢迎游客管理的新方法,而游客管理政策可以很容易地导致付费使用的新方法"。

然而,农村凝视不仅仅由旅行指南和标示牌的指示所形成,还要由更深的文化经验和集体的知识组成。在汽车出现以前很久,景观绘画就以商品化的形式存在了,而且,景观绘画习俗已经明显地展现了这种方式。在这种方式中人们已观察到和解释了实际的农村景观。旅游者不仅在他们喜爱的绘画中搜寻到所描述的全景,而且他们还在实际景观中找到了与所欣赏之艺术相同的美学特性。塑造农村凝视的电影和电视同样起着重要作用(参见第二章),例如,游客在电影《指环王》的新西兰外景地的旅游中就寻找了所描绘的景观(Tzanelli,2004)。旅游者期望看到与在荧幕中一样的景观。电影旅游可以要求虚幻和"真实"景观的模糊性,特别是在引导游客观看场所的解释性说明时(相片 4.2)。

相片 4.2　新西兰皇后镇《指环王》电影旅游

但是,任何景观的"真实性"都会受到质疑。马克思主义艺术评论家将景观描述为"视觉的意识形态"(Cosgrove,1985),并将其已被统治精英所利用以合法化他们的位置和神秘权力的关系基础(参见 Berger,1972;Wylie,2007)。例如,财产所有权和"进步"受到赞扬,同时维持农业的劳动和乡村社会的不平等性被掩饰或忽略。这样它美化和中立化了农村权力的操纵。同样,丹尼尔斯(Daniels,1998)用尊重人类与自然的关系抨击了景观的二重性,正如怀利(Wylie)观察的那样:

丹尼尔斯认为,作为一种观看方式,景观是二重性的。因为一方面它

第四章 消费农村

在对与自然结合的感官体提供补偿、超凡和美学视觉的同时,另一方面作为烟幕,它也操纵着遮藏重要实际条件和我们视觉的真实性,这样我们就意识不到我们与自然世界的分离。

(Wylie,2007)

当这些评论起初旨在景观艺术时,对作为一种观看方式的"景观"挑战清楚表明,他们也扩大了把复杂的农村环境减少至仅为二维"景观"的方式,也简化了景观的概念。

因此,农村凝视是一个政治行为。如果凝视的期望与农村地区经济或其他引起变化的紧迫事情发生冲突,这种冲突将会冲破表面。例如,需清除灌木篱、耕犁草地或改变作物类型,因而也会改变农村景观表面的农业活动,就有可能引发冲突,如砍伐森林、绿化造林和修建新道路或新房子。反对风力发电站通常不是由环境问题引发,而是由对影响视觉和破坏视野的愤怒所造成(Woods,2003b)。实际上,乡村风景地区保护运动可回溯至19世纪,而且在引进的不列颠城镇和乡村规划体系中是一个关键要素(Bunce,1994;Matless,1998)。许多设计的国家公园和其他受到保护的地区不是因为环境原因,而是为了保留视觉上的舒适。例如,苏格兰就有40处"国家风景区",在英格兰和威尔士有50处"著名的自然美景胜地"。然而,这类地区的设计并不纯粹是利他的。受到保护的景观保护了由它们的风景质量所表现出的视觉资本的安全,也为了经济收益而作为吸引游客和促进景观商品化的附加标志。

作为参与乡村的方式,视觉景观的无处不在使人很难理解消费没有风景的农村景观观念。麦克弗森(MacPherson,2009)描述了她在英国与一组视障步行者和他们的视觉导游所做的人种志学的田野调查经历。就像她所报告的那样,"离开没有视力基础的景观理解是多余的。视觉障碍经历把视野和景观的象征性与理解问题带到了眼前"。麦克弗森把农村景观消费描述为相互的身体体验。在人与人之间商量视力导游向他们的同伴所描述的景观(在两人穿越大门时,"两个人商议这个景观"),当视障步行者用他们残存的视力、他们的视觉记忆和想象力与描述的景色结合时,他们是在用"心目"观看到这个景色。她指出视力导游所选择的在地区"经典景色小道"散步,比如英国的湖区散步,以及被视障步行者"看到"和理解的景观与有视力的农村凝视一样也充满浪漫和田园意象。同时,她记下了这些步行者的乐趣,描述了他们视力导游对景色反应的感觉,并通过声音和触觉音调传递了这种感觉。

因此,麦克弗森(MacPherson,2009)并未直接讨论其他感官,如听觉、味觉、嗅觉和触觉,对视障步行者农村景观消费的作用。她描述的景观相互植入身体,是一种多感觉的体验。同时她还指出在乡村消费中起作用的其他感官功能中,这种功能超出了农村凝视。

(三) 农村声景

农村景观的视觉消费与农村声景的听觉消费紧密联系在一起。正如马特森斯(Matsinos et al.,2008)陈述的那样,"自从人类活动、生物进程和自然现象产生了作为景观'信使'起,声信号的起源和强度就反映了景观构造和空间形态"。因此,"声音的接收和解释就是我们'观看'和认识风景方法的组成部分。我们社会性规定的对特殊的地方听到的不同声音和噪音的反应,为农村凝视增加了另一个维度"。

例如,农村田园生活的理念,起初是视觉上的描述(起伏的农田或森林里湖泊的影像),但诸如"和平""安宁""宁静"这些术语的使用却暗含着声景。因此,理想化的乡村声景通常建立在没有城镇噪音的条件中,比如缺少交通、机械、建筑工作、喧吵的音乐和扩音器等声音的环境中。理想化的声景可被宁静的概念所概括。它指的是一种慰藉、安静的环境。例如,赫佐格和巴恩(Herzog and Barnes,1999),在一项测量与不同景观相关联的宁静知觉的心理学实验中,把宁静定义为"你多大程度地认为此地是安静、和平的地方,是一个离开日常生活需求的好地方",但是,他也评估了仅仅对图片视觉刺激做出的反应。

乡村性和宁静的结合由赫佐格和巴恩的被访者对田园景观表述的偏好所说明,这也增强了乡村是逃离城市去处的论点。这样,伴随着农村景观视觉形态的保护,保护宁静也长期是农村保护主义团体的重要目标。例如,保护英国农村运动(CPRE)认为:

> 宁静对每个人都是重要的——对我们的感情、精神和身体。我们都不时地需要"摆脱它"。安静的地区提供了在拥挤、大量建成的乡村中这样做的方式。主要是自然地从侵入的人为噪音和结构摆脱出来。乡村安

静地区使得我们逃避城市、城镇和近郊的噪音和压抑,以得到启发和重振精神。

(保护英国农村运动网站 CPRE)

在支持保护运动中,保护英国农村运动开创性地提出"宁静地图"的生产。这意味着明确划出英国的"宁静地区"。在噪音制造者周边划出"非安静"地区,如主干道、机场和军用机场侵扰的农村安静场所,这样在制图中即可显现声音的重要性。地图的起初目的就是为着重显现长期以来城镇化扩张和道路与空中交通增长对宁静地区的逐渐侵蚀,但他们也贡献了与农村凝视平行的社会约束条件。在这个条件中,保护英国农村运动构建和重现了乡村声音的道德地理学。

然而,宁静并不是没有噪音。保护英国农村运动网站邀请访问者"聆听"用各种农村背景音频剪辑的"宁静片段",其中主要的特点是鸟鸣的声音,但也伴有溪流声、瀑布声、农家宅院声和诸如风声与雷电声等天气的声音。这些构成了乡村声景,田园生活表现的声音也伴随着传统农村工艺制作或活动的杂音,如打铁的声音或教堂的钟声和一些音乐的声音(专栏 4.3)。因此,对田园化农村声景的威胁不仅来自"城镇"噪音如交通和机械的侵入,而且还有来自减少农田鸟类数量的现代耕种技术,以及抑制农村传统文化的变迁。能够提供这些传统的、自然的声景不被城市噪音扰乱的地点成为寻求宁静的旅游者用于乡村听觉消费的场所。然而,这类场所的商品化是不确定的,而且也可能随着会损坏宁静声景追求的交通和其他噪音的访问者数量的增加,很容易地陷入米切尔的创造性破坏的循环。

马特雷斯(Matless,2005)在英国诺福克布罗茨(Norfolk Broads)湿地的案例研究中对控制农村声景的斗争做了说明。这个区域因其丰富的自然环境和野生动物闻名,作为这个唯一的声景组成部分的游客经历,马特雷斯(Matless,2005)引述的描写如下:

> 一个温暖夏季的晚上,举行了一场专门的音乐会。要聆听的是正在唱歌的水草。你几乎不得不屏住呼吸,去听它歌唱……这是一次奇怪的经历;一种童话般音乐从水中升起。如果你的耳朵不调音,那么你或许要把它与甚高频出现之前声乐播放中的"迟钝"声比较;但它确实很像铙钹的微弱声音,或雨在水面上的嘶嘶声。在这方面仅有一种草在表演,金鱼藻。

(博物学家泰德埃利斯的广播谈话，1957，引自 Matless，2005)

也许，大陆鸟类最有特点的是苍鹭族的奇怪成员——麻鸭。它那不安的粗而响的嗡嗡声，水獭尖利的哨声和水栏出来的像猪那样的呼噜声是大陆夜晚特有的声音。

(国家公园协会报告，1947，引自 Matless，2005)

专栏 4.3　农村声景中的音乐

对于一些居民和旅游者来说，农村声景重要的成分是与乡村性联系在一起的音乐类演奏，特别是民间的、乡下的和忧郁的音乐，尤其是可唤起那里具体地方或区域的音乐。民间或乡村音乐的演奏是展示作为生活或身份认同方式之乡村性的途径，特别在与独特农村体验和关心相关的歌词，将在第七章进一步讨论。然而，聆听音乐也是消费乡村性的一种方式。乡村音乐已通过录音、光盘与唱片的全球销售成为大众消费的商品；但是通过在农村背景中的演唱会和节日现场音乐的演奏也呈现出商品化，并且与音乐旅游的增长相关。

澳大利亚新南威尔士塔姆沃思镇是以音乐为基础的最好的商品化案例(Gibson and Davidson，2004)。在 20 世纪 70 年代，当地无线电台为澳大利亚乡村音乐在镇上设立了一个年度节日。首先，这个节日仅仅是由澳大利亚农村小镇作为主要地方节事主办的几个乡村音乐节日之一。但是，这个节日扩展很快，成了主要的商业性节事，而且通过演员网络维持包括澳大利亚音乐产业、地方和区域政府、国家和地方媒体，以及像国际品牌的赞助商还有来自澳大利亚国内外的表演。到 21 世纪伊始，这个节事已有 10 天的演出节目安排，2,400 项活动，116 个场地演出，将近 1,000 名艺术家和大约 60,000 名城镇来访者(Gibson and Davidson，2004)。这些都对地方经济做出了重要贡献。而且这项节事已成为更大的新品牌塔姆沃思"澳大利亚乡村音乐之都"的核心，其目的是也为在节日之外吸引游客。

第四章 消费农村

在商品化过程中,塔姆沃思的农村认同和乡村音乐的农村特征已在相互强化。吉布森和戴维森(Gibson and Davidson,2004)主张,"组织者要求'乡村音乐幻想出农村的所有事情',这是从农村景观绘画的节日带回的一种情感。绘画则是可以抓住农村景观中从啤酒瓶到花园铲等任何事情的"。这样,他们认为,"塔姆沃思被描述为典型的农村体验的地点"(同上),这个城镇一直定位于"通过乡村性构建澳大利亚民族主义"(同上)的中心。

不是所有在乡村消费的现场音乐都需要具有农村特点。农村地方已成为人们喜爱的大型音乐会和节日的多样节目类型的场所,这包含各种多样的类型。从古典音乐到戏剧如英国的格莱德堡(Glyndebourne)节,到摇滚和流行音乐如格拉斯顿伯(Glastonbury)节。它们在英国西南一个正在运作的奶牛场举行,每年吸引大约175,000人。一些节日利用它们的农村场所,表现出他们自己为农村生活放松的气氛,但是,其他节日则是由农村小镇在乡村旅游市场竞争中获取新的商机所采取的更有利的尝试。例如,在新南威尔士帕克(Parkes)小镇为猫王(Elvis)悼念活动所举办的一年一度的猫王复兴节,尽管与猫王或他的音乐没有直接联系(Brennan Horley *et al*.,2007)。然而,在经济中,这件事已经证明非常成功。布雷南·霍利等(Brennan Horley *et al*.,2007)估算周末在这个小镇的花费超过110万美元。

然而,农村地区的音乐旅游也具有争议。大型音乐会和各种节日,尤其对摇滚和流行音乐来说,会产生急速影响,它完全违背了宁静的理念,而且很多节目都面临着当地居民的敌意。甚至内部庆祝农村音乐也引发了相关人员的拥挤和地方文化表演方式的冲突。尽管吉布森和戴维森(Gibson and Davidson,2004)报告说,随着对地方经济的贡献变得明显,当地对塔姆沃思乡村音乐节的反对也在衰落。

进一步阅读:吉布森和戴维森(Gibson and Davidson,2004)

从19世纪起,期待听到麻鳽、秧鸡和金鱼藻的声音一直是布罗茨(Broads)吸引旅游者的一部分。但是为发展旅游,该地区的水路商品化也引入了不受欢迎的噪音。就像马特雷斯(Matless,2005)所记录的那样,旅游者的叫喊、聊天和歌唱,以及"留声机"播放的音乐和快乐船只的收音机就形成了20世纪早期作家对该地区的偏见。一本早期旅游指南指示旅游者,"不要在任何时候弹奏钢琴(布罗茨食米鸟的歌声更甜)"(Matless,2005),并告诫人们,"声音在水面上会传递很长一段路"(同上)。同时,负责管理该区域的官方机构,讨论了控制移除违法的"不适宜的声音"的策略(同上)。然而,马特雷斯(Matless,2005)也观察到,"如果认为声音不适合这地方,那么这并不是侵入宁静,而是打破一个它的'安静'已充满声音的声学生态。一些非人类的声音——鸟鸣、芦苇声和水声——有些则是人类活动的声音——帆船航行、土地耕种"。

对宁静的追寻已把游客推向越来越远的边缘地区和异国的农村背景,而且至少某些"探索"的感觉是被精神动机所强化。在一些地区,为了宁静的沉思,宗教隐退到乡村已有很长的历史,但这种传统已随着"荒野灵性"的商品化和消费而世俗化,如澳大利亚塔斯马尼亚(Tasmanian)荒野世界遗产区(Ashley,2007)。塔斯马尼亚公园与野生动物服务局指出,"荒野区为身体放松、思考和精神恢复提供了一块地方"(Ashley,2007),同时还能通过视觉、触觉和听觉维度与自然密切交流。因此,精神恢复被描述为"宁静的"活动(参见霍洛威(Holloway,2003),英格兰格拉斯顿伯里高冈(Glastonbury Tor)的精神追寻者)。农村环境的宁静与消遣的缺失相连,因而,开辟了精神体验之旅。

(四) 品尝乡村

风景旅游以相同的方式支持了作为生产主义农业场所已失去价值的农村景观的商品化。不断发展的食物旅游则利用了传统食物和饮料产品再商品化的机会,以及食物和饮料生产与消费的传统体系的机会。而风景旅游涉及乡村的视觉消费。食物旅游则通过品尝寻求消费农村。贝尔(Bell,2006)把这点确定为追求"胃的田园生活"。怀旧思想把农村看作按照区域传统和欢乐环境下的食谱可以吃到良好的、有益健康的和新鲜的食物的地方。这样,食物旅游是味觉与地方更广泛重新连接的一部分,这推翻了生产主义食物生产与消费空间分离的特点(Gouveia and Juska,2002;Tregear,2003)。这项运动促进了农村地区地方食物的销售和消费——例如,通过农场主市场——以及区域食谱和烹饪传统的再发现(Hinrichs,2003;Holloway and Kneafsey,2000;Kimura and Nishiyama,2008;Miele and

第四章　消费农村

Murdoch,2002)。同时,作为"真正的"农村生产的独特区域食料会要求更高的价格,就像欧盟保护原产地名称(PDO)和保护地理标志(PGI)计划所表明的那样(Bowen and Valenzuela Zapata,2009;Holloway and Kneafsey,2004;Trubek and Bowen,2008)。

作为乡村性和区域身份标志的食物和饮品的商品化对食物旅游已成为农场多样性共同的策略。这些都是农业旅游开发的组成部分。可举出的案例有:开设农场商店直接出售产品给游客;自己在田地里采摘水果和蔬菜;农场餐厅、农场和葡萄酒场旅行;挤奶房观察室;博物馆和说明生产过程方面的展厅;农场开放日和农场住宿可有机会吃自家种植的区域菜肴和近距离目睹食物制作(参见 Armesto lópez and Gómez Martín,2006;Everett and Aitchison,2008;Veeck et al.,2006)。

更广泛地说,许多农村地区已自发地将个人食物旅游与景点打包在一起并在更广泛的地区尝试美食田园生活。阿姆斯托·洛皮和戈梅斯·马丁(Armesto López and Gómez Martín,2006)的报告称,在西班牙,美食路线已被开拓。它可提供"一系列与设定行程相关的有特色的内容和欢乐的活动:尝试产品或菜肴;带导游的游览以了解农业产业化的资源生产(或现场或通过博物馆复制品);在专业商店购买或访问传统市场"。同样,驾车、骑车或小径徒步走访有趣的场所,如奶酪场家、葡萄园、啤酒厂、苹果汁厂、农场商店、旅馆和酒馆,已在英国部分地区蔚然成风(Storey,2010)(相片 4.3)。越来越多的英国城镇举办食品节,给促进当地生产提供机会,同时,阿姆斯托·洛皮和戈梅斯·马丁(Armesto López and Gómez Martín,2006)指出了西班牙庆祝特别地区的特产节日的增长,如加利西亚的贻贝、牡蛎和馅饼,或者结合农历传统节事,如布尔格德奥斯玛(Burgo de Osma)的一年一度的宰猪节,或加泰隆人春季户外烧烤。

食物和饮料也可被用来提高和补充其他农村消费活动。多格施达德(Daugstad,2008)详述了挪威旅游协会手册中描写了旅游者把参与农村景观作为多重感官体验,如对品味的特殊强调,"很多文献都提到了以当地原料为基础的地方传统食物可在山中小屋享用"。如多格施达德的一篇此类文章专门描写了远足者在挪威西部奥尔登享受山顶野餐的情景,文章描述说:

> 它展现了一次食物的狂欢,"饭桌"上的情景描写得淋漓尽致。一片鳞光闪闪的海;陆地上是白雪覆盖的山峦;海鹰环绕着岛屿慵懒地盘旋

着。狂欢本身就像以下所述:"当云来云往,欢乐的和喜爱食物的人们分发着他们带到山顶的宴飨。脆肉、火腿、摊鸡蛋、自制披萨、蛋糕、咖啡、苏打水、草莓和葡萄……"这件事可描述为一次丰富的盛宴,并不特别是当地产品,而在那里食物是景观体验的主要成分。

(Daugstad,2008)

相片 4.3 英格兰德文郡的食物旅游

可以说,食物旅游在已设法保留独特的地方烹饪技术和地方食物体系的区域是最强的,如意大利的托斯卡纳(Tuscany),因而此地被誉为胃的田园生活模范。在这些区域,食物旅游可能只是简单地以现存的习惯、地方和节事为基础(Miele and Murdoch,2002)。然而,不可避免地是,这样的节事和习惯的商品化为旅游者消费带来了一些变化:餐厅变得更大和更正规;产品用农村和区域图像重新包装以取悦旅游者；为迎合旅游者嗜好修改了食谱和菜单。在其他情况下，农场主和生产者已转向可复制地区传统的新产品或生产方法，但这些都是生产主义时期弃之不用的(Tregear,2003)。这样，食物旅游有助于农村的再创造以适合胃的田园生活，并用一种在味道和地方之间新的富于想象的联系取代标准化的食物文化。

四、具体化的农村消费

（一）身体在乡村

乡村的消费化是一件具体化的活动。前一节检验了这项活动如何利用身体的不同感官，如视觉、听觉和味觉。本节采用更整体的方法，考虑人如何在肉体上、精神上和情感上参与多感官体验的农村消费。

关注人的体会即可改变我们的观点。单纯的乡村视觉消费可以靠距离来实现。在20世纪早期，说明地图封面的绘图和观看乡村的旅行指南都采用的是布雷斯(Brace,2003)所描述的"提升位置"的手法，即观景者从上向下倾斜观看农村景观。同样的旅行指南鼓励读者在他们自己的乡村视觉消费中寻找相似的观察点(Matless,1998)，而且风景旅游则喜欢以下活动：俯瞰、全景，以及在观察者和景色之间有距离的观景塔。这个距离可能自然得多。布雷斯(Brace,2003)评论说，抬高的位置可使"观景者与不喜欢的声音或对农村景观有争议的解释保持距离"。通过声音或味觉的农村消费在远处同样可以获得。特别是，如果通过唱片和磁带记录的自然的声音，或通过地方特产的出口，在地区之外也能享用到。

相反，完全具体的农村消费要求人置身于自然环境之中；行走在乡村；触摸和感受农村景色。正如克劳奇(Crouch,2006)所描述的，"个人所想和所做，也因此在实践上和想象上走动着和参与着这个世界，并且与实在的目标、空间和其他人有着关联。个人被空间所围绕，不能仅仅充当旁观者"。

旅游者感官的饥饿已被越来越多新颖而又商品化的农村体验所满足。这样的农村体验也为个人提供了置身农村环境的机会，或通过接近自然激发情感的机会。冒险旅游和自然旅游的发展将在以后分别予以更详细的讨论，但首先值得指出的是，农村旅游多感官的具体特征在根本上甚至是最简单的农村休闲活动，如散步。

在18世纪和19世纪,乡村散步曾是一种很普遍的休闲追求,迄今仍然是英国乡村旅游者最广泛的活动(Edensor,2000)。早先的提倡者把走路赞美为既浪漫又健康的锻炼,但一位相对较早阶段的作者认识到,走路是一种多感官性和具体化的体验,正如伊登瑟揭示的那样:

> 步行者的毛孔全部是打开的;他的血液循环是活跃的;他的消化好……他知道大地是有生机的;他感觉到了风的脉搏,读到了万物无声的语言。他的同情全部被唤醒;他的感官持续地把信息报告给大脑。风、霜、雨、热、寒冷对他来说是某些事情。他不仅仅是自然全景的旁观者,也是一位参与者。他体验了他走过的乡下——品尝它、感受它和吸收它。
>
> (J. Burroughs,1875,《路上的喜悦》,引自 Edensor,2000)

走路的身体性是会被感觉到的,每一步都走过不同的地面外形,并消耗在身体肌肉的努力之中。这些肉体的感觉在挑战性的走路中得到强化,如山中徒步和长距离行走。例如,伊登瑟(Edensor,2000)引用作家艾尔弗雷德·温赖特(Alfred Wainwright)那本有名的英国徒步指南,就把在英国北部那条长距离的彭尼路(Pennine Way)上的行走描写为一次"艰难的布满伤痕的徒步行走,并且几乎得不到补偿"。同时在美国阿巴拉契亚2,500英里山道上的徒步旅行者,"不仅必须克服肉体上和精神上的挑战,而且还要克服野生动物、疾病、低体温、被人类和恶劣天气袭击等真正的危险"(同上)。这样,伊登瑟指出,"这些理想化的斯巴达式努力就会对日常生活的过度社会化、娇养和懒惰的身体形成超级的肉体条件和更热烈的身体体验。这里愉快的构建依赖于下面这样的理念,即这样的步行可形成完满男性化的特征"。

然而,步行不仅仅是一种肉体活动,也是"一种用来获得自身反思意识的活动,尤其是身体和感觉上"(Edensor,2000)。怀利(Wylie,2005)对沿英国西南海岸小路步行的讲述生动而有意识地表达了走路的自我反思。怀利的反思讲述揭示,走路包括各式各样的不断转换的情感、身体感觉、长时间的孤独和与他人的短暂相遇。每一种都把不同的感觉带到前方。开始步行的时候,眼前的小道"不但与肌肉或骨头引起共振也与神经引起共振"(Wylie,2005);之后,这条路就变为狭窄、泥泞的细长小径,怀利记录到:

> 感到四肢和肺在努力工作,一步一步地接触着自然物。景观变为立

足点。路上的步行者总是觉得他们自己在视觉上、触觉上和听觉上与地球、大地、泥沼、带刺的植物有着这样亲近的联系。

(Wylie,2005)

继续向前,小路就在悬崖顶上展现出一幅"灿烂的"海岸全景,冲击着视觉感官:"全景看上去好得让人难以置信,就好像它已经过数字化增强后的清晰一样。它太壮观了,让我目不暇接"(Wylie,2005)。然而,作为景观中肉体的存在,怀利强烈拒绝农村凝视的距离,建议"与土地、海洋和天空的元素结构令人愉快的相遇,是更短距离的观看和更多的一起观看"(同上)。

在自我反思的身体穿越景观之时,因闲散漫步的具体化的乡村消费是由多重感官协商的过程。然而,正像伊登瑟(Edensor,2000)指出的那样,这种参与常常被具体化、标准化和结构化。正是景色旅游者通过游览著名景点和拍摄照相,或购买他们在电视或旅行指南中看到的景色明信片再现农村凝视,这样乡村步行者才能通过农村空间再现身体运动的地理学:

> 乡村部分是由步行者遵行的规定路线形成的……作为地理上和历史上定好点位的实际知识,走路是在步行者和地点之间建立的一种清晰关系——一种由物质和景观形状组织、其象征性含义,以及持续的感官知觉和体验空间移动经验组成的复杂的鳞状重叠关系。因而,除了(再)产生具体活动的特殊形式(和特殊的身体)之外,走路也可以对空间和地点(再)产生和(再)解释。除了描述农村空间的小路和标志外,随着侵蚀的具体模式,为适应特殊种类的步行,步行者的身体也会描绘出景观的特定类型。

(Edensor,2000)

(二)在冒险旅游中挑战身体

具体化的农村消费的身体感觉被越来越多地推向了农村吸引力和活动的极限,这些吸引力和活动以冒险的承诺吸引消费者。这些活动集体性地被贴上"冒险旅游"的标签。同时这些活动可以从传统的追求攀岩、划独木舟和山地自行车,改变到利用新技术的体验如蹦极、快艇和四轮驱动车游猎。与更多安静的旅游形式相比,冒险旅游活动被定义为强调具体的体验,通过身体接触和耐力展现对身体的挑战和刺激,释放肾上腺素和减少兴奋、恐惧、激动和愉快的感觉。正如克洛克和帕金斯(Cloke and Perkins,1998)评论的那样,"冒险旅游本质上是积极的休闲参与,要求更多的以'存在、做、接触和看'为基础的新隐喻,而不仅仅是'看'"。

为冒险旅游进行的农村景点的选择,反映出农村散漫的联合与冒险的联系,描绘了探索和征服自然的大男子主义神话(Cater and Smith,2003)。农村景观也提供了引人注目的可以衬托冒险的个人英雄背景(并可在摄影和视频中捕捉到),以及粗犷和能触觉到的测试身体的环境。克洛克和帕金斯(Cloke and Perkins,1998)由此认为农村冒险旅游:

> 有关未知领域的探索:体验过去探险家们的危险和肾上腺素的奔涌;到不可旅游的地方旅行;看不能看到的地方;通常是点状的冒险,个人的胆量,以及只是克服自然障碍的技术——这就是获胜。
>
> (Cloke and Perkins,1998)

更平凡的是,时尚的冒险旅游已经为不同的边缘及外围农村区域创造了经济机会。例如,新西兰的皇后镇(Queenstown)、澳大利亚的凯恩斯(Cairns)和法国的夏蒙尼(Chamonix)地区均已是冒险旅游的主要目的地。一系列吹嘘的景点,已把农村冒险商品化为只是"付费和游玩"的体验(Cater and Smith,2003)。然而,这样的度假村也必须平衡旅游者身体的刺激和安全:

> 往往在农村,冒险的地方被典型地视为边缘地带。它替代了形成一种高度发达的西方国家。现实是,这些差不多是参与者发起的全球体系的一部分,因为它们已得到了很好的航线服务,而且为"冒险之后"提供了最好的旅馆和夜生活。重要的是,这些地方"看起来"就像在"世界的边缘",这情景增加了没有危及假期制定者所期望的"安全"规章框架的冒险感觉。
>
> (Cater and Smith,2003)

在很多促进冒险体验的技术性中危险和安全的结合是明显的。诸如蹦极和快艇活动就是由技术改良所创造的并很快就因旅游消费而快速商业化(Cloke and Perkins,2002)。技术帮助身体走得更远,而且用一般做不到的方式和行动,但它也产生了一个可控的能完成冒险的环境,几乎就是剧场的一处场所(同上)。

同样,韦特和莱恩(Waitt and Lane,2007)描述了四轮驱动车推动的澳大利亚西部金伯利(Kimberley)原野旅游中技术和身体的融合。进入金伯利原野严酷环境的四轮驱动车的利用使得对驾车风景旅游的描述不止一种。它可以把身体置身于原野之中,远离封闭的道路和建成开发之地。尽管这些车辆对旅游者提供了一些保护,但穿过荒原的运动仍然是一种具体的经验,就像韦特和莱恩说明的那样。身体不仅暴露于沙漠的炎热和干燥之中,而且也要感受崎岖不平的地形。一位旅游者说,在未封闭的路上驾车,有助于通过"以缓慢步伐穿过荒原,把地方与驾车者的技术和粗放公路联系起来"(Waitt and Lane, 2007)。

韦特和莱恩采访的旅游者强调能够"到任何地方"的刺激感觉,但是四轮驱动车旅行者行驶的实际路线是严格规定好的,而且也组织好了地区消费和景观:

> 在四轮驱动旅行指南上标出的路线强调探索和冒险。例如,流行的环行始于库努纳拉(Kununurra)沿吉布河(Gibb River)之路到德比(Derby)和布鲁姆(Broome)……返回的路程沿着铺着沥青的大北方高速穿过菲茨罗伊河(Fitzroy)渡口、霍尔斯溪(Halls Creek)支流和土耳其溪(Turkey Creek)支流到库努纳拉。这种环行提供了很多"侧选项",包括那些到奎斯特罗(EI Questro)、卡伦布鲁(kalumburu)、米切尔高原(Mitchell Plateau)、哈特山(Mount Hart)以及本格尔本格尔斯(Bungle Bungles)等地的支线旅游。结果就是增加了沿642千米的吉布河之路从德比到温德姆的四轮驱动车流量。建于20世纪60年代的"牛肉之路"使车队从草原站进入这些口岸。1986年和1987年间,这条路年均日车流量从264辆增加到329辆。
>
> (Waitt and Lane, 2007)

因此,韦特和莱恩(Waitt and Lane, 2007)认为,四轮驱动汽车旅游者的具体体验和知识的作用就是更新和再现荒野的观念。像家庭舒适的车辆、临时餐厅的"奢侈驾驶景观"、礼品商店和旅馆,使旅游者可"驾驶远离"内地的传统观念,以致"香槟酒、羊角面包和卡布奇诺(cappuccino)①那样的东西现在都可以与所经历的荒野和谐并存";不过,四轮驱动汽车旅行也能把内地神话思想"驱车带回家",因为参与者通过整理他们的谈话解释他们的体验,用他们的照片和故事再现他

---

① 咖啡的一种。咖啡加热牛奶,有时上面撒些巧克力粉。——译者注

们的经验。

(三) 接近自然

最后还要谈谈具体化的农村消费形式就是接近自然。观赏自然总是农村视觉消费的组成部分,但保持一定距离的观赏角度则需用望远镜隐蔽地研究鸟类的鸟类学家的例子进行说明。农村旅游者现在有了一系列商品化的体验,打破与自然的距离,为接近驯养的和野生的动物提供了机会。

这些包括宠物围栏和儿童乐园的商品化农场体验,访问者可以在这里触摸和感受如兔子和山羊那样的温驯动物(Daugstad,2008),还有就是在可以带参与者通过农场工作或保护项目接触动物的工作假日。在另一变化中,如海豚游泳表演,即使不能实际触到,至少也有与野生生物分享同样空间的感觉。正如贝休等(Besio et al.)观察的那样,"海豚游泳,由于分享了海豚在水面跃起下降的空间,从而增加了吸引力,旅游者也获得了近距离观看的体验……在海豚的空间里海豚旅游的具体体验不仅是观看它们——在游客和海豚之间、人和动物之间产生的是密切联系"。

贝休等(Besio et al., 2008)报告,在旅游者和海豚之间体现的互动作用产生了一种有利于旅游者理解自然的情感反应。但是,再次看到,虽然这些把自然解释为不能控制的遭遇,但确实由旅游经营者的叙述所形成与表现。特别是,贝休等(Besio et al., 2008)认为,可以利用性别话题,把海豚看成"性的野兽"和"献身的母亲",使生态旅游经营者"一方面把海豚养成野性的、富有魅力的、特殊的和激情的生物,另一方面又是爱意的、文化的、与人类一样的"生物。这两种观点虽隐藏了使旅游者经历商品化的行动,但是,这两种观点也与构成冒险旅游的大男子主义者论点形成了对比。这样,像海豚游泳这类冒险旅游和生态旅游活动反映了是把农村建成自然,还是把农村作为自然来顺应。这是两种不同的方式,一种强调对野性自然的征服,另一种则强调与脆弱自然交流的感觉。

游猎旅游形成的冒险和偶遇自然,是非洲部分农村地区越来越重要的经济活动。狩猎旅游主要通过欧洲、美国或日本旅游机构进入萨瓦纳草原追求"一个难以捉摸的他们自己都很难找出定义的目标——即与自然偶遇"(Almagor,1985)所造成的非洲自然的商品化。尽管诺顿(Norton,1996)提出,狩猎旅游寻求的体验本

第四章 消费农村

质上是视觉的,观看"自然"环境中的动物;游猎也可以产生更多具体的偶遇,就像阿尔马格描述的一件小插曲:一组旅游者步行在博茨瓦纳莫雷野生动物保护区休憩时偶然遇见一头野生水牛。这些旅游者处于潜在的危险中,但是这个风险提高了"与未驯服的自然直接、不期而遇和鲜活遭遇"(Almagor,1985)的体验。

因而,旅游者和动物的具体表现就是接近自然。克洛克和帕金斯(Cloke and Perkins,2005)在对新西兰凯库拉(Kaikoura)观看鲸鱼和海豚之行的讨论中强调这种偶然发生的相互作用。在此,追寻旅游者的体验靠鲸鱼和海豚的表演是不能得到保证的。旅游经营者对比了动物的不可预见性与游客活动图,如宣布景象应该出现的时间,应该从哪个角度观看以及什么时候照出的相片最好。当鲸鱼和海豚未出现时,或鲸鱼没有发出经典的长笛般的垂直敲击声时,这种分离不可避免地造成了部分游客的失望。

穿越人类与自然的界限也提出了一些游客身体对自然产生的影响问题。很多自然旅游活动都被包装和表现为"生态旅游",承诺最小的环境影响。根据"只拍照片和留下的只是脚印"(Waitt and Cook,2007)的陷阱,生态旅游暗含了身体上的控制和自我反思。然而,生态旅游者对于他们经历的反思,韦特和库克(Waitt and Cook,2007)认为,他们的经历由他们的身体决定,"而非预计和'包装'。我们的体验总是开放的、有条件的和创造性的"。然而,他们在泰国皮划艇运动员身上(Kayakers)的研究表明,生态旅游主义观点的力量可用对身体活动的焦虑取代自我反思:

> 尽管观察结果是对每个人接触水、植物和石头的记录,仅有一些被访者承认可触摸到它们的身体和非人类世界之间的物质流……但不容置疑的是,当接触非人类实体或被非人类实体触碰时,都有触觉的愉悦。然而,对于触摸也有明显的焦虑。
>
> (Waitt and Cook,2007)

生态旅游者的不安反映出对在与自然接触中那些不那么愉快的方面的否定——"红树林和蝙蝠尿的气味,被蚊子叮,猴子的尖叫,被岩石擦伤和太阳灼伤"(同上)——因此,使非人类实体继续在审美方面被理解。但是,从生态旅游伦理看触摸是禁止的活动,也确实是屡屡出现的状态。这样,当生态旅游促进了与农村的具体相遇的同时,也限制了对多感官体验能力的承认:"除了观看,由于旅游者身体的多孔性对感官体验几乎完全封闭,所以这个神话保留了未被人类污染的完整的自然"(Waitt and Cook,2007)。

五、结语

本章通过休闲和旅游探讨了农村消费。研究表明,这些消费行为涉及视觉的、听觉的、味觉的和触觉的多种感官。每种感官均为旅游者消费得到了商品化和包装化的机会。从付费进入风景点,到制作当地特有食物的餐馆、宠物养殖场以及需要在农村地域内有身体磨难冒险的追求。正如在本章开始所讨论的那样,商品化是一个日益与它们最初实物的消费"符号"分离的过程。农村地方和经历的商品化已经形成了旅游者和访问者都渴望消费的乡村性符号,但又很少是以乡村实际的物质性为基础。在这方面,农村商品化利用了对旅游者感官体验有说服力的观点。例如,农村凝视就再现了观看乡村的途径,指导了观看者在何处观看、看什么和怎样解释景观,以及关键性的是哪里不能观看和不能看到什么。生态旅游神话同样否认了对触觉、具体的人类和非人类的偶然相遇的承认,维护了支持旅游消费可接近自然而不影响自然观念的想象中的两分看法。

事实上,所有的旅游活动都会影响农村,因为正是通过这样的消费行为,把农村视为消费空间的思想才得以存在、再现和改变。消费和农村之间的关系必然是偶然的,因为得到旅游者高度评价的想象的乡村性特性——"未受破坏"的景色,宁静与外界隔绝的原始状态的自然——同时,这些特性对商品化和来访者数量的增加影响较大。过度的商品化可引发创造性破坏,对以消费为基础的当地经济造成损害,但是这个过程是循环的。随着对一些农村旅游景点从喜欢到不喜欢,新的目的地将会被发现;对已厌倦的农村消费方式将会被一些新的思想和活动所取代;而且,作为消费空间的农村也将会继续自我更新。

六、进一步阅读

本章的讨论涉猎已出版的农村旅游和非常广泛的休闲文献。关于更多有关商品化和创造性破坏等概念,参阅克莱尔·米切尔(Clare Mitchell)有关圣雅各布(St

Jacobs)的两篇论著,发表在 1998 年和 2009 年的《农村研究杂志》(后者与萨拉·德·瓦尔(Sarah de Waal)合著)。西莫内·艾布拉姆(Simone Abram)在《乡村凝视》中撰写了介绍乡村凝视观念的一节,保罗·克洛克(Paul Cloke,2003)编辑,以及在同卷中凯瑟琳·布雷斯(Catherine Brace)撰写的一章,该文检验了战争期间的旅行指南如何促进了观看乡村的特别方式。大卫·马特雷斯(David Matless)的文章《自然区域景色地理》,发表在《社会与文化地理》。它是一篇讨论乡村声音政治的出色论述。与此同时,克鲁斯·吉布森(Chris Gibson)和德伯拉·戴维森(Deborah Davidson)发表在《农村研究杂志》(2004)有关塔姆沃思乡村音乐节的研究,解释了通过音乐所进行的乡村听觉消费。保罗·克洛克(Paul Cloke)和哈维·帕金森(Harvey Perkins)在《环境与规划 D》(1998)中,通过新西兰皇后镇的案例研究讨论了在冒险旅游中的身体。同时蒂姆·伊登瑟(Tim Edensor)在《身体与社会》(2000)所发表的论文是体现步行活动的很好说明。戈登·韦特(Gordon Waitt)和劳伦·库克(Lauren Cook)在《社会与文化地理》(2007)中对生态旅游中的身体问题做了进一步讨论。

第五章 发展农村

一、引言

前面两章讨论了以农村经济两种不同维度为基础的想象农村的两种不同方式。作为生产空间,农村最优先的经济活动就是像农业、林业、采矿业以及采石业等乡村资源的开发利用。它是为了生产出售到外部市场的商品。相反,当农村作为一个消费空间时,就得与寻求多种农村感官体验的旅行者和来访者的涌入联系在一起,通过支付商品化的农村产品、活动和地方对经济有所贡献。历史上农村作为生产空间的话语更为强大,支持着第一产业在农村经济中的主导地位。然而,如第三章所表明的那样,资本主义的利润规则导致了这些产业变得越来越专门化与集约化,减少了对农村空间的需求。这样,事实上,相对需求而言,农村国土的大面积地区作为生产空间的供给已经过剩。在许多地区,空闲空间已被以地方景观、习俗和旅游与休闲体验商品化为基础的新型消费经济占据。不过,成功的商品化需要对通过各种实践构成乡村消费的农村凝视和其他观点的期望取得一致。并不是所有农村地区都能同等地取得成功。

这就是农村经济的活力,并导致农村经济地理表现的不均衡,产生了对"农村发展"政策与战略的需求。在纯粹自由市场中,经济力量会找到最有利可图的经营项目,给受影响地区带来经济繁荣与萧条的循环。就像贯穿大部分历史时期所发生的事情那样,人口也随着经济流动,废弃农场、建筑物的废墟、村庄和采矿城镇的残骸证明了这点。在当代,由这些运动造成的不稳定将会是灾难性的。因此,政府则出面干预,尽力刺激和重建那些经济发展缓慢落后或受到经济重组挑战的农村地区。

因此农村发展的目的相对简单:持续的经济增长和改善生活条件,使农村地区的发展达到国家标准,确保农村地区成为有吸引力的居住地并积极对国民经济做出贡献。不管怎样,为实现这些目标的战略是多样的和充满争议的。例如,研究农村发展会受到政治意识形态的影响。社会民主党政府喜欢直接的国家行动和改善社会平等的努力;而新自由主义的观点则喜欢支持企业与市场引导的方案(见第八章)。农村发展战略对某一区域所面临的具体挑战要做出不同反应,如在开发行动中动员和参加适当的制度结构、自然和社会资本形式等。

但是,所有的农村发展形式都至少包括三个层面对农村的广泛约束。第一,农村发展战略会广泛形成农村地区面对的问题和挑战,例如,表现为地理的边缘性、缺乏竞争力和基础设施落后。第二,农村发展战略需要评价一个地区的现存容量,例如,不可开发的自然资源或是有特色的文化遗产。第三,农村发展战略指明了农村地区的未来前景,成为其行动的目标。

本章主要更详细地检讨农村发展战略的形成与实施,以及它们所采取的途径和提出的乡村性思想以及农村空间构建。本章集中研究已经探讨过的重视农村发展的三个有名领域:20世纪大部分时期支配北半球和南半球的现代化范式;以强调自下而上的内生式发展的"新农村发展范式"来取代欧洲和其他一些北半球国家现代化范式;以及南半球参与式农村发展的应用。

二、现代化和农村发展

(一) 现代化范式

对农村发展的传统领域进行探讨,无论在北半球还是在南半球,都是用现代化的概念进行解释。反过来,这个概念是以社会发展的假设为基础,即社会沿着从不理性的、技术有限的传统社会向现代的、理性的和技术进步的社会这样一条平行线演进(Taylor,1989)。沿着技术创新轨迹前行的步骤,可产生工业生产和消费的新形式,并支持了社会和政治结构与文化的不断进步。由于所有社会都被认为会遵循相同的基本道路发展,因此不同国家或地区经济繁荣的差异就可以根据它们沿着发展轨迹所占据的不同位置予以解释。例如,把南半球更贫穷的国家描绘为比北半球富裕国家更"欠发达",其隐含的意思是,更贫穷国的发展取决于实施发达工业国曾采取过的相同政策。而且,现代性一般被解释为与城市有共同特点,如工业、理性和良好修养的地区。城市地区比农村地区更为发达,因为农村经济和社会发展或现代化常常与城镇化同为一体。

这样一来,现代化的范式说明,不发达的农村地区的贫困、人口减少有关的问题,均需由以意在加速现代性从城市到乡下、从北半球到南半球的空间扩散措施来解决。实际上,农村的现代化通常包括四个平行过程。第一,农业的现代化。从自给型种植业向商业化农业的转变,之后是农场机械化和产业化的农业过程,农业化学品和生物技术的应用,以及通过专业化与集约化的农业食物部门的重组。像第三章阐述的那样,这些发展形成了生产主义的核心元素,也通常得到国家的支持,例如通行欧洲的共同农业政策。

第二,经济的现代化。即脱离依赖传统产业的农村经济多样化,如面向更广泛的"现代"产业基础的发展,以及轻工制造业到高新技术部门(Lapping et al., 1989;North,1998)。第三,基础设施的现代化。包括电气化和供水工程、通信网络扩展、道路连结升级、区域机场的发展,以及农村住宅改善(Matless,1998;Phillips,2007;Woods,2010a)。第四,社会的现代化。即被认为是对落后的农村社会迷信与传统习俗文化提出挑战。相反,要促进现代理性、审美、教育和社会解放,以及负责任的和良好公民义务的明智实践(Murton,2007)。

在这些方面,现代化为农村发展提供了可应用的"蓝图",从 20 世纪 20 年代开始已在全球很多地方出现了多样的现代化。二战后一段时期曾达到顶峰。正如下面进一步讨论的那样,在 20 世纪 70 年代和 20 世纪 80 年代期间,现代化范式的局限性日益明了,同时对现代化范式的批判也日益增长,最终促成了在欧洲和北半球其他部分国家转向"新型农村发展范式"。现代化范式也在南半球受到相同的批评,但对于引导如巴西、中国和印度等国家的农村发展具有重要意义。

(二) 北美和欧洲的农村现代化

有人认为,19 世纪末,在北美,农村现代化和国家介入农村发展是密不可分的,美国联邦政府最早干预支持农村发展是 19 世纪 60 年代土地大学院的建立(接受政府的赠地学院,1862 年以赠地学院的形式资助范围广泛的高等教育——译者注)。该学院教授现代农业种植技术以刺激农业发展,直接反映了现代化的范式。

第五章 发展农村

当时在许多北美地区,农村开发仍意味着欧洲定居者的殖民与垦殖。的确,定居点被认为是现代化的战略:把未开化的荒野改变为文明化的社会。但是,那时也存在一种感觉:把新的农村地域描绘为替代现代性的发展机会,摆脱邪恶和腐败的工业城市。20世纪之初,这种观点由加拿大不列颠哥伦比亚的省级政府提出。这是一种具体化的可替代农村现代性的概念,如默顿(Murton,2007)所述:

> 着眼传统农业的价值,当代的荒野伦理和科学农业的观点,他们展望了乡村,即由个人、独立的农场主及其家庭所居住,由协作和共同体联系在一起,生活在有壮丽高耸山峰的背景中。那里有丰富的游戏和易得到的休闲。农村社区拥有最新的现代便利性。通过电话和良好的道路它们可以方便地连接上广大的外界。农场可按最新农业科学研究成果经营。农场家庭装备着舒适的现代设施。家庭是社会的核心。农场主和他的妻子履行着他们被预期的职责。这种现代乡村提供了在过度拥挤、病态的城市所见的现代性的可替代版本。
>
> (Murton,2007)

同时,也有观点认为,美国东部较长定居时间的农村地区的经济发展水平和生活标准落后于城市地区。农场曾受到来自中西部和加利福尼亚州的竞争而被排挤(见第三章)。农村贫困和人口减少等严重问题开始出现。正如拉平等(Lapping et al.,1989)总结的那样,那个时代的观点是:"阻碍美国农村进步的是它的现代化失败,采取新技术承诺的效率优势,通过科学的管理和制度改革来实现农村的潜能。"

乡村生活运动展现了美国农村的现代化,可在教育、农业开发、工业化和新的基础设施中看到。最近的目标在20世纪30年代新政时期被推进(新政指美国罗斯福在20世纪30年代实施的内政纲领的名称——译者注)。依据新政,诸如公共工程局和民间资源社团等联邦机构,通过建造桥梁、公路、公共建筑、医院、学校和排水系统建设,在上百个农村社区创造了就业(Lapping et al.,1989)。不过最广泛的现代化工程是向农村地区提供电力。

电气化的支持者把电力看作一项至关重要的革新。电力可刺激农村发展,使农村地区可以追赶上城市地区。正如菲利普斯(Phillips,2007)所论,他们"相信政府必须在给农村地区提供电力服务中发挥积极作用,因为这个革命性的能源将使产业分散化,恢复乡村生活,并使农民和城市人平等"。20世纪20年代末,美国仅有十分之一的农场拥有电力。在农村电力局运作15年后,到20世纪50年代,十分之九的农场有了电力(Lapping et al., 1989)。

农村电力供给对发电的需要也形成了地域开发项目的动力。最著名的就是田纳西流域管理局,在长1,045千米(650英里)的田纳西河上集中修建了一系列九座大坝,包括水力发电、供水、土地改良、农业开发和工业化,尤其是化学和主要金属产业(Phillips, 2007)。

在欧洲,第二次世界大战后,农村现代化获得了动力。除了共同农业政策和国家政策中的农业现代化措施外,重点还集中在工业化、基础设施的改善和居住合理化方面,通常都集中在区域性规划方面。目标区域是英国的中部威尔士,在1871到1961年间,这里的人口减少了四分之一。1964年的政府调查显示,农场劳动力在低迷的农业部门有了急速下降,包括有限的选择性就业机会和较差的基础设施。1/4的住宅没有管道自来水供应,该地区3,000家农场没有电力(Woods, 2010a)。中部威尔士产业协会和中部威尔士开发协会组织(后合并为威尔士农村发展局)的建立,引领了包括基础设施改善和刺激产业发展在内的现代化工程。1977到1985年期间,制造业从业人员增加了61%,当时整个英国制造业的就业是处于减少的。

中欧和东欧包括苏联的社会主义政权特别重视农村现代化项目。面对农村地区的特点社会主义政策曾被卡尔·马克思描述为"农村生活中的白痴"。他这样说的意思是,农村社会还在坚持迷信和传统权力(Ching and Creed, 1997)。这样,他们的目标是既要通过工业化和改组来实现"现代化"农村经济,也要通过用管理人员和官员取代像牧师和土地所有者那样的权威人物来实现"现代化"农村社会。

在社会主义国家,农业集体化是农村现代化的关键因素,因为个人的土地被没收和合并到可机械化和工业化生产的大型集体农场。同时,为扩大非农业就业,在一些国家的农村小镇也建立了工厂。尤其是苏联,农村人口被强迫集中和重新定居在新的城镇。例如,帕洛(Pallot, 1988)描述了现在白俄罗斯斯诺夫的一个新村庄。这个村庄建于1956年,为了安置5,000名集体农场工人和他们的家眷,这些人先前分散在17个小村庄和800个单独的住所。这个新村是按照城市规划原理设计,住房为街区平房和两或三层的公寓房。穿过住宅区的中心轴线是学校、商店、社会与行政管理综合设施以及"建筑纪念碑"等公共建筑,并修建了有体育馆和游泳池的公园。居民分配有一小片私人土地用以种植食物,但是为打破农村传统,这小块土地通常位于村庄边缘,离他们居住地较远。然而,这样的规划方案除了成功提高了接近农村地区社交娱乐地的质量外,许多的现代化目标却并未实现,令人窒息的私人企业和对中央计划的依赖却巩固了中欧、西欧和苏联广泛的农村贫穷的壕沟(Shubin,2007)。

现代化有助于平抑人口下降,实现了农村经济多样化,改善了交通可达性。因此,20世纪70年代以来,在很多国家,现代化都创造了逆城镇化的条件。然而,许多迁入农村的人是被将乡村置于现代化对立位置的怀旧的农村田园生活所吸引。随着这个悖论日益明显,这种现代化范式日益成为一个问题。此外,许多现代化项目对环境的影响引起了很多争议,正如一些经济收益所留下的可持续性那样。通过外部企业的进一步投资,工业化通常得到实现,并使得农村地区对随全球化进展出现的转型企业合理化和再选址决策变得脆弱化(参见 Eversole and Martin,2006)。20世纪80年代至20世纪90年代期间,在北半球很多地区,这些批评推动了这种现代化范式的转向。

(三)南半球的农村现代化

在南半球,现代化范式框架不仅是为农村发展制定的。与欧洲、北美、澳大利亚发达工业化经济体相比,那里的现代化范式被用来"解释"对非洲、亚洲、拉丁美洲国家的变相剥夺。在南半球国家,现代化的目标是国家经济政策的核心,与工业化、城镇化、资本形成、经济自由化、促进消费和国家工程建设相联系。在这些国家,也清晰了解了现代化内部差异的分布。在20世纪60年代到20世纪70年代,地理学学者绘制了发展中国家的"现代化外观"地图,从中发现这些国家有最发达水准的现代化城市,但偏远的农村地区则连有限的现代化都未达到(Potter *et al*.,2008)。现代化范式认为随着现代化的扩散这些差异会缩小,证明了集中于城市战略定位的初期现代化的努力是合理的。

然而,在20世纪70年代兴起的一个相反的观点认为,南半球农村地区的现代化是失败的。例如,斯莱特(Slater,1974)对坦桑尼亚的分析表明,农村地区提供了劳动力支持工业化和核心的资源开发,但却从核心的活动中获得很少的利益。发展中国家农村地区实施的现代化事业趋于对教育、健康和交通基础设施那样的最基本需求的忽视,但却支持了使外部投资者从当地人身上获利的采矿业和产业化农业的发展。此外,现代化促进了使本土文化退化的文化全球化。的确,把西方工业社会设为世界其他地区的发展基准,那么现代化范式在实际上就是实现西方化的议事日程(Hettne, 1995)。

这些批判损坏了现代化范式及其平行的线性发展所假设的基础,被泰勒(Taylor, 1989)贴上了"错误的发展主义"标签。但是,在南半球很多国家,仍在继续采用现代化的观点,仍以诸如工业化、市场自由化和土地改革为根本政策。在中国,自1978年经济改革以来,现代化始终是农村发展政策的驱动原理,以多维途径拥抱工业化、基础设施发展,包括新的住房建设、居住合理化和城镇化、乡镇企业的形成,以及像户籍改革那样的社会现代化举措。2006年以来,这些目标已被构筑在贯穿整体的、公开的"新农村建设"的现代化政策中。这包含灌溉1,000万公顷农田的计划,为新增1亿农村居民供应安全饮用水,拟花费120亿美元用于公路建设,形成连接所有农村城镇的公路网,为1,000万农村居民新增电力供给,以及对学校和医疗设施的投资(Long, 2007)。

过去30年,现代化议程已经极大地改变了中国农村地区。随着中国农村非农就业从1978年的大约2,000万人增长到2000年的超过1.4亿人,或从农村劳动力的5%到接近25%,农村经济和劳动力市场已形成多样化(Mukherjee and Zhang, 2007)。大多数非农就业由私营"乡镇企业"提供,这个数字从1978年的大约150万增长到1993年的2,300万(Liang et al., 2002)。区域分析显示,20世纪90年代加速了这种增长(Xu and Tan, 2002)。数据显示,几乎一半的乡镇企业从事加工制造业,也有大量的乡镇企业从事商业、服务业和建筑业(Mukherjee and Zhang, 2007)。工业化和经济增长提高了生活水平。浙江省余杭区(原余杭县)的农民个人平均所得在1978到1997年间增长了约2,500%(Xu and Tan, 2002)。消费主义也已扎根。1985年余杭区拥有彩电的农村户数每百家有一户,到1997年时,则为73户;在同一时期,电冰箱的拥有数从每百家0户增长到57户(Xu and Tan, 2002)。

但是,就像在中国乡村存在着财富的空间差异那样,农村与城市地区之间的财富差异也在扩大(Xu and Tan, 2002)。这些不平等意味着,农村工业化事业被认为是可给原来的农业劳动者在农村社区里提供可选择的就业,并劝阻外出移民。估计,到

20世纪90年代末期,移居到中国城市内部的人数已经增长了大约1亿(Liang et al.,2002)。而且,农村现代化对土地利用和景观造成了重要影响,包括房屋的重建(Long et al.,2009)。与强制居民拆迁和土地改革相伴而行的是遭到的反对和抗议。这些批判和挑战至少已引起了中国农村现代化某些因素的质疑(Long et al., 2009)。

三、内生式农村发展

(一)新型农村发展范式

21世纪初始,范德·普勒格等(van der Ploeg et al.,2000)写下了他们的观察:"农村发展已明确地提到议程之上,因为现代化范式已达到了它在智慧上和实践上的局限性。"在欧洲和北半球其他地方,对农村现代化的批判从20世纪70年代起一直在扩大。很多批判都集中在生产过剩、环境退化和空间不平等问题上。这意味着农业现代化作为整个乡村的战略已失去了它的有效性(亦见第三章),但是问题也指向现代化理论在农村发展中更广泛的应用。如上所述,通过逆城镇化和新的农村消费经济,在现代化议程与乡村田园生活的怀旧之间存在一种日益明显的断裂(见第四章);与此同时,在全球化经济中制造业的机动性特点也日益突出,在许多农村地区已开始颠覆以前的工业化趋势(Epp and Whitson,2001; Woods,2010a)。

同时,国家领导的农村现代化的传递机制受到20世纪80年代和20世纪90年代作为自由民主主导政治意识形态的新自由主义的挑战(见第八章)。除了寻求削减政府开支和减少国家对经济的干预外,新自由主义还对经济发展政策的目的提出质疑,提出国家的作用不应是领导发展,而是培养企业家的能力和帮助农村社区自助(Cheshire,2006)。

这种批判的结果就是"新型农村发展范式"的出现(van der Ploeg et al.,2000),对这个新范式可在三个关键点上做出与现代化范式不同的定义(亦见表5.1)。首先,出现了从重视对内投资向重视内生式发展的转变。以现代化范式为中心的空间扩散模式表明,农村地区的发展来自于外部,农村发展政策通常也把重点放在吸引外部资源投资到农村地区。新型农村发展范式重点则在于开发农村内部资源,这将在下面进一步讨论。第二,农村发展的传递模式也从自上而下向自下而上转变。由国家领导的农村现代化须伴之以重大的国家直接干预,而新型农村发展范式则将视为国家推动的由农村社区自身主导的农村发展。第三,农村发展政策结构已从部门的现代化向以地域为基础的农村综合发展转变。农业现代化和农村发展已分为不同的政策舞台,这种分离从战后开始流行,并已由确定地域范围内的经济、社会和环境目标的综合发展所取代。

表5.1 现代化范式和新型农村发展范式的特征

现代化范式	新型农村发展范式
对内投资	内生式发展
自上而下的规划	自下而上的创新
部门的现代化	以辖区为基础的整合发展
金融资本	社会资本
开发和控制自然	可持续发展
交通基础设施	信息基础设施
生产	消费
工业化	小规模适宜产业
社会现代化	传统的维持
趋同	本地根植*

* 外来投资与当地企业和非企业机构(如政府、科研机构、工会等)发生的紧密联系。——译者注

范式转变的本质是在农村地区形成广泛框架内的转型。农村地区不再被看成需外部援助才能沿着社会发展轨迹走向"现代的"、工业的和更加城镇化的落后地区。相反,新型农村发展范式则看到了分异化的乡村。乡村各区域均拥有唯一的社会、文化和环境资源,并可由独特的或分异的发展道路所控制。拒绝现代化的进化教条,要回顾也要向前:

> 农村发展不仅仅是把"新事物"加在已经建立的情况上。这是关于新出现的但又具有历史根源的现实,现在再现为农村发展的前卫经验(avant la lettre)。农村发展政策应当把重点放在强化已证明了的灿烂星群和支持新星群的出现。一个特别的决定性元素就是"旧"与"新"的结合。
>
> (van der Ploeg et al.,2000)

正是这种观点构成了内生式发展原则的基础。特别是,雷(Ray,1998)认为,内生式农村发展应向"后"转到地域内生的文化并选择利用与维持地域文化和环境的发展路径。他把这点描述为"文化经济"的连接点,或"试图通过农村地区使经济控制地方化",通过其文化认同(再)维持地方(Ray,1998)。这样,"对于社会和经济统制,文化就是一系列可利用的资源"(Kneafsey et al.,2001),而且内生式发展战略应该包括食物的(再)地方化行动,以及推广地方特色食物与饮料产品(Fonte,2008;Kneafsey et al.,2001;Winter,2003),生态旅游或文化旅游的形式聚焦于食物与音乐(见第四章)、地方遗产的商品化、传统手工业的复活,或环境资源的可持续开发(Siebert et al.,2008;参见专栏5.1)。

专栏5.1 农村生态经济

强调可持续发展是新型农村发展范式的核心特征。在某个层次上,可持续发展仅仅意味着拒绝对环境破坏或不可持续的发展路径,像污染的工业化工厂、新的公路和机场以及化学集约化的农业,这些都是农村现代化的特征。这也意味着,在可持续发展模式中,寻求赋予在农村地区发现的自然资源的附加值,因此接近基钦和马斯登(Kitchen and Marsden,2009)所称的"生态经济的悖论","农村地域同时拥有潜在的高生态价值和持续展现生态经济活动与福利的低水准"。

因此,基钦和马斯登(Kitchen and Marsden,2009)重点关注了"农村生态经济"的发展。生态经济由"在更多的可持续途径中,利用多种不同形式的新的可行性商业和经济活动万维网的复合网络所构成。这些不但不导致资源的净枯竭,反而还能对环境提供附加值的累积利益"。

基钦和马斯登(Kitchen and Marsden,2009)在威尔士选出了最早的生态经济样本,包括生产和销售单一品种苹果汁的有机农场企业;社区所有的风力涡轮机站;森林山区骑自行车运动;周末马会举办的节目——骑马竞技;水上项目的皮划艇、冲浪和风帆冲浪运动,这些活动的目的都是为了碳中和。

进一步阅读:基钦和马斯登(Kitchen and Marsden,2009)。

按雷的看法，地域和文化之间的关联是地方控制和内生式发展所有权概念的本质。他把文化定义为可用来激励和定义"发展"的"地方的具体形式"(Ray,1999)。然而，为了获得成功，内生式发展也需要超越地方。雷(Ray,1999)因此把内生式发展描绘为"双面守护神"，既需要向内动员地方企业和社区组织及地方资源等地方因素，也要面向外部以便"销售"地域给其他的地方消费者和政策制定者。在后来的著作中，雷(Ray,2006)提出，这种双向模型可能会更准确地适于"新内生式发展"，用"新"这个前缀词认识其他的地方因素所起的作用。

因此，(新的)内生式农村发展要取决于农村地方的内部与外部因素和资源网络的结构与流动。因为固定的参与实体和关系将会在各种地方之间有各种变化。内生式发展引导分异的发展路径，其中一些可能比其他路径能更成功地达到他们的目标。范德·普勒格和马斯登(van der Ploeg and Marsden,2008)把内生式发展的过程描述为一个把内生性、新奇事物、市场管理、新制度框架、可持续性和社会资本等可互动和可以用不同方式组合的综合因素聚合起来的网络(图 5.1)。他们

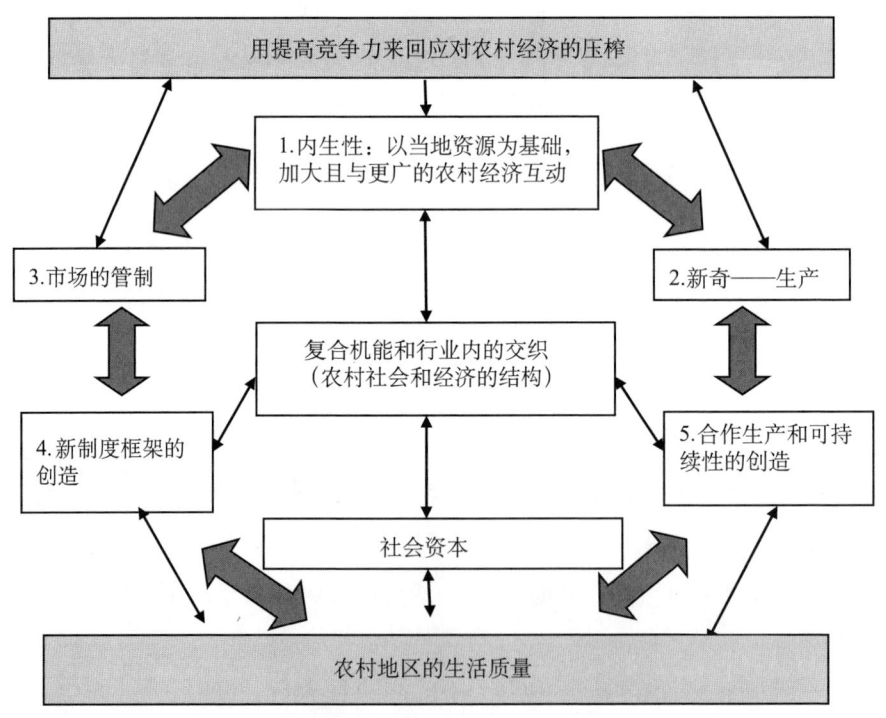

图 5.1　农村发展网络(引自 van der Ploeg and Marsden, 2008)

认为,不同的区域政策和其他的结构条件会影响这些因素的互动方式。相对的重要性是,它们推动了地域的发展,也产生了结果。

(二) 内生式发展的实践

欧洲新型农村开发范式的实施是非常明显的。1996年,在爱尔兰科克(Cork)举行的欧洲农村发展会议上接受了新型农村开发范式,将其作为欧盟农村发展政策的模式。特别是,内生式发展途径已与农村发展联合行动(LEADER,即农村发展联合行动,法语为 Liaison entre actions de développement rural,英语为 Links between actions of rural development——译者注)纲要,从1991年起在欧洲几个典型地区运作。最初只是作为一项刺激实现地方层面农村发展革新途径的实验而被引进。随着此后若干回合筹资,LEADER 的规模和覆盖范围已扩大。同样,2006年以来,原来严格限于"落后地区"或"正在重构的地区"方可获得地域援助的原则,已扩大到所有欧盟农村地区。这个模式也已被国家创新方式复制,例如,西班牙的普罗德(PRODER)项目和芬兰的波模(POMO)项目(Moseley,2003)。欧洲所有的农村和地方发展政策及国家和地方政府方案都实行了内生式发展的原则。

重要的是,农村发展联合行动纲要(LEADER)已经通过"地方行动团体"在每个人口不足十万居民的地区实施。要求这些地区具有"一些真正的地方认同特性,不仅仅是简单尊重已确定的行政界线"(Moseley,2003)。这样,农村发展联合行动常常会促进形成新制度化农村地区,这已依次成为地区推广的"商标"。地方行动团体通常与地方政府、商界和公众团体有合作关系,而且与各社区也有合作关系,这样当地人也就能参与和实施发展计划。农村发展联合行动组织也希望在它们为农村发展的主动性提供富有创新性的证明,并采用综合的方法。像莫斯利(Moseley,2003)所说,"后一个例证为渴望多样性的农民提供培训教程,联系各种授权帮助农民在农场外建造招待膳宿住房并与农村旅游目的地"的区域推销联系起来。

不列颠西南威尔士彭布罗客郡(Pembrokeshire)的案例说明了实际的内生式发展。这是第一批农村发展联合行动地区之一。有一家地方行动团体,"南威尔士彭布罗客郡农村社区行动合作伙伴(SPARC)"于1991年成立(2001年,由第二家拥有更大地域范围豁免权的地方行动团体 PLANED 接任）。SPARC 建立了"以村落为基础的社区协会"网络,它提供的核心目标是"为地方居民在经济上、社会上、环境和文化上发展他们自己的社区"(Moseley,2003:45)。每个协会都要做"社区评估"向居民请教并确定当地需要,如优先权、容量和随后参与起草地方行动计划的居民数量。这些又与许多 SPARC 制定的全区战略计划整合。结果就是在过去将近 20 年中,实施了一系列农村发展的创造性工作,目的是吸引游客并给地方企业提供机会。重要的案例有,创建文化旅游,恢复历史遗迹,带道路标识的小路,制作说明展板;地方产品创新,通过连接生产者和消费者及提供培训和促销活动以支持当地食物产品的生产;"经营质量"规划为小型地方企业提供培训、指导和设备;"示范农场检验与发展规划",为经营和环境改善,鼓励整个农场经营计划的发展与训练、多样化、保持对筹资的审计(Moseley,2003)。

内生式发展原理也引进到澳大利亚、加拿大、新西兰、美国的农村发展之中,尽管没有欧盟政策和农村发展联合行动项目所提供的中心框架的连贯性(Brennan et al.,2009;Cheshire,2006;Bruce and Whitla,1993)。这样,这些国家的内生式发展甚至更多地依赖地方的主动性、创新和企业家精神。澳大利亚昆士兰农村地区的两家笔名报道的案例证明了这点(Cheshire,2006;Herbert-Cheshire,2003)。起初,为了反抗当地铁路和法庭服务衰落计划,建立了一个名为乌莫鲁(Woomeroo)的行动团体,但是,因这些目标的失败,改变了行动方针,而且"与其说该团体反对以请愿和议会游说手段结束地方服务,不如说把它的能量引向更积极主动的反应类型。如按照联邦和州政府政策工作,为共同体和经济发展活动获得资金支持"(Herbert-Cheshire,2003)。大约 80 位居民参加的专题讨论会确认了提议的 8 项计划,如将本镇历史上的法院重建为资讯中心,为促进旅游业建设一个复合水上场馆,以及向用疏浚当地水坝挖出的沙子制作水泥砖块的工厂投资(Cheshire,2006)。

在第二个地区万明顿(Warmington),为应对传统农业部门的压力,组成了一个包含由 7 位从地方政府和农业界选出的代表组成的复兴委员会。它的主要事业就是关注本地区亚麻籽和亚麻产业的发展,最终得到了政府资金的支持。然而,彻斯舍尔(Cheshire,2006)发现,为争取政府资金所进行的各种妥协在万明顿各地方因素中产生了异议。这样,她的案例研究表明,农村发展总是一个政治过程。

（三）对内生式发展的批判

内生式农村发展已成为北半球大部分地区的普遍方式。一般而言，与已有的现代化范式相比，它已为农村地区传达了更加可持续的发展形式。然而，现在对内生式发展也存在着由各方面评论者提出的三个主要方面的批评。第一，内生式发展处理基本结构缺陷问题的能力是令人怀疑的。对英格兰（Agarwal *et al.*, 2009）、美国（Isserman *et al.*, 2009）的经济表现的分析表明，地理位置、交通基础设施、经济结构和民众教育水平仍然是决定地区繁荣的重要因素。这些不平衡并不容易通过自下而上的区域自主性得到解决。正如马基等（Markey *et al.*, 2008）在不列颠哥伦比亚省北部的案例中所论述的那样，那里仍然存在着政府领导的基础设施项目，为内生式发展创造了适当的条件。

第二，地方共同体成功地从事内生式发展的能力也参差不齐。很多研究表明，社会资本在自下而上的自发性中是重要的（Árnason *et al.*, 2009; Magnani and Struffi, 2009），但是，"无论是绑定的社会资本"（共同体内的凝聚力），还是"正在带来的社会资本"（形成共同体外部网络的能力）的水平都有深刻的变化（Árnason *et al.*, 2009; Brennan *et al.*, 2009; Woods *et al.*, 2007）（参见专栏 5.2）。这意味着，最适合内生式发展的地区是那些居住着职业中产阶级居民的农村社区，也被认为是最少需要发展的地区。

第三，内生式发展也许并不像它所提倡的主张那么广泛。尽管自下而上的方式通常被看作是对社区的授权，但事实上的公众参与度较低同时快速减少。这样，内生式发展在一些地方因专注地方精英的影响，或农村发展的专业人员的影响而受到指责（Cheshire, 2006; Kovacs and Kucerova, 2006; Shucksmith, 2000; Woods *et al.*, 2007）。此外，舒克斯密斯（Shucksmith, 2000）认为，"领域的研究方法倾向于利用舆论观点掩盖社区内社会行动者之间的不平等和权力关系"。他认为，把社区定义为地域而不是个体的群体，内生式发展的观点模糊了等级、种族、性别、年龄之间的不同。结果，"如果内生式发展无权授权的话，那么内生式发展仅仅具有挑战排他过程的潜力（而这是不必要的，如同授权地方反对外部）"（同上）（亦参阅 Árnason *et al.*, 2009; Schortall, 2008）。

> **专栏 5.2　社会资本**
>
> 社会资本指的是通过正式和非正式关系在社区成员之间的互动所创造的集体资源。与其他"资本"类型一样,也包括金融资本,人力资本(人),社会资本等。社会资本对于社区的集体能力的表现贡献很大。尽管他不是第一个使用这个术语的人,但是社会资本现在很常见地与美国政治学者罗伯特·帕特南(Robert Putnam)联系在一起。在对意大利的一项研究中,帕特南(Putnam,1993)对几个世纪以来以公民传统为基础的社会资本的力量提出解释:与意大利南部相比,意大利北部政治稳定且经济繁荣。在他此后的著作,《独自打保龄球》(*Bowling Alone*)(独自打保龄球指的是美国社会的一大变化,不愿与人聊天,而是一个人在家看电视或独自去打保龄球——译者注)一书中指出,美国社会已被社会资本的侵蚀和个人主义的兴起所损害,所以,要求修复社会资本的作用(Putnam,2000)。
>
> 帕特南(Putnam,2000)还描绘了社会资本的两种类型:桥接型资本(bridging capital)和结合型资本(bonding capital)。桥接型资本指的是,将一个社区成员与其他社区,或其他等级体连接起来的社会网络。结合型资本指的是,社区内社会联系的力量,因而帮助建立社区的团结和帮助社区成员一起行动,然而桥接型社会资本使社区参与对外部行动者的支持,并使这种状况达到更高的等级。桥接型资本和结合型资本也能互相加强。这样,当桥接型资本和结合型资本都高的时候,就会产生有效的社区行动或企业家精神;而当桥接型资本和结合型资本都低的时候,则反映出个人主义与冷漠(Flora *et al.*,2008)。
>
> 在农村发展政策和学术讨论中,社会资本已成为广泛应用的概念(见 Árnason,2009;Brennan *et al.*,2009;Flora *et al.*,2008;Magnani and Struffi,2009)。这些论述倾向于强调两种主张。第一,在内生式农村发展中,社会资本是一个重要工具,使社区可以帮助自己;第二,为了处理农村发展中的不平等,应该重视目前较弱的农村社区社会资本的建设。

> 然而,现在也存在着对社会资本概念的广泛批判。批评家们认为,帕特南的论述是规范性的,而不是分析性的,因为它忽视了不适合的证据,而且指责社会资本理论轻视广泛的社会和经济结构,并且未能论证因果关系(Anderson and Bell,2003)。依据帕特南与舒适性、家长式作风、不平等性以及生活方式的边缘化相联系的方法衡量高水平的社会资本,那么社会资本也有其"阴暗面"(Schulman and Anderson,1999;Anderson and Bell,2003)(见第六章)。
>
> 进一步阅读:安德森和贝尔(Anderson and Bell,2003),弗洛拉等(Flora et al.,2008),帕特南(Putnam,2000)

四、南半球农村发展的再定位

(一) 从殖民主义开发到后殖民主义发展

南半球农村发展范围的转化不但比北半球所经历的更有意义,而且是相当急剧、充满活力及富有竞争性。在全球的南北两地所遵循的轨迹具有广泛的相似性,但是南半球的经验是由非洲、亚洲、拉丁美洲国家的特殊环境所定,即在没有基本的基础设施的地区,地方性贫困和对农业的高度依赖,低水平的识字能力和健康标准;不稳定和动荡的政治经济制度与意识形态;以及物质和见解两方面的殖民地遗产,其发展的挑战非常大。

南半球的农村地区最早被殖民主义国家认为是开发和掠夺的空间。发展采用了采矿业投机和经济作物种植园的形式,以及需要支持这些活动的基础设施,从而使得殖民地经济获得了利润。对地域自身的发展并没有给予关心,对当地民众几乎未予重视,除了奉献出劳动,或作为发展障碍被取代或消灭。在爱德华多·加里诺那(Eduardo Galeano)论战性的拉丁美洲历史著作中,生动地勾画出了这种观点的遗产:

> 拉丁美洲是开放气质的地区。但从发现时起到我们的时代,任何事情总是变质为欧洲,或后来美国的。这样,资本就积累在遥远的权力中心。每样东西:土壤、水果、地下丰富的矿藏、人民及他们的工作和消费能

力、自然资源和人口资源……每个地区赋予了功能,永远为了那时的外国大都市的利益,这条无尽的依赖链条一直在无穷地延伸着。这个链条有着两个以上的环节。在拉丁美洲,小国家也遭到大邻国的压迫,在每个国家的边疆,都是大城市和大港口开发它们内陆食物和劳动力源泉的前沿。

(Galeano,2009)

即使独立后,南半球的农村地区仍然无序地处在从事矿产采掘、石油开发或农业食物生产的跨国公司资源开发空间的地位。南半球的农业经营活动已被吹嘘为农村发展的模式,创造了地方现代化生产和投资市场,但是农业经营也因削弱了当地农民经济和一些农业活动而遭到批评,特别是杂交种子和转基因作物的推广,已被抨击为新帝国主义(Kneen,2002;van der Ploeg,2008)。

起初,至少独立后政府通常不做改变这种状况的事情。如上所述,现代化范式认为,发展会逐步渗透到农村地区,这样就证明农村发展战略的明显缺失。国家主义领导人重视将松散的农村地区组合到新国家领土内,但是诸如大坝、新公路和土地改革那样的国家建设项目通常是会破坏农村体系,并给农村社区带来有限直接收益的自上而下的政策,在经济发展中常常会强化可视的城市指标(Potter et al.,2008)(参见专栏 5.3)。

在 20 世纪 70 年代,在世界银行这类机构所推动的"整合农村发展"的新观点框架下,出现了大量农村发展项目(Potter et al.,2008)。整合农村发展观点把农村地区视作复杂系统。在这个系统中社会和经济发展问题是有内在联系的。这个框架促进了一些计划的实施,如集中提高农业生产力计划,也包括改善农村卫生保健、教育和交通等行动项目计划,通过多重途径缓解贫困。国家是以政府干预和投资的方式实施这些目标,这样整合农村发展就形成了"尝试以整合手段将公共部门资源引导到农村发展和缓解贫困上"(Zezza et al.,2009)。然而,国家领导的方法也有其缺陷:

(整合农村发展)项目倾向于通过自上而下的途径集中设计和实施,通常不考虑地方条件,提高地方能力以及培育地方参与。这样,这些项目在生存战略中一般不具备足够的灵活性来考虑跨区域或不同家庭的差异。

(Zezza et al.,2009)

第五章　发展农村

专栏5.3　印度尼西亚的农村发展

印度尼西亚的农村发展战略轨迹说明了南半球许多国家所尝试的不同途径，以及国家和政治的意识形态在塑造农村发展原理和实践中的重要性。在荷兰殖民统治时代，印度尼西亚发展了广泛的种植园经济，生产供出口用的传统种植作物，如蔗糖、咖啡、烟草、茶和金鸡纳皮等，主要出口到欧洲，并在1870到1914年间快速增长。在20世纪早期也引进了新的橡胶、油棕榈等种植园作物。传统种植园作物的产量在20世纪10年代达到最高，在两次世界大战之间出口因世界萧条而遭到重创。

1945年独立后，新的民族主义者政府推行了与其帕卡希拉(pancasila)（即印度尼西亚独立五原则：信奉独一真神、人道主义、国家统一、民主政治、社会正义——译者注）意识形态相符合的土地改革，"宣称土地具有社会功能，因而必须由国家控制"(Kawagoe，2004)。然而，事实上，土地分配是有限的。印度尼西亚农村经济结构仍然保持着很多殖民地时代的状态，主要的结果就是停滞。

1966年以来，政府意识形态的转变造成了更加开放的经济自由化。在20世纪60年代中期到20世纪80年代，印度尼西亚的农业经历了相当大的增长，尤其食用作物如传统的粮食作物水稻。这个时期也记录了农村贫困大为减轻的情况。农村发展战略由美国培训的专家治国论者领导，进行了修复灌溉设施，加强农业推广服务（培训和建议）和实施新的农场投资信贷措施。由村落组织分配给农民进口化肥和杀虫剂的补贴金。

不过，川越(Kawagoe，2004)认为贯穿整个时期，"印度尼西亚农村发展政策的特点是广泛的国家干预，忽视传统部门，以及对市场的不信任"。粮食作物生产，特别是水稻生产得到支持，由于政府反殖民主义的情绪，忽视了像茶那样的传统出口作物。实际上，川越认为，除了水稻外，由于政府政策重视工业化，所以农业发展被边缘化了。

这种政策的一个副作用就是提高了生产棕榈油、咖啡、可可作物等小农的重要性，但缺少聚集。这意味着，小生产者在世界市场中很难找到有利交易的条件。投资在他们农场的有限资本也受到小生产者的制约，而且这也抑制了自

> 20世纪80年代以来以社区为基础的通常由非政府组织建立的小型金融组织的增长。这些也包括"银行信贷"（印度尼西亚人民银行（Bank Desa）），即不用担保可贷款给村民的银行（Shigetomi，2004）。
>
> 进一步阅读：川越（Kawagoe，2004），重富（Shigetomi，2004）

地方参与的缺失意味着，整合农村发展通常依赖于中央政府的指导与投资。因世界银行和国际货币基金组织（IMF）对债务国家进行结构调整，在20世纪80年代到20世纪90年代产生的债务危机中，国家投资日益受到挤压。这些依次成为了引进新自由主义改革的机制，意在寻求减少国家的作用。在北半球，新自由主义的兴起同样使政府和国际捐赠机构对国家干预产生怀疑，更多地关注功效和责任（Potter *et al*.，2008）。因而，非政府组织成了传递农村发展情况并受人喜爱的媒介物，例如，奥克斯法姆（Oxfam）那样的国际援助机构。非政府组织在农村社区内运作，并与地方民间社会合作，因此通过了农村发展的新观点。新观点把农村地区看作是由社区组成，主张以地方为基础及地域分异的农村发展。

（二）以社区为中心的农村发展

谢波德（Shepherd，1998）把南半球转向以社区为中心的农村发展描述为农村发展中的"新范式"，这反映了很多北半球"新型农村发展范式"的明显特征。这种范式重视"自下而上"的社区领导道路，维持地方固有资源的价格稳定，全盘看待社会、经济和环境目标的观点。正如以上讨论所指出的，在社区对自然资源管理和社会基金管理方面的成功样板使人相信，对整合农村发展模式批评的观点，出现在20世纪90年代早期世界银行转型的关键时刻（Binswanger，2007）。

然而，公平地说，新型范式须有智慧基础，特别在罗伯特·钱伯斯（Robert Chambers，1983，1993）的著作中，概述了新型范式的理论原理。尤其值得注意的是，钱伯斯认为，农村发展应该明确和重视小农场主的优先权，而不是发展参与者和研究者的优先权，换言之，应该"农民第一"。他把"参与式农村评价"（PRA）概念系统地阐述为建立社区优先权的机制（参见专栏5.4），将农村发展始点明确为"即刻传播、多样化和复杂化"（Chambers，1993）。因此，这种范式重视给农村发展提供"一篮子选择",而非蓝图,以及寻求地方传统与西洋科学的结合(Potter et al.,2008)。

> **专栏 5.4　参与式农村评价**
>
> 参与式农村评价(PRA)是由罗伯特·钱伯斯(Robert Chambers)开发的一种方法论。他是苏塞克斯(Sussex)大学发展研究院的教授,在当代南半球农村发展理论方面具有重要影响。参与式农村评价试图将钱伯斯(Chambers, 1994)提出的农村发展理论"农民第一"运用到实践中。此理论的目的就在于帮助农村社区成员评估他们的生活和条件的实际情况,明确阐述行动计划,并主动实施与监督。
>
> 参与式农村评价虽未指定任何一种方法,但提供了一系列能促进信息共享、讨论和分析的技巧,如可视化工具。像科夫和奥顿(Korf and Oughton, 2006)描述的那样,"参与式农村评价经常组织专题研讨会。大多数的农村社区都以公共论坛,或小组形式在外部仲裁人的督促下开会讨论和交换想法。信息在内部人(村民)和外部人(规划者)之间共享"。
>
> 科夫和奥顿也注意到对参与式农村评价法的评价,特别是社会学习和非强制性的信息交流(Kapoor, 2002; Leeuwis, 2000)。他们承认"似乎存在着一种假定,缺乏知识会阻碍地方的发展,而且,如果地方知识得到适当的利用,将会导致更多适合地方的解决方案"(Korf and Oughton, 2006),并且注意到,毫无疑问地处理假设中的"地方知识"与实际参与式农村评价活动的不断变化形成对比。这样,他们提议参与式农村评价应看作是谈判的过程,在这个过程中听取不同的声音并且协商结果。
>
> 进一步阅读:钱伯斯(Chambers, 1994),科夫和奥顿(Korf and Oughton, 2006)

在新型范式中,农村发展战略的制定由可持续性生计框架来做附加性说明(Neefjes, 2000; Scoones, 1998)。这采用了钱伯斯和康韦(Chambers and Conway, 1992)将生计概念化为"能力,资产(商店、资源、权利、可达性)以及谋生手段所需的活动"。他们的提议是,可持续生计就是"面对压力和打击能够应对并可从中恢复,维持或加强其自身能力和资产,并为下一代提供可持续生计的机会;并在长期和短期内为地方和全球尺度的其他生计贡献纯收益"。可持续生计框架为理解影响人类、自然、物质、社会和包含个体生计资产及其获得可持续生计能力的金融资本间所构成的不同因素之间的相互作用,提供了一种分析工具(Neefjes,2000;Potter et al.,2008)。这样做,就能为改善个体生活水平的农村发展目标提供决策信息,因此,也能帮助这一范式明确北半球内生式发展的实质。

与北半球内生式发展的实施相比,新范式面对的一个重要挑战是,在南半球很多地区,地方尺度的制度相对弱化,称为"制度真空"(Zezza et al.,2009)。制度上基础设施的牢固本质也是农村发展战略的目标。这不仅要提高当地政府结构,也要建立民间社会村落组织和生产者联盟。例如,伯纳德等(Bernard et al.,2008)记录了布基纳法索的村落组织的存在情况。从1982年占村庄的22%上升到2002年的91%。同一时期,在塞内加尔,每个村庄至少有一个村落组织的比例从10%上升到65%。这些村落组织的形式和关注点多种多样,既包括市场导向型组织和活动,如加工和营销、牲畜饲养和畜牧业、园艺、棉花生产和手工艺,也包括社区导向型的组织,如信贷提供、集体谷物储藏库管理、环境管理、水管理,以及体育和社会活动组织。

地方制度对农村发展实际收益的贡献是明显的,然而也更混合。谢思等(Haese et al.,2005)描述了南非特兰斯凯(Transkei)一家地方养羊售毛者协会是如何通过集体行动帮助农民降低成本来增加收入。不过,伯纳德等(Bernard et al.,2008)注意到,一些地方机构因腐败和排斥贫穷社区成员受到批评。参照布基纳法索和塞内加尔的情况,他们的报告说,村落组织已成为政府和救助到达贫穷农村的主要渠道,但他们的结论是,"制度上的富足并未转化成实际的能造成农村发展差异并支持小规模农户竞争力的物质利益"。

根据定义,在新型范式中农村发展的创新性注重一系列焦点问题,对地方的优先事项做出反应。虽然这种观点最初支持利用地方资源和维持补助价格,但却给北半球内生式发展模式蒙上了阴影。许多行动关系到农业改良,符合农业经济中心性和提高营养与食物安全的需要,以及进入外部市场的机会。其他的行动可以重视地方文化和环境资源。例如,杰克依威克兹(Jackiewicz,2006)记录了哥斯达黎加克夫拉达格(Quebrada Grande)一个村落社区自发成立的协会,如以保护绿金刚鹦鹉和仅由妇女经营的养鱼场合作社为基础的生态旅游事业。

在这类自发活动中自然环境可持续的商品化特别有意义，因为它表现出更深入的观点转变，把南半球的自然表现为一种需要管理和保护的资产，而不是当作一种可供榨取和开发的资源。这反映出，全球可持续目标需要南半球资源环境保护意识的增长。如果可以说服社区，保护环境和野生动物比开发活动有更大的经济利益可得，那么这就是最好的收获。支持这种途径的一些自发项目已经建立，一般将此称为对环境服务的偿付(Engel et al.，2008)。津巴布韦的篝火项目就是一个样本，通过这个项目农村当局把接近野生动物的权利出售给经营游猎旅行和生态旅游的企业。设计这个项目是为"促进津巴布韦集体农业地带的长期发展、管理和可持续利用自然资源"(Frost and Bond，2008)，授予农村社区监管野生动物资源的权力，从野生动物的利用中获得收益。通过这个项目，狩猎旅游和生态旅游成了该地区社区的主要收入来源，也为可持续的资源管理创造了激励机制。

以社区为中心的农村发展途径已对南半球农村发展观点与实践的改变产生重大影响，不过它们尚未取得全球性的应用，也并非完美。由于北半球内生式农村发展，这个范式的长期功效已得到证明。对于任何成功的评述都是对农村社区恰当的和精确的描述，因此，评述的兴趣和工作，以及农村发展观点框架仍然是重要的。有趣的是比宾顿(Bebbington，1999)认为，拉丁美洲边缘地区农村发展计划失败的一个原因是"他们简直误解了人们做事所采取的方式和把事情做好的途径"。特别是，比宾顿认为"主要的问题是，干预工作继续认为不断地把农村生计归结于以农业文化和自然资源为基础的战略类别是世界的方式(同上)"。克服这样的问题可能要用可持续生活框架模式，但它们也说明了乡村性观点在农村发展中的力量，以及误解了农村发展战略观点的危险。

五、结语

农村发展的路径在20世纪已逐渐发展起来。随着政治意识形态、经济条件、发展与专业人员的尝试和错误的实验以及制度的学习而发生转变。农村发展战略的变化也反映了乡村性观点框架的转变，因此，在理解农村地区面临的挑战和能力方面，构建了对农村地区未来的展望。现代化范式，即按照城市在向"现代"进步的水平、技术进步、工业化经济和社会方面,把农村地区概念化为落后于城市地区,现代化范式在北半球和南半球均已让位于重视自下而上的内生式发展的新型范式,包括地方人员和利用地方资源(尽管在许多地区现代化观念对农村发展仍具有影响,特别是像中国和印度那样正在工业化的国家)。

一方面,这个转变已使农村地区的分异显性化。北半球和南半球的新型农村发展范式都认识到,农村地区由许多不同的社区所组成,每个社区都有自己行动的特性、需要、抱负和能力。农村发展战略不再是强加这些发展的方案和蓝图,而是帮助农村社区确定它们自己的目标和实施它们自己的发展计划。这种转变在本质上反映了对农村地区观念框架的重大改变。农村被描绘为正在由需要帮助的"落后"地区变为能干的、自力更生的有自我发展能力的地区。

同时,农村发展的新道路也强调了农村地区的内部联系。这在某种程度上承认将全球的农村地方深化和整合到全球网络中去;但是,在更高的观念层次上,它也反映出不同的农村地区可以分享相似经验的思想,因而也能相互鼓舞。例如,地方之间相互学习的概念已成为农村发展联合行动(LEADER)方案中激励内生式发展行动的中心元素(High and Nemes,2007;Ray,2001)。然而,人们也日益认识到北半球和南半球农村社区之间的观念和榜样的传播潜力,并且反之亦然。

北半球和南半球农村发展的范围通常是分开的,主要是因为所面临的问题有明显不同之处。然而,北半球农村发展的挑战是帮助农村地区调整农业和其他曾经是主粮产业的谷物生产的不断下降。南半球农村发展的挑战更为严峻:在很多发展中国家至少三分之一的农村人口生活在国家规定的贫困线以下(在一些国家这个比例上升到农村人口的二分之一以上)(Potter et al.,2008),而且还普遍存在着慢性营养不良、疾病、缺少清洁用水供应的问题;农业,如口粮农业,仍是大多数农村地区的主导经济。

但是,尽管存在这些差异,在南北半球之间也存在着观念和方法交流的共性与机会,这点可由三个案例说明。第一,北半球和南半球都将支付环境服务作为可持续发展战略的一部分,在南北半球都接受了生态旅游模式(Engel et al.,2008)。第二,当以社区为中心的农村发展方式在南半球扎根时,对以农村发展联合行动方案为代表的重视地域发展模式的兴趣越来越浓烈,特别是在拉丁美洲(Zeeza et al.,2009)。第三,当北半球的农村发展参与者与克服社区内对边缘化群体的排斥做斗争时，像科夫和奥顿（Korf and Oughton,2006）这样的学者认为，在欧洲农村发展中，参与式农村评价观念和可持续生计的实施是有范围的。

农村发展应该被看作是不同地方和外部行动者与要素同时出现的偶然的动态过程。因此它是一个有内在联系的政治过程，包括对乡村性观念框架、社区要求和农村未来展望的持续性协商和争论的要点。

六、进一步阅读

大多数农村发展的文献不是关注北半球就是关注南半球，几乎没有从事两方面研究的论文和书籍。本尼迪克·科夫和伊丽莎白·奥顿（Benedikt Korf and Elizabeth Oughton）发表在《农村研究杂志》（2006）的论文提出了欧洲能从南半球学到什么的问题是唯一一篇涉及两方面的文章。罗伯特·波特（Robert Potter）、托尼·宾斯（Tony Binns）、珍妮弗·埃利奥特（Jennifer Elliott）和大卫·史密斯（David Smith）所著的《发展地理学》（2008）是有关南半球农村发展趋势和挑战的很好的介绍性综述，由埃尔伯托·齐扎（Alberto Zezza）和同事们在《世界开发》（2009）上发表。该论文是一篇有关北半球农村发展的几个关键问题和南半球农村发展争论的最新的出色讨论。如本章提到，最近北半球农村发展范式的转变很大程度上受罗伯特·钱伯斯（Robert Chambers）工作的影响，尤其是《农村发展：把最后的放在第一》（1983）的著作，和《挑战专业：农村发展前沿》（1993），这是好的开始。对于北半球，简·道范德·普勒格（Jan Douwe van der Ploeg）和同事们在《乡村社会学》发表的论文是对新农村范式的一般性介绍。两篇发表在《农村社会学》上更加深入的研究论文提供了在内生式发展现实中易于理解的案例，这两个案例的证据均来自威尔士。除此，莫亚·尼夫塞（Moya Kneafsey）、布赖恩·意波利（Brian Ilbery）和蒂姆·詹金（Tim Jenkins）（2001）探索了西威尔士"文化经济"的稳定性，劳伦斯·基钦和特里·马斯登（Lawrence Kitchen and Terry Marsden,2009）讨论了农村生态经济的发展。

第六章 生活在农村

一、引言

第一章介绍了哈夫克里农村空间的三重模型,模型中的第三维由农村的日常生活构成,即与乡村性和农村地方的空间表现相互作用的正常表现。农村的日常生活由农村地区的社会经济结构决定,并且充满了乡村性现象。但是正如哈夫克里所论,这些方面"从来没有完全掩盖日常生活经验"(Halfacree, 2006: 51-52)。生活在农村地区的人们通过他们自己的习俗和表现(第七章将有深入讨论),通过他们的生活方式选择,以及通过他们与其他人类和非人类的农村居民的相互影响来创造农村。

个体生活在农村中的经验是非常不同的。农村田园诗画(参见第二章)所展望的生活方式或许只能被少数幸运的人享用。但是,对全球大部分农村居民而言,生活则仍将是与日常问题的一场斗争,如工作和家庭生活的需要,或金钱、健康、犯罪、孤独和疏离。在许多情况下,农村居民的生活方式可能看上去与城市居民的生活方式有很少不同。在其他情况下,农村聚落造就了诸如孤独、缺乏就业机会、一致化的压力,或取得主要服务的困难等自身特有的问题。在南半球社区所经历的农村生活的含义和北半球更富裕的农村地区的含义之间存在着很大不同。即使是在单独的农村社区,农村生活也可以用不同方式解释和体验:一些人珍视,另一些人憎恶。

本章考察了被概念化和经验化了的农村生活方式,还考察了农村生活的概念是如何通过结构变化的进程而瓦解和重构。第二节讨论社区理念的重要性以及从属于农村生活遭到破坏性建构的地方,并且研究了这些概念在农村居民的生活中是如何实际表现的。第一节注意到,"农村社区"的概念在传统上业已与稳定性、内

第六章 生活在农村

聚力以及安全性联系在一起,而且也认识到,这一概念也有其阴暗的一面,并且紧密联系的农村社区亦可再生不平等的权力关系和强制顺从,排除了被视为不适应者或表现出异常特征或行为的人。

正像传统所想象的那样,本章的第三节思考了农村社区由于社会和经济结构的调整,如迁出与迁入人口的影响而出现的不稳定性的某些方式。特别是,该节聚焦于欧洲和北美的逆城镇化影响,考察了迁入者融入农村社区和对此地产生依附感的动力,并且探讨了产生于长久居民和新居民之间关于社区认同和农村生活方面潜在的紧张关系。随后的一节调查研究了流动的和短暂的农村社区的兴起。这些社区对于固定的农村地方的依附是有限的,包括第二家所有者和移民工人。此外,一种观点认为,农村人口增长的流动性扩展了农村社区的空间表达,产生了可以跨地方甚至跨国界的新型结构。例如,通过那些保留着与他们家乡农村社区相同特点的城镇和城市甚至外国的农村移民工人。

本章的最后一节认识到,人不仅是农村地区的唯一居民。农村空间是由动植物群落共享的,并且与自然共处是农村生活分散建构的一部分。本章还讨论了农村社区如何学会与自然相处,包括大型食肉动物,以及非人类生命如何在乡村内塑造它们自己的领地。

二、社区、归属和农村地方

(一) 概念化农村社区

社区的概念一直是农村生活的同义语。20 世纪早期,当农村社会学者着力提炼区别于城市社会的农村社会本质时(农村地理学学者在很大程度上用相同的方式试图定义农村空间的特点(参见第二章)),他们可以根据稳定和结构化的共同体,反复回到把乡村性与社会互动形态一致的理论上。这项工作受到德国社会学家费迪南德·唐尼思(Ferdinand Tönnies)所做的礼俗社会和法理社会之间对比研究的强烈影响。这是两种可选择的不同社会组织形态。他的著作出版于 1887 年。在唐尼思模式中,礼俗社会(gemeinschaft)和法理社会(gesellschaft)是两种不同形态的社会组织。礼俗社会指的是基于相互约束的社会组织团体,有共同约定、团结精神和集体目标。而法理社会被描述成基于个人主义的社会组织,在支持个人目标中拥有集体认同和长久维持它们作为工具目的的行动(Tönnies,1963)。

唐尼思认为法理社会具有现代城市社会的结构,因此,其含义是,将礼俗社会作为更传统的农村地区特征。然而,唐尼思自己并不认为礼俗社会和法理社会可以分辨农村和城市社会结构形态特点,而是在讨论家庭单元和前现代的邻里关系(可以是城市也可以是农村),作为礼俗社会的样本。后来汲取了唐尼思观点的农村社会学家和农村地理学家,提出了"定居模式分类法"(Newby,1977)。在这个模式中,通过礼俗社会或社区对农村定居给出了定义(Panelli,2006)。正如帕内尔利(Panelli,2006)所观察到的那样,这种有关农村社区的观点强烈影响了20世纪50年代到20世纪60年代期间英格兰农村社区实体的研究(参见 Frankenberg,1966),并与诸如路易斯·沃思(Louis Wirth)那样的社会学家的贡献一起,发展了农村和城市生活的二分法,这个二分法反映了速记符号或与城市社会相对的农村社区。例如,沃思(Wirth,1938)曾认为城市生活是动态的、不稳定的和没有人情味的社会关系,而农村生活则是稳定的、整体的和分层的社区,不同背景的人也有同样的接触。

莱品斯(Liepins,2000a)把这些农村社区早期概念化的研究尝试描述为落入结构功能主义的方法,或是人种志学的观点。结构功能主义者把农村社区视作"根据观察的特点(功能)和明显的目的,具有相对分离的和稳定的现象",例如,在唐尼思的礼俗社会模型中的那种结构特点。因此,根据这种观点所做的农村社区研究就订立了观察和记录这些预期的结构特点。与此形成鲜明对照的是,采用人种志学方法的研究,并未假定预设的结构形式的存在,而是通过"详细描述'可靠的'生存经验和关系",寻求记录社区"真实的"存在和实践。然而,莱品斯(之后也称作帕内尔利)注意到,在把有特色的结构形式或"可靠的"实践归属于"社区"概念时,这些方法都会面临着困难,并且因此受到广泛的质疑和批评。它们被批评为"描述的、静态的、均匀的、传统的、不科学的、抽象经验主义的,甚至是前现代的"(Panelli,2006)。

任何解释力的剥夺,"社区"在农村研究中都会退到纯粹的描述性的术语,表示"调查的尺度或社会集体的一个松散而具体的意义"(Liepins,2000a)。仅仅随着20世纪80年代后期和20世纪90年代的文化转向,在农村研究中,社区意义重新

第六章 生活在农村

燃起了学者们的兴趣。随着新方法的出现,"社区"才被概念化为象征性的和社会概念。这种方法受到人类学象征主义的交互作用论影响很大,特别安东尼·科恩(Anthony Cohen,1985)的工作。他论述道:

> 被其成员感受到的"社区",并未在社会结构或通常的社会行为中形成。它是在本质上的而非在观念里的。正是在这个意义上,我们才可以把"社区"说成是象征性的,而非结构性的构建。
>
> (Cohen,1985)

对社区作为社会建构的重视与1990年对农村认同与生活方式的多重性兴趣的增长一致(可参见Cloke and Little,1997),因此,社区与农村认同之间的联系、农村社区重叠的存在,以及农村社区的一些想象的排斥性特征都促进了对有争议社区的研究,这些将在本章进一步讨论。

然而,由于以社区的象征性本质为重点,文化的方法不看重社区的物质性,例如,在其地域表述,它的制度和聚会地点,以及它的实践和绩效上均是如此。

因此,莱品斯(Liepins,2000a,2000b)提出了一个新的概念化的社区,包含社区物质和空间方面的内容,以及通过社区所展示和再创的文化含义和参与建设。在这个模式中,社区被理解为"一个建立起人文联系的社会,包括文化、物质和政治范围"(Liepins,2000a),含义、参与、空间及结构的妥协(图6.1)。

如图6.1所示,莱品斯把人置于社区的中心,因为社区是由人组成的,但是单纯人的集合本身并不能组成一个社区。相反,一个社区则必须具有含义,这个含义构成了社区的象征性结构。社区的这些含义,虽然不是自由漂浮的,而是具体体现在社区空间和结构上,特别是体现在社区的参与上。反过来,社区的参与又能使得社区的含义得以传播和发出挑战。例如,"通过通信和会议对含义与记忆的传播"或"在地方商店或诊所的商品和服务的交换"(Liepins,2000a),揭示了农村社区动态的和有争议性的本质。这样的参与出现在社区的空间和结构中,而且在塑造着这些空间与结构,包括像学校、会所、酒吧这类"人们在社区聚会时"聚集的地点(同上)。因此,空间和结构使得含义物化,并影响到参与的产生。社区的每个维度都具有其他维度的偶然性。

莱品斯的模型研究了农村社区的模式具有清晰的方法论含义。第一,通过塑造、再塑造和争论农村社区的含义,具有考察文献、描述和提出讨论的必要。第二,社区参与和表现的方式应该予以研究,既要注意舞台的表演和礼俗仪式,也要重视日常的相互影响(参见第七章对更多农村社区表现的理解)。第三,必须编制农村社区空间和结构的地图并加以研究,应包括社区商店和学校相互作用的正式地点,而且也该包括社区可以公布的非正式的空间和结构。另外,通过地理案例研究的现场调查,莱品斯的研究强调对如何构成社区的各方面进行整合与全面的分析。

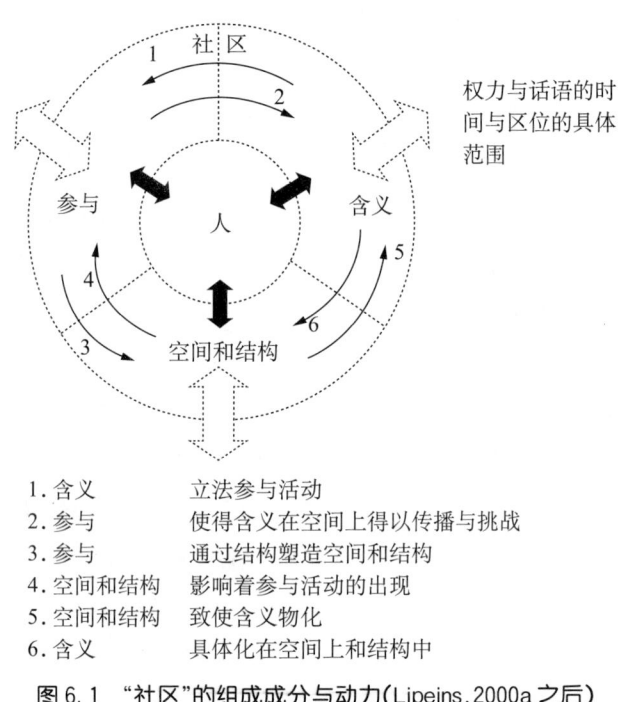

1. 含义　　　　立法参与活动
2. 参与　　　　使得含义在空间上得以传播与挑战
3. 参与　　　　通过结构塑造空间和结构
4. 空间和结构　影响着参与活动的出现
5. 空间和结构　致使含义物化
6. 含义　　　　具体化在空间上和结构中

图 6.1 "社区"的组成成分与动力(Lipeins,2000a 之后)

莱品斯(Liepins,2000b)用澳大利亚(迪厄灵加(Duaringa)和纽斯特德(Newstead))和新西兰(库劳(Kurow))的三个农村社区案例研究给予说明。在研究中利用参与行动探讨了地方居民的紧密结合,她展示了这三个城镇社区的含义、参与以及空间与结构的相互联系。例如,迪厄灵加位于昆士兰中部,是一个拥有食用牛和谷物农场同时人口少于 500 的城镇。社区的含义是紧密与农业相联系,也是贯穿整个社区,如布拉拉马(Bullarama)社区正在实施的活动。正如莱品斯总结的那样,在迪厄灵加社区的含义和参与是互相构成的要素:

根据服务、支持周边农业财产和家庭,迪厄灵加已在某种程度上被描述为"农耕社区"。这些含义使周边如布拉拉马,罗德奥俱乐部(Rodeo Club)的活动和为飞行医生(Flying Doctors)筹集的慈善基金活动合法化。在每个案例中,与这些活动相关的具体志愿工作和社会活动均包含在迪厄灵加人员的"农耕社区"的流动含义之中。

(Liepins,2000b)

另外,迪厄灵加的社区也通过像学校、邮局那样的主要地点与基本上是分散的农业人口的互动,突出了社区空间和结构的重要性。因此,社区实践活动体现在社区空间和结构之中,反过来塑造了怎样规定实践活动,并非是因为空间和结构受到性别和其他权力关系的扭曲:

> 在迪厄灵加所有被访者都提到了高尔夫俱乐部和乡村妇女协会会所作为重要地点的重要性。它们为"社区"活动和实践提供了社会空间……然而,采访和观察表明,这些地点都不是中立的物理空间。的确,妇女协会会所被看作是被当地妇女控制和管理的地点,而高尔夫俱乐部则通常被看作是男性的地点,因为饮酒会发生在酒吧里……在这两个案例里"社区"地点塑造了活动的类型(体育或者服务)以及所产生的性别活动。

(Liepins,2000b)

(二) 农村社区和归属感

将社区的各种元素粘合在一起的是归属概念。农村社区中归属感有两种方式。第一,它表现在感觉方面,即社区成员的感觉是相互的,他们分享共同的一致性,参加相同的实践活动,彼此支持,因而属于同一社区。第二,归属也与对一地的归属感联系在一起,那是一种与特定地域表述相联系的特定社区(相片6.1)。

尽管莱品斯/帕内尔利(Liepins/Panelli)没有清晰地讨论归属问题,但是归属感对于社区和地方的重要性在莱品斯(Liepins,2000b)的案例研究中是明显的。所有三个地区的回答均把社区与社会互动、参与分享的活动、互相帮助联系在一起;但是答案也能分辨出社区物质空间地区中的地点,包括诸如河流和桥梁那样的基础设施,以及更明显的学校、会所和酒吧。例如,迪厄灵加的一位居民,就挑选了"每个人都必须经过的"桥梁(Liepins,2000b)。

尼尔和沃尔特斯(Neal and Walters,2008)在英国农村对妇女协会(WI)和青

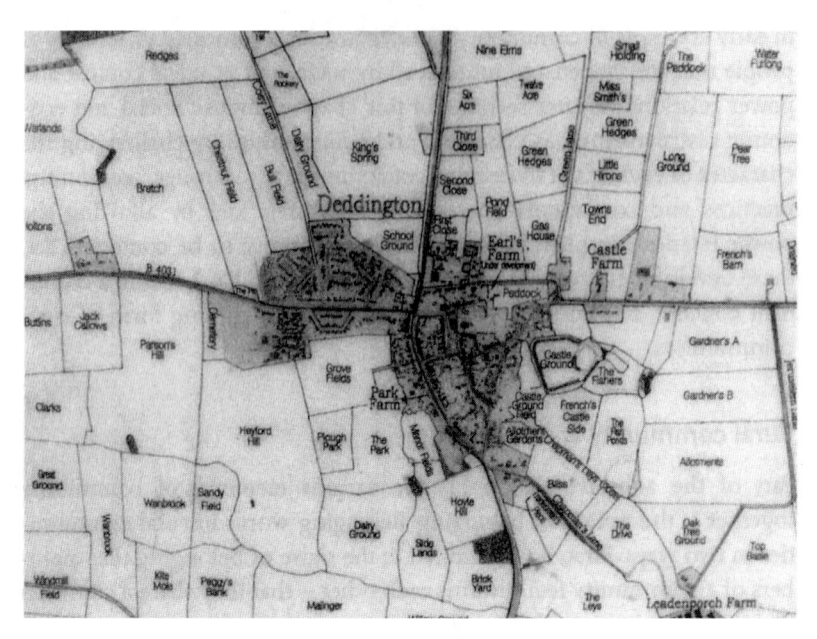

相片 6.1 社区与范围：英格兰牛津郡德丁顿教区地图

年农民俱乐部（YFC）做了社区实践活动场所的相似观察。他们的工作表明，对这类组织的归属与对社区的归属是紧密相连的，因而，在那里成员就是完全成为他们所在的或从属的具有独特想象的地理学场所（Neal and Walters，2008）。像妇女协会和青年农民俱乐部这类团体就为交际提供了可以巩固归属感的场所，但它们也发挥了促进社区责任、保健与社会活动的作用。尼尔和沃尔特斯记录到，当人们谈论社区活动时，这些捆绑在一起的不同活动都是关于归属方式的。而且，尼尔和沃尔特斯认为，妇女协会和青年农民俱乐部尤其改变了社区活动的农村形式，它们的作用就是植入一地的归属。为青年农民俱乐部成员提供具体的参考，他们这样写道：

> 从这些谈话中浮现的就是在场所、社会和社区之间的一系列均等性。青年农民俱乐部创建了年轻人展现特殊农村行为的社会空间……正是在这些社会空间产生着社区的生产和对社区的维护。
>
> （Neal and Walters，2008）

这里的社区不仅仅要通过社区实践的物理场所与地方联系在一起，也要通过根植于地方的活动特质联系在一起。因而，场所的归属感不仅是对地标的熟悉和对边界的识别,也包含着对一个地方之约束及自然更深的了解。在农村环境中,通常由突出以农业为主的社区含义构成。不过在北半球大部分地区,农业仅雇用了农村人口中的一小部分,这样的交往提高了对农村社区的怀旧和防御性的渲染。对农村社区的勾画恰与无根和无名的现代社会相对应,就像美国的"新平均地权运动"那样(参见专栏6.1)。

> **专栏6.1 新平均地权论**
>
> 自从建立联邦以来,平均地权论一直是美国有影响力的政治哲学,并且通常与托马斯·杰斐逊(Thomas Jefferson)的主张有关。"地球上的耕作者是最有价值的公民。他们精力最充沛、最具独立性、最有道德,他们是和他们的故乡联系在一起的,并且由最长期的契约与自由和兴趣结为一体。"平均地权论的核心宗旨主张通过土壤的耕作保持农民与自然的直接联系,培养诸如勇气、荣誉和道德操守。农村社区就根植于这片充分与美国原则如自立和独立等原则黏结在一起的土地上。
>
> 平均地权思想在20世纪早期很流行,但它所赞成的家庭农场因产业化农业的扩张而被边缘化。新平均地权论则是与一些学者提出的观念主体相关的,如温德尔·贝里(Wendell Berry)、韦斯·杰克逊(Wes Jackson)和吉恩·洛格斯登(Gene Logsdon),并受到了奥尔多·利奥波德(Aldo Leopold)早期著作的影响。他的理论形成于20世纪70年代。新平均地权论者重申了社区和地点之间联系意义的重要性,例如,利文斯顿(Livingston,1996)认为"社区的含义最为简单地指出了一种认识,即社区同时是社会和地方"。然而,新平均地权论者则认为现代社会已失去了这种联系:
>
>> 没有对其工具价值的热爱和充分认识,土地仍然更可能是为人所有的而非是认知的、控制的。我们中的很多人都是我们称之为家园景观中的造访者,也是另一时期内被恰当称之为我邻居的人。
>>
>> (Vitek,1996)
>
> 这样,新平均地权论者提出要对景观和地方有新的发现,支持小规模的农业和可持续的耕种方法、地方食物系统,以及以周边耕作为基础的农村社区的再生。因此,新平均地权论与"返回土地"及有机运动表述的进步观念产生共

鸣,但它的重点在强调基督教的美德、有秩序的社区、传统的价值及小规模的农业资本主义,以及对盎格鲁农民定居者怀旧模式的尊敬。这意味着它通常与社区保守主义政策联系在一起。

进一步阅读:贝里(Berry,2009),维泰克和杰克逊(Vitek and Jackson,1996)。

然而,这种农村社区与场地归属更进一步的接合,能在苏格兰北部的小农场社区中找到。正像马更些(Mackenzie,2004,2006a,2006b)记录的那样,这些社区的含义可用建立在小规模耕作基础上的小农场的实践以及社会体系予以说明。小农场具有耕种其土地的集体的和继承的权力,但没有土地的所有权。小农场本身是在18世纪到19世纪高地大开发的历史遗迹上形成的。在这场大开发中,允许小农场主被贵族庄园圈占的土地所替代(Mackenzie,2004)。因此,社区实体和归属则通过历史文献及通过同时代的实践以法律形式规定下来,在同时代的实践活动中,"土地集体权力则是通过共同牧场牧羊和管理等日常基础宣称的"(Mackenzie,2004)。这样,马更些的观察如下:

> 同时,通过过去和现在的讲述、集体、社区、主观表现,制作了可视化的集体权。通过可回想起过去,并重新唤起现在的日常活动,如谈话、说笑、争论、跳舞,实体和归属的边界重新划定。
>
> (Mackenzie,2004)

马更些认为,这些实践活动的活力和偶然性的本质意味着,社区成员资格比起历史文献所表明的更是变动不居。社区的归属感是"获得的而非通过一些基本标识"(同上)所有的。

由于为小农场社区创造了开始参与2003年土地改革法案(苏格兰)的机会,此法案给予社区购买它们所占据土地的"购买权",所以社区及归属的必要协商就具有了新的意义。这项法案就给予社区购买它们所占据土地的"购买权"。马更些(Mackenzie,2006a)记录了哈里斯岛上北哈里斯社区的地产购买。这次购买既要再思考社区以及社区与土地的联系,也要按照建立购买和随后土地管理的原则,考虑定义新土地所有者社区信托成员资格。呈现的则是根据土地集体权的小农场原则的社区联系,而且因权力的"继承与推定"而得到重新安排(Mackenzie,2006a)。如马更些记录到,社区的这种再联结方式与私有化和全球化的普遍观点形成鲜明对照,并随后成为北哈里斯信托地产管理中的指导原则(Mackenzie,2006b)。

(三) 排他的农村社区

归属感概念有助于将农村社区联结在一起,并可创造能使社区集体运作的"社会资本",但也对注定没有"归属"的人与活动暗示着排斥。源于特定地域归属感,并强调居住和实践活动连续性附着在农村社区上的含义可滋生对外来者的怀疑和不信任。这包含着种族和人种歧视与冲突,不同人种群体的背景代表着无归属感,并且是对种族同质性农村社区的稳定性和黏合性的威胁。例如,赫巴德(Hubbard,2005)描述了英国白人主导的农村社区反对建设政治避难者收容中心;而在欧洲很多地方,罗马和"新时代漂流者"(Roma and New Age Traveller)一直被斥责为罪犯,并受到排斥,感受到他们的流动性和不同文化的威胁(Sibley,1997;Vanderbeck,2003)。这些行动要求保护农村社区的"纯洁性",但它们遭到了虚构的故事而非现实的误解。例如,将欧洲农村、澳大利亚农村和北美农村大部分地区都描写成"白人"的空间(Agyeman and Spooner,1997;Vanderbeck,2006),就忽视了美国和澳大利亚的土著居民,掩盖了欧洲农村非白人的历史存在(Bressey,2009)。

居住在农村社区的少数民族常常经历边缘化和牺牲(Chakraborti and Garland,2004)。在极端的案例中,他们遭受种族虐待和种族主义者的攻击,但更常见的是,他们是"不公开种族主义"的受害者,如在农村环境中的"行为、傲慢、歪曲和传统"这些非公开的伤害否定人的肤色和特殊文化特征,为"适合"而展现出包括否定种族特征的生活方式选择(Cloke,2004)。少数民族居民会发现他们直接或间接地被排斥在社区所实行的社会网络和实践活动之外,正像泰勒(Tyler,2006)所描述的那样,在英国莱斯特郡(Leicestershire)村庄居住的亚洲家庭完全没有归属意识。

这样,社区的习俗也受到排斥,特别在这些活动与宗教或饮酒那样的文化活动相联系时。正像加兰和查克拉博蒂(Garland and Chakraborti,2004)在英国农村观察到的那样,"习惯性"造访乡下酒馆,特别是周日访问,也会对那些信仰不该饮酒的人造成问题。而且，农村社区的活动和节事也通常带有性别陈规旧习（Hughes，1997；Liepins，2000a；Neal and Walters，2008）和异性恋行为规矩（Little，2003）。不符合这些期望的行为就不能被社区所接纳。试图在可将社区实践活动连接起来的可选择社区里建立可供选择的空间或许会成为它们是否"属于"社区的冲突焦点，正如戈尔曼-默里等（Gorman-Murray et al.，2008）所描述的澳大利亚戴尔福斯德（Daylesford）小镇的男女同性恋节庆的案例。

社区生活空间和结构控制也会促进社区内行为以及那些被认为没有归属事物的管理。尼尔和沃尔特斯（Neal and Walters，2007）的评论认为，维持社区情感的日常实践活动包括"对邻里认知概念、正式与非正式观察以及监察过程重要性的强烈依赖"。他们记录到，监视通常被积极地构建，"监视确认那些在社区边界引起注意的人的身份，并注意那些在这些边界之外的人"，像邻里联防那样的监督结构本身就可能成为社区建设的实践活动。

监督也具有下列功能，强化农村社区内的一致性和对乡村田园生活带来破坏的警察活动，而非必然是非法的和威胁的。求得行为的一致和规矩的压力尤其会被年轻人感觉到，诸如他们聚集在公共场所或在人行道上玩滑板这样的日常活动，可能被其他社区成员看作为破坏性和威胁性的活动（Panelli et al.，2002；Rye，2006）。然而，对于青年人的归属感，莱申（Leyshon，2008）给出了一种更加复杂的情景。青年人倾向于再现成年人那样的农村社区话题。他们常常会欣赏源于强烈社区感的安全性和相互帮助。而且，农村社区的青年人（成年人）擅于在视线外检测到规则的边界，发现边缘空间为他们自己所用，或做不正常活动（吸烟、饮酒、吸毒、非一致性行为）（Neal and Walters，2007；Panelli et al.，2002）。以这种方式，年轻人积极参与到农村社区建设当中。

（四）农村贫困与剥夺

当农村社区归属感和内含物的协商成为贫穷和剥夺的问题时，则是非常敏感的。在世界的大多数地区，贫困被看作是农村地区普遍和持续存在的。的确，农村贫困是南方（南半球不发达国家——译者注）农村向城市移住的主要推动力（Lynch，2005）。然而，在更加繁荣的北方国家（发达国家——译者注），这种认识却是相反的。米尔本（Milbourne，2004）的观察是，"城市已经呈现'自然的'贫困区状态"。这反映了贫穷在城市地区更为集中。农村田园生活神话势力在乡村更为集中。实际上,美国农村的贫困率是比较高的(2000年为14.8%),比大都市的郡(11.9%)要高(Lichter and Johnson,2007)。在20世纪90年代英国和威尔士进行的几个农村案例研究中,对那里的实际贫困率也进行了测定(Milbourne,2004)。

然而,认知强度虽则如此,许多被客观地分类为生活在贫困中的农村居民却拒绝承认他们社区剥夺的现实。例如,在英国诺丁汉郡(Nottinghamshire)某区,接近五分之二的家庭在普遍认同的贫困标准之下。在贫困家庭中,仅仅21%的居民和15%的贫困家庭的居民承认他们地区的剥夺贫困(参见表6.1)(Milbourne,2004)。同样,农村社区精英群体接受了解释贫困存在的讲述,把它作为选择或个人失败的事。劳森等(Lawson et al.,2008)公布了在爱达荷和蒙大拿等地的案例研究,报告称:

> 贫困的白人通常也如反正规机构和拒绝帮助的人那样把他们的穷困解释为生活方式的选择,他们不需要可得到的(农场)工作。拉丁美洲的穷人也被视作无价值的人、罪犯或具有威胁的人、乐于干辛劳至极且低工资工作的人,以及贫穷而要耗尽公共资源的人。这些对贫困主题的理解模糊了市场政策的失败以及通过强化非正常和失败的贫困人口增强了社区的凝聚力。
>
> (Lawson et al.,2008)

表6.1 1990—991年所选英国农村案例研究区的贫困率和剥夺的百分比(克洛克等(Cloke, et al.,1995);米尔本(Milbourne,2004))

研究地区	收入低于收入维持权140%的家庭(%)	承认在当地存在剥夺的回答	
		所有回答者(%)	贫困家庭的回答者(%)
诺丁汉郡	39.2	21.0	15.0
德文郡	34.4	43.9	45.5
埃塞克斯郡	29.5	29.3	38.5
北约克夏郡	22.0	46.2	22.2
北安普敦郡	14.8	25.1	25.0
柴郡	12.8	32.1	20.0

同时,研究中的精英回答再现了抹去贫困地方的假象,呈现出社区未留下贫困空间的方式,将真正的地方居民描述为拒绝救助的艰难前线个体。他声称贫困"只是瞬间的过客"(Lawson et al.,2008)。就像舍曼(Sherman,2006)所展现的加利福尼亚一个小社区内的情形那样,这样的陈述构筑了可抑制应对农村居民经历贫困的战略道德框架。正如社区居民须承担巨大社会压力维持他们的文化准则和"用主流的方式行动"那样,他们也要根据所熟知的不同选择的道德资本对应策略做出个人的决定。这就导致一些更贫困的居民拒绝接受像福利支付那样的策略,以支持"道德上的接受"途径,特别是要接受卑微支付的工作和种植他们自己的食物。

在更为广泛地认识到农村贫困的国家,对贫困含义解释的不同存在于农村居民和外部行动者之间,如政府机构和救助机构。例如,卡迪季等(Kadigi et al.,2007)报道说,当问到坦桑尼亚农村贫穷居民贫困对他们意味着什么时,他们强调的并不是收入,而是"无形的资产",如健康、能读能写,以及他们对社区其他成员的话语权。舒宾(Shubin,2007)的认识与此相似,他认为俄罗斯的农村贫困应理解为关系性或网络性情况:

> 贫困可视为不同事件的融合,并通过人员参与或不参与的不同联系以及错误联系表现出来。贫困是孤独和隔绝的,但它也要融入救助体系之中,因为人们懂得如打柴或交换农产品这样地方象征性的实践活动。贫困不是根据收入或间接因素的简单分类,而是建立在村内复杂的关系网中。大部分贫困体验是网络化的:所有像面包和退休金这类物质项目,以及像医疗救助类等非物质服务,包括第二家业主(dachniki)(娘家或婆家——译者注)的帮助,和缺乏家庭的帮助,都会在地方交往网络中再现。

(Shubin,2007)

这样,被剥夺了的农村居民拟订了着重社区中关系的应对战略,依次形成对俄罗斯农村何谓贫困的自我认识,并形成对"保留"和"不保留"贫困的集体讨论。讨论依据符合以农业中心为主导的对贫穷的表述。

三、重塑农村社区

如上节所述,农村社区并非如早期理论认为的那样是稳定的、静态的、均质的。事实上,可以这样说,在同样的农村地域,有很多重叠和多数的农村社区共同存在,有时要共享相互作用和活动的空间,有时要争夺空间。因此,农村社区是动态的并具有偶然性的,且是长久包含在社会和经济重组的环境中。尤其是,农村社区的构成一直受到农村社会日益增强的流动性挑战,这至少有三种表现。第一,增强的移动性与农村社区人口外迁有关,减少了农村地区的人口,并威胁到社区结构活力。第二,在北方部分地区,增强的流动性与相反的倾向合流,即逆城镇化和迁入农村社区。第三,农村社区成员本身则更具流动性。在很短的时间内,这种流动性表现在上班、购物与休闲。在更长些的时间内,流动性包括,某些不同财产与为工作而短期迁移之间的临时居民流动,迁出和迁入农村社区。总体而言,如本节调查的那样,这些过程不断地重塑农村社区。

(一)外迁和乡村归属感的困境

向外迁移是全球大部分农村社区的主要人口走向。在南半球,农村向城市迁移由农村地区非农民化、贫困、饥荒、战争和自然灾害等因素和城市中更好的就业机会、教育和医疗保健等因素所推动(Lynch,2005)。同样,在北半球,尽管相当的注意力在逆城镇化方面(后面再予讨论),但向外迁移仍然盛行于很多地区,如美国大平原、澳大利亚内陆、大多数东欧和法国、意大利、斯堪的纳维亚周边地区的农村。外迁的结果是减少了农村社区的主要人员。更少的人口意味着更少的人参与到社区进行的节事和礼仪活动,而顾客的不足则导致曾经为社区互动之地的商店、学校以及其他机构关门(Stockdale,2004)。由于很少有新的发展,在怀旧情绪中附着在社区上的含义可能更加牢靠,形成一个防御的和悲观的前景。

年轻人的外迁可能具有特别的破坏性。这歪曲了社区人口的统计特征,并且排除了经济上最活跃的部分(Stockdale,2004)。甚至在逆城镇化主导了30年的英国农村,也存在着年轻人从农村社区的净外移。在有些案例中,迁移反映出年轻人对城市的向往和逃离枯燥乏味农村生活的欲望(Rye,2006)。然而,在许多案例中,年轻人被迫离开农村社区是为了教育、就业或寻找负担得起的住房。研究表明,他们的迁移态度通常是模糊的,并揭示了农村社区归属感的复杂性。

在英国和挪威的研究显示,许多农村年轻人对他们的社区有着强烈的归属感(Leyshon,2008;Rye,2006)。离开的决定是一个艰难选择,即情感上的依恋和经济上的机会。澳大利亚和冰岛的分析表明,对社区具有最强归属感的年轻人以及那些在社区长大的人可能都不愿意离开社区。但是,对理想职业机会的渴望是迁移意向最强的预报器(Bjarnason and Thorlindsson,2006;Pretty et al.,2006)。迁移的决定同样受到文化期待的影响,例如,尼·劳艾尔(Ni Laoire,2001)记录到在爱尔兰农村,存在着"当然留下来的烙印",以及"英雄主义与迁移相联系就会造成停留的贬值"。因此,留下来就意味着要成为社区中失败者的风险。

因此,有种观点着重讲述了农村社区外迁与进步是相关的。威博格(Wiborg,2004)展现了从不利条件的农村背景转变为不同生活方式的"阶级历程"。自相矛盾的是,进步的雄心可能会对家乡社区归属感有一个很大的提高。例如,贝克和布朗(Baker and Brown,2008)在对来自威尔士农村第一代大学生的研究中,指出了"有抱负习惯"的重要性,即"社区的孤立'造就'了可能"。社区实体教育雄心强化了教堂、主日学校(基督教教会为了向儿童灌输宗教思想,在星期天开办的儿童班——译者注)、家庭和村庄学校。

科比特(Corbett,2007a),在加拿大新斯科舍(Nova Scotia)沿岸的教育研究中同样指出,农村学校教育发展了教育流动性资本,使得年轻人离开了他们的家庭和社区。本质上他们在"学会离开"。然而,科比特也认为,重视教育期望和移动性造成了那些选择留下来的人与正式教育的疏远。反过来,这点也强化了农村社区的性别鸿沟。女人比男人更有可能离开,一部分原因是她们在正式教育中表现得更好(Corbett,2007b),另一部分原因是许多农村社区的男权主义文化(Ni Laoire,2001)。如尼·劳艾尔(Ni Laoire,2001)在爱尔兰农村所观察到的那样,"有证据表明,在年轻女士中必要的空间流动和许多年轻男士的空间不流动之间具有一分为二的持续性"(p.224)。而且,尼·劳艾尔认为,外迁的不相称比率,加上留下来的特点以及第一产业的衰落,加剧了像爱尔兰农村地区男权主义的危机。这也是部分男性自杀率上升的证据。

（二）迁入者和地方的论争

乡村迁移有两种方式。20 世纪 70 年代早期美国农村地理学学者提出，几十年来第一次迁入农村地区的人超过迁出农村地区的人。这种逆城镇化的新情况随后在北半球许多地区都有记载，如加拿大、英国、欧洲、澳大利亚和新西兰。例如，在英国农村地区的人口在 1981 到 2001 年间增长了 12.4%，城市人口的增长率为 2.4%（Woods,2005a）。自 1970 年来的几十年中，包括美国在内的一些国家，城镇化和逆城镇化的相对平衡已经发生动摇。最近的分析表明，逆城镇化的过程比起之前的解释更为复杂和分化（参见专栏 6.2）。虽然如此，迁入已成为影响许多农村社区的主要因素。这些包括已成为全球舒适性移民目标的中南美和东南亚的某些地区（Moss,2006）。例如，哥斯达黎加中部圣安东尼奥地区，自 20 世纪 70 年代起，即已经历了主要舒适性移民的流入。到 2000 年，有 1/4 的人口由外国迁入者组成，且来自 81 个不同的国家（Chaverri,2006）。

相片 6.2　新西兰瓦纳卡正在建设中的新房屋，一个有人气的舒适的迁移目的地

对大多数移入农村社区的人来说,经济动机至少是部分原因。然而,娱乐和生活方式机会对许多移民也是重要的,选择的目的地看上去与通常讨论的地方是一致的(相片6.2)。哈夫克里(Halfacree,1994)证明说,迁入英国农村社区的论述重点强调了农村环境的慎重选择,通常语言所描述的可与"农村田园生活"产生共鸣。同时,在澳大利亚,沿海农村社区的迁入被戏称为"海的变迁"运动。这反映出它与渴望生活方式变化的联系(Burnley and Murphy,2004)。正如伯恩利和墨菲(Burnley and Murphy,2004)所记录的那样,这类移民中的少部分人证明了接近自然,或生活在农村地区的愿望是迁入的主要原因。因此,获得向往的农村生活方式的渴望驱动了向农村社区的迁入。

专栏 6.2 逆城镇化

逆城镇化指的是一种人口变化的趋势,即农村人口增长超过城市人口增长,在一个国家或者地区人口平衡转向农村地区。它表现出城镇化历史趋势的逆转。在城镇化中农村人口被城市中心的增长所抵,现在这一过程仍然是世界大部分地区的主导趋势。"逆城镇化"一词首次被贝利(Berry,1976)在观察20世纪70年代美国的"人口转向"时所使用。20世纪70年代早期美国农村人口的增长开始高于城市人口的增长,之后又在北半球的其他地区出现。

逆城镇化包括城市人口向农村的迁移、也包括农村向农村的人口迁移、迁出和自然的人口演变等一系列因素的变化。它包括人口从城市向城市边缘区的"分散化",也包括"人口分散化",或边缘农村地区的长距离迁移。然而,逆城镇化并非意味着城市人口正在减少。例如,在20世纪90年代,英国和美国的城市和农村人口都在增长,但是农村人口的增长最为迅速。逆城镇化也包括了各种各样的迁移动机,如经济上的和劳动的迁移、退休移民、回流和追求舒适环境的移民。

康塔里(Kontuly,1998)也同样分辨了逆城镇化不同的驱动因素,如经济周期因素,经济结构因素,农村地区舒适环境感染力等空间和环境因素、居住偏好变化、政府政策和技术革新等社会经济和社会文化因素。尽管在本质上逆城镇化的前提不再是依赖固定一个地方的经济产业,但大量的和流动的城市人口与

第六章　生活在农村

发达的消费者社会,以及农村社区可以提供和城市地区同等的生活水平。因而,这就是发达工业化社会开始去工业化的一个特征。

英国的逆城镇化尽管影响范围小,但在英美农村地理学中美国却给予了相当的重视。然而,最近的城镇化遭到了更具批评性的重估(如 Halfacree,2008; Mitchell,2004; Smith, 2007)。首先,这些批评认为,逆城镇化的模式既非始终如一也非持续的。在过去的30年,除了英国明显例外,欧洲和北美国家都经历了逆城镇化与城镇化相交叉的阶段(Kontuly,1998; Woods,2005a)。在一些国家,逆城镇化反映出特殊的区域动力。澳大利亚东海岸农村人口的增长与内陆农村人口的减少形成鲜明对照,而美国南部和东部农村人口增长则与中西部农村人口的减少形成鲜明对照(Woods,2005a)。甚至在逆城镇化地区,也会出现当地的人口减少,地方趋势可揭示出小城镇的人口巩固,正如沃尔福德(Walford,2007)所展示的中威尔士农村那样。

第二,"农村田园生活"把迁移吸引到乡村的重要性也受到质疑。很多早期研究强调了农村田园生活的重要性已不被最近的研究所重视,而是在解释移民决策中强调经济因素和家庭纽带的优先性(Stockdale,2004)。第三,同样逆城镇化的阶级特征也予以了重估。早期的研究倾向于把逆城镇化与中产阶级联系在一起,特别是专业人员和管理者的"服务阶层"(Cloke et al.,1995)。更多新近的著作认为,中产阶级的非城市人口构成了逆城镇化中的一小部分。经济移民则充斥着低层次的工作(包括移民工人),"福利迁移者"从国家索取利益,退休移民者的动机与健康与医疗保健移民者和回流移民者一样,均因为生活的成本和农村舒适的环境所刺激。追求农村生活方式的移民也是一个不同的群体,不仅包括正常追求农村田园生活的中产阶级,也包括追求诸如冲浪、登山那样休闲机会的年轻人,以及意在"回归土地"的小块土地购买者(Halfacree, 2007)。而且,逆城镇化还包括各种"共同社区"的形成。每一社区都会呈现出不同的农村生活面貌,从可持续社区和生态村落/村庄到宗教社区,甚至到女同性恋社区(Meijering et al.,2007)。

> 因此，比起经常认识到的农村研究文献，逆城镇化是一个更复杂和不同的现象。米切尔（Mitchell，2004）认为，可把逆城镇化分类为三个次级过程，"远郊城镇化"、"替代性城镇化"和"反城镇化"，需根据空间和经济动力及家庭动机所定义。然而，这个模型也难以捕捉到由农村地区人口动机造成的全部多样性。
>
> 进一步阅读：博伊尔和哈夫克里（Boyle and Halfacree，1998），哈夫克里（Halfacree，2008），米切尔（Mitchell，2004）

持续的迁入必然改变农村社区，正如贝尔（Bell，1994）在英国南部起名为"齐尔德里"（Childerley）村庄做的典型人种学研究所提供的生动证据那样。该村坐落于伦敦通勤带边缘，迁入规模巨大。正如贝尔描述的那样，在此社区不明显的边界内可将以前城市迁入者中分出"地方"居民：

> 居民把他们自己作为真正的村民、乡村兄弟、乡巴佬、当地人、乡下姑娘、土生土长的乡下人、自私的人、世上最风趣的人、真正的乡下女人、村里人，以及我已采用的最宽泛的术语，乡下人。其他人则被他们描述为城市居住者、该死的城里人、伦敦人、上班族、城市滑头、城市佬、外来者、外国人、一日游者、小城镇人，以及城市人……，在大多数齐尔德里人看来，城市人短语都适用于现在村庄中的许多居民。
>
> （Bell，1994）

这种修辞将地域上的差异转变成文化上的分异。这可能使得迁入者赢得当地人的认可。这种结果并非根据居住的时间，而是根据学习并接受"乡村的方式"。地方农村的认同是建立在文化、了解自然和知道如何利用自然，以及知道景观是属于社区基础之上的。这些属性所强调的并非排他测试，而是它们与社区意义和人之地方归属感的关系。哈帕（Harper，1988）在英国别处的研究中同样观察到，当征询当地出生居民社区的各个场所时，他们可讲述丰富的历史知识，会提到从前的居民和过去的事件，而迁入者则趋向于将村庄的景观和环境与他们以前居住的地方进行对比。

社区内的边界线也可以由迁入者在他们选择如何居住和社交的基础上建立起

第六章　生活在农村

来。在一些案例中,迁入者会避开社区已确立的结构和习俗,喜欢建立可反映该地社区兴趣的社交网络。例如,贝尔引述了一个例子,那个迁入者认为"假定一些人和其隔壁的人交朋友,因为他们是邻居。我认为我们趋向于仅和一些与我们自己相似的人交朋友"(Bell,1994)。同样,在对伊利诺伊农村小镇的新迁入者的研究中,萨拉曼(Salamon ,2003)观察到,迁入者的社区联系较弱,也很少可能为社区做些事情,因为这是社区归属感的一部分。例如,她注意到,新到移民可能选择去别处的教堂,"教堂的选择更多地是与神学联系在一起,而非与社区成员资格和地位联系在一起"。中产迁入者趋向于使他们的孩子隔离开,而非像社区所有孩子那样有责任和留意分享各种活动。而且,在具体参考一个社区案例研究中,她论述说:

> 新移民所参与的社区活动较为狭窄,仅仅是那些他们认为与个人利益直接相关的机构活动,如学校或教堂。新移民喜欢村落规模和同质性所提供的普雷里维尤(Prairieview)式(美国地名,位于德克萨斯州——译者注)的农村环境、保险和安全,而并不是那些对旧人有特殊性的特质……当一个城镇仅仅是居住场所,居民并不在意这个城镇所提供的独一无二的空间特点或社会地位,就像旧人们那样。
>
> (Salamon,2003)

萨拉曼对普雷里维尤的描述呈现出迁入者与居住地接触时相当的实用主义观点。如以上所述,在乡村所看到的社区意识和参与到农村生活方式的愿望都是迁入者的重要动机,而且很多人主张"移入"和"加入"哲学(Cloke et al.,1998)。成功的融入案例很多,但也有很多迁入者创造或殖民化了已确定的人口与社区结构和空间平行的案例。实质上,很多农村社区共存于相同的地域空间,并在景观、外观利用及社区意义上不可避免地存在着冲突。地方冲突已引发了很多问题,如新建筑、噪音、农业活动的破坏、道路使用等方面,也有像"改善"路灯,以及鼓励迁入者支持选举地方政府机构,表达他们对其"社区"的看法(Woods,2005b)。

然而,贝尔(Bell,1994)在英国和萨拉曼(Salamon,2003)在美国的研究表明,迁入者和当地常住人口的差别,更多与阶级有关而非与地理背景有联系。的确,对当地人来说,新来移民的描述可能会掩盖农村地区的阶层冲突,因而维持了单一的、平等的农村社区假象。事实上,逆城镇化业已改变了许多农村社区的阶级构成。像英国这样的国家,特别是到农村地区的移民已经与专业的(职业的)中产阶级联系在一起(尽管专栏6.2是对这一设想的批评)。中产阶级迁入者的消费力,意味着在农村房地产市场上他们已能为农村劳动阶级居民定出超额定价。结果,对农村劳动阶级的替代可能代表着中产阶级化的过程,实际上也影响着农村社区的改变(Phillips,2002)。改变通常与房屋建设相连,即与某种农村生活的感觉并促进城市生活的形式有关,也与像房屋改建或设门卫社区等投机性地产开发有关。同时,迁入者也可在政治上动员保护他们所接受社区的中产阶级特征,反对造成新房产增加的开发和潜在减少地产的价格(Murdoch and Marsden,1994)。

并不是所有迁入到农村社区的人都是前城市的中产阶级居民,返流移民的重要性也在最近的研究中逐渐得到认识(例如,Falk et al.,2004;Ni Laoire,2007;Stockdale,2006)。威博格(Wiborg,2004)与学生在挪威农村地区的研究表明,那里保持着对家乡社区的归属感,但这种关系的性质变了。农村仅代表着他们来自的地方,而非他们积极参与的社区。很多人是为了教育和就业从还打算回去的农村社区迁移出来,但是他们受到了缺乏合适的工作、有限的住房、新的关系和家庭境遇等条件的限制。这样,回流移民趋向出现在工作限期或退休之后(Jauhiainen,2009)。斯托克代尔(Stockdale,2006)认为,回流迁移对农村发展来说是重要的。它带来了技能和资本,但并不是每个人都会回到农村,因为他们已在别的地方取得了成功。的确,害怕经历失败也是阻止年轻外迁者回到家乡的一个因素(Stockdale,2006)。

回到农村社区的决定是复杂的,并且反映了几种有内在联系的动机。例如,爱尔兰的农村研究表明,最初回流的原因包括离家更近些,寻求一个特别令人难忘的生活方式。这之后的动机由乡村性理念所转变,此类回迁者或许"在表达一种生活在乡村的积极愿望,即慢节奏的生活、安全及养育孩子的好地方,并且一般比城市生活更好的生活品质"(Ni Laiore,2007)。不过,尼·劳艾尔(Ni Laiore)也描写了回流移民的经历通常也和他们的期望不一致。这不仅因为农村生活半神话的理念并未转化成现实,而且,回迁移民在调换城市身份方面,对于已知的历史和认同,以及矛盾和孤独感也常常经历"文化的冲击"。回流移民可能会发现,他们拥有着一种模糊不清的地位:"内部人、局外人",按照先前的历史,和社区是联系在一起,但却没有全部的归属感。因此,一些回迁者不但最终未定居下来,反而再次走上了流动之路,正如斯托克代尔(Stockdale,2006)在苏格兰所观察到的那样。

（三）移动的农村社区

流动性是对固定农村社区概念的挑战。挑战不仅来自流向农村地区的紧张的迁移，也来自于农村居民本身增长的流动性。现在通勤在农村地区司空见惯，特别是在北半球，农村居民也会程序式地走出他们的社区购物和休闲。一些农村居民会因教育和工作离开很长一段时间。有些人会在一年中的部分时间，或在较长的假期中，在第二家停留。这些"日常移动"的形式被认为是理所当然的，很少被认为是有问题的（Gerrard,2008），但由于减少了大量人员的参与，它们对社区已经建立的结构和习俗具有破坏性影响。

而且，许多农村社区扮演的角色是临时居民的主人，这些人在地方逗留的时间较短，季节性或周期性的，包括"第二家"的所有者和流动工人。在斯堪的纳维亚和新西兰，乡村的"第二家"或"度假屋"所有权已流行很长时间了。在20世纪80年代和20世纪90年代期间，农村第二家所有者的数量在英国、加拿大、德国、意大利、西班牙和美国均有增加（Gallent et al.,2005；Halseth and Rosenberg,1995），以符合农村舒适消费时尚（见第四章）。这样，第二家通常集中于海边、山区，以及大城市临近的与"农村田园生活"理想相符的景观。特别是抢手的位置，第二家占据了当地房屋数量的三分之一，因而加重了房屋价格的膨胀，压缩了可负担得起的住房的可获得性，减少了可支撑如商店和学校等农村服务的永久居民数量（Gallent et al.,2005）。此外，便宜的航空旅行意味着，第一家和第二家之间"平均'可接受'的距离在拉长，很多第二家已被非本国人所拥有"（Schmied,2005），在临时的外国居民和常年的本国居民之间产生了文化的紧张关系。

然而，第二家所有者与旅游者不同。他们规律性地在一地方投资和返回，通常期望成为社区的成员，发展他们第二家园属地的归属感。事实上，斯特德曼（Stedman,2006）对威斯康星州北部第二家园所有者所做的研究结论是，"比起常年居民来，他们对此地的经验丰富、社会关系重要、更高程度的地方依赖"。然而，与永久居民形成鲜明对照的是，依赖在本质上更多地是与景观、环境质量和逃离日常琐事有关，而非以常年居民归属感为中心的社会网络和社区含义（Stedman,2006）。

在许多农村地区，特别是北半球，临时居民的第二个主要群体是移民工人。移民劳动者是加利福尼亚农业的一个永远的重要元素（见第三章）。这种实践已更加普遍,因为随着社会和经济变化存在诸如农业、食品加工、建筑和旅游那样的常常不能被当地农村劳动者所填充的低级工作阶层。这样,形成了大量区域跨国劳动移民:美国的拉美移民工人;英国、爱尔兰和斯堪的纳维亚的东欧人;意大利和西班牙的北非人;希腊的阿尔巴尼亚人;中国台湾的菲律宾人;新西兰的太平洋诸岛人;等等。然而,统称的"移民工人"掩盖了高度复杂和差异化的移民动力,个人迁移的不同原因,不同打算的停留时间,不同雇佣环境的工作,以及参与地方农村社区的不同体验。

例如,季节性的农业工人经常遭受低酬和艰苦的就业条件(Rogaly,2006;Rye and Andrzejewska,2010),雇主提供的基本食宿远离农村居民点。然而,他们在结构上就与农村社区不同。很显然,越来越多的外来务农人员生活和工作在农村地区的小镇与村庄,如有质疑则会是出现在社区。在一些地方,移民工人会面对当地人的种族攻击和歧视,但更普遍接受的是,移民者对农村经济的贡献。对他们来说,移民工人通常认为农村地区比城市提供了更多的安全。正是这种不安的理解,托里斯等(Torres et al.,2006)把这看作是美国南部农村的"无言的交易":

> 对于雇主来说,拉美人所表现出的社会和文化的差异须服从纪律和控制。对拉美人而言,农村经验的平静成了可作为屈从剥削的廉价劳动力接受的交换条件。
>
> (Torres et al.,2006)

随着移民人口的增长和定居下来,这种食宿条件的微妙平衡得到检验。在过去的20年间,美国农村的拉美移民已在特性上发生了变化。因为临时性季节移民已被长期移民所代替,农场工作已由其他部门的参与予以补充,移民已被挤到南部、西部和中西部农村地区等更广阔的地理范围(Milard and Chapa,2004;Smith and Furuseth,2006)。像农村社区的其他迁入者那样,拉美移民与现社区协商参与社区活动,以形成归属感。但是结果受到多方因素影响,如地方的阶级和产业结构以及移民史等(Nelson and Hiemstra,2008)。

在像科罗拉多莱德维尔(Leadville)地区,移民被边缘化为社区设施的平行结构,如由拉丁人建起的商店、教堂、发廊,仅为拉丁人服务。在拉美和非拉美居民使用的同样设施,他们也在一天的不同时间使用,反映了使用的不同方式和条件。因此,"移民和非移民之间的相互作用一般以少实质性接触为特点,每个群体的时空交叉很少"(Nelson and Hiemstra,2008)。在其他地区,如俄勒冈伍德本(Woodburn),拉美移民工人的政治组织已给了他们在社区更高的显示度,如"20世纪80年代中期和以后到达的低工资和种族化的迁入民,更容易形成'墨西哥态'和差别的归属感"。同时,社区的空间和结构可能会继续分离,协商的共存状况潜在地允许"农村世界主义"形式的发展(Terres et al.,2006)。

批评农村世界主义的一个方面就是在空间上延伸了社区实体。例如,斯卡帕塔德奥特和沃洁特英斯卡(Skaptadóttir and Wojtynska,2008)凭借奥帕都瑞(Appadurai,1996)描述了波兰移民工人在冰岛捕鱼社区的存在。他们创造了"后国家地带"和"不同出身的人相聚、竞争和协商他们地方的空间"(Skaptadóttir and Wojtynska,2008:119)。重要的是,斯卡帕塔德奥特和沃洁特英斯卡也描述了波兰移民仍沿袭着"二分式的生活",为创造回家后更好的生活,"工作在冰岛",并维持着一种"双焦点"的观点,即"一些人要有两个家,'这的'和'那的'家"。

农村地区也是移民劳动力的主要来源。社区的扩大可从"供应"链末端观察到。从国内城市和外国农村地区来的移民工人保持着对他们家乡社区的归属感,也能继续在经济上,社会上和文化上参与社区。例如,艾恩隆(Englung,2002)观察了马拉维首都利隆圭(Lilongwe)的农村移民,"通过他们农村抱负的棱镜,看到他们在小镇的逗留,有将近90%的人打算在某个时候回到家乡"。此外,他指出,移民者在精神上感觉到与农村社区的连系,用马拉维巫术传统解释农村与城市环境中幸福的相互关系,以及农村和城市空间的重叠。这样,艾恩隆论说到,"农村领域,既是道德想象的对象,也是地理位置的对象,农村范围是移民在城镇逗留期间由他们取得的和未取得的一切而不断再造的"。

维利尤泰穆和怀斯(Velayutham and Wise,2005)同样提出了"跨地方村庄"的概念,基于村庄规模、地方化的亲族及睦邻关系,描述了道德共同体的一种特殊形式,随后扩展至整个外延空间①。参考印度南部泰米尔(Tamil)村庄在新加坡移民的案例研究,维利尤泰穆和怀斯的案例研究证明"跨地方村庄"在经济和精神上都与家乡社区有联系(例如,汇款、帮助社区其他成员移居),"在此定居点的地方复制

---

① 道德共同体存在于一组认同为一个集体单位,一个共同体,而不认为他们是孤立于人们中间。在某种意义上,道德共同体是一直存在的,没有任何人是完全孤立的,也没有任何人真正孤傲地认为他自己是一个孤立的意识单位。——译者注

和反映村庄的活动"。因此,这个村庄的社会和政治结构在新加坡移民中复制,这个迁居村庄的节日和仪式在新加坡也留下标记。于是,"跨地方村庄的社会领域由村落固有的情感制度跨区域化地再现出来,而仪式、情绪和情感则是将地方铭记于身体里的手段,在扩展空间中创造着界线感"(同上)。

四、非人类的农村生活

在她的社区模型中,莱品斯(Liepins,2000a)把人置于模型的中心位置,而且所根据的就是我们认为生活在乡村的人类社区。然而,农村空间也由非人类的生活分享,如动物和植物。它们也有"生活"在农村的方式。事实上,在乡村性的论述中,人类和非人类或人与自然之间的关系是重点强调的。贝尔(Bell,1994)将"乡村主义"概念用在齐尔德里(Childerley)村长期居民的研究中。例如,他认为"真正的"农村人了解自然,知道与自然相处之道。在某种程度上,非农村移民就不知道相处的方式。正如琼斯(Jones,2003)所述,"动物的重心就是如何在边缘与物质方面建造农村"。同时与此相似,布勒(Buller,2004)也观察到,"社会与动物的关系一般也主要产生于传统上和乡村相联系的活动与努力,从动物饲养到驯化成温顺、有序,以及没有威胁的自然"。

然而,讨论传统农村自然都是由动植物群落分类学所架构的,既要讲述人类和非人类之间关系的恰当形式,也要建立生命所归属的特殊形式的空间(Buller,2004;Jones,2003)。某些动物当作宠物,允许分享人类家庭的空间。同时,与此相似,某些植物也被选为"园艺植物",并赋予可想象的农村田园生活的特征,如通常环绕别墅门口置放的玫瑰,或"乡村花园概念"。其他动植物由它们对农业的贡献所定义。在一些案例中,它们仅仅存在于当前的现代方式中,因为选择性培育可最大化农业的特殊属性。家畜是仅仅为农业驯化所定义的动物,并且在乡村农场单元和农田内有特殊的地方。农作物也由其农业功能和在农田与果园里的空间秩序所定义。除了这些驯化自然的空间外,还可以发现一些"野生的东西"(Buller,2004);一些未被驯化或控制的动植物。一些野生动植物在传统乡村话语中被认为是有益的甚至是有价值的,其他野生生命被认为对人类、家畜或作物具有威胁。

因此,传统乡村的秩序功能依赖于不同自然类型之间的空间边界的维护。当

第六章 生活在农村

这些空间边界被侵犯时,就会出现问题:更为普遍的是,当家畜从田地逃出或野生自然物侵入农场空间如农田杂草,或食肉动物攻击家畜。例如,当狐狸穿过鸡舍的空间庇护所时,就会成为农场的威胁(Woods,2000)。因而,在传统农村自然的论述中,野生动物应被控制和管制,尤其是捕猎肉食动物。这种控制的习惯性活动成了农村认同和农村社区结构中的重要特征(参见第七章)。

然而,如布勒(Buller,2004)所述,人类与自然关系在讨论中和实际上的构建都有着长期进化。历史地说,这意味着农村自然的驯化,无论对农业生产的征服,还是为人类活动创造"安全"的乡村,至少在如西欧那样的地区如此:

> 驯化已远超出了传统的负重兽类,包括农村空间整个动物群的组成,更新的说法是其基因库构成。乡村已基本上没有了大型食肉动物物种,这些大型食肉动物的繁盛不仅要依赖人类辛苦饲养和管理的特定动物,而且也要和猎人竞争那仅有的和人们认为追逐和杀戮有趣的物种。它现在在乡村中牧养。物种当然会受到保护,但是在野生公园、动物园以及狮子和老虎经常出没的特殊区域,如果不是更多的话,以前固有的物种如狼和水獭也会在那些地方。这是一个安全的乡村,在那里人类养育了易接近的、适宜的、没有威胁的自然,作为回报,也由这些物种所养育。

(Buller,2004)

而且,主要由电视传播的野生生命纪录片、电影和文学作品,是不断增长的城市人口应对自然的手段。所有类型的自然都拟人化了。反过来,培育了一系列讨论动物权利、动物福利、环境保护的新话题,这促进了与传统农村关于自然的话题产生冲突的保护政治,并挑战原生农村社区的含义和习俗。

例如,麦格雷戈(McGregor,2005)描述了关于保护或控制津巴布韦卡里巴湖尼罗鳄鱼的冲突。鳄鱼是危险的食肉动物,它与工匠(专业)渔民争夺鱼,危害财产,并攻击人类。麦格雷戈写道,"尼罗鳄鱼过去和现在都是普遍不受欢迎和极其令人恐惧的"(2005)。因此,当地文化认为鳄鱼是崇敬和恐惧的混合体。在地方神话中,它是权力和地位的象征,但因其对人类生命和财产的威胁,也让人惧怕,而作为巫术中的元素,反映出这种信念,即女巫像鳄鱼一样行走。地方社区对鳄鱼的敌意态度被殖民当局所分享。他们把鳄鱼作为有害动物,并支持猎杀鳄鱼发展作为控制这个物种的方式。随后鳄鱼数量的减少很快就使它列入了濒危物种名录,产生了需要保护尼罗鳄鱼的新话题。因此,保护措施建立了鳄鱼保护区,并禁止猎杀鳄鱼。事实上,这种手段是通过把工匠(专业)渔民的社区空间让给鳄鱼为代价。无须吃惊,地方社区倾向于反对这类措施,它们把这些措施视为是外部强加的。同时,地方固有的观点继续排斥鳄鱼种群数量的管理。麦格雷戈提到,对鳄鱼的再评价"未采用非洲社区地方的观点,它们对这种动物顽固的敌意态度是妨碍性的(在某种程度上是可以考虑的)"(同上)。

像这样保护卡里巴湖尼罗鳄鱼,或围绕南欧部分地区再引入狼的冲突(Buller,2004),提供了有关自然的不同观点冲突的戏剧性案例。然而,人类和非人类如农民和家畜这样的相互作用更为世俗的舞台比本节开始勾勒的分类更为复杂和偶然。威尔基(Wilkie,2005)关于苏格兰农场主对家畜感觉和态度的研究证明了这点。她提议,这些关系根据农场活动的特点分为四类中的一种。她认为,商业家庭农场,以"担心分离"为特点。在这里,"工人把家畜当做有感情的商品"。当农场工人与每日喂养和照顾牲畜的责任分开后,虽然,在产业化的农业中,担心分离让位给了"独立的分离",意识到动物仅仅是商品。相比之下,威尔基认为,爱好耕种以"担心分离"为特点,"家畜是非商品化的,但可在任何时候再次恢复为商品"(同上)。与此同时,有特权的少数人可把家畜作为宠物,例如,在依赖的附属关系下,它们可成为完全的非商品。

在打算协商农村空间人类与非人类共存的所有企图中再次出现的问题是,明显否认动物和植物的作用(参见 Jones,2003)。自然不能容易与人类试图控制的假设一致。琼斯观察到,"牛、猪、马、家禽和羊通常不得不被暴力手段强迫进入农村生产网络"。同时,野生动物可能无法像预期的保护策略所要求的那样,表现出自己的行为。

试图承认农村空间的非人类力量的企图,克洛克和琼斯(Cloke and Jones,2001,2002)利用了"居住"概念。这个概念对组成景观和地方生命和物体的"丰厚的、持续的、亲密无间,以及将长期的自然和文化凝结在一起"(Cloke and Jones,2001)做了描述。居住理论起源于马丁·海德格尔(Martin Heidegger)的著作,由英戈尔德(Ingold,1993,1995)做了改进。这一理论聚焦于"世界生命"的存在方式。英戈尔德的特别贡献是,把地方和景观的生产和再生产与居住联系起来。他认为,这些须由具体环境和生活实践所创造。正如克洛克和琼斯解释的那样:

第六章　生活在农村

> 英戈尔德告诉我们,景观是个世界。人们知道,有多种实践活动场所和多条路径供人旅行。景观是这样一个地方,通过记忆和想象过程,把过去和未来共同展现在现实之中。过去、现在和未来不断得到再加工,而景观的物质现实就是这个工作和标记过程。
>
> (Cloke and Jones,2001)

英戈尔德虽未批评性地限制创造景观的人类力量,但却承认非人类行为。这样,克洛克和琼斯认为,"居住让其他行动者超过人类的创造作用"(2001)。例如,树木,在把乡村变为既是居住又是工作空间时,它是创造的主要力量。正像克洛克和琼斯(Cloke and Jones,2002)用文献证明的那样,"树木可以创造场所,反之亦然"。树木也是地方社区的重要路标,树木可提供庇护和作为聚会场所,或是躲避农村社区日常监管的地方,也可以作为过去事件的标志性链接。树木也可以有经济功能,就像英国西南部萨摩赛特(Somerset)苹果园案例所表明的那样。这个果园是商业性生产的检测地点。这里的果树由人们种植,并由人类进行水果生产。收获的果实作为食用苹果和酿造苹果酒出售。不过,克洛克和琼斯(Cloke and Jones,2002)认为,"首先,果树可带来能够生产水果这个唯一的创造性过程"。因此,果园是由人类和非人类共同创建的地方,它们与居住活动的混合创造了经济、社会和文化含义的景观。

而且,克洛克和琼斯(Cloke and Jones,2002)还认为,对居住理论批评性利用使农村空间的边界问题成为疑问。认识人类和非人类行动者共同构建了农村景观。这种"偶然相遇"关系必然杂乱无章,分解了本节开始所讨论的不同自然类型之间的农村空间的秩序。然而,居住也常常与根据地方"根性"和地方特性生产的空间边界等同。在一些农村社区讨论中有共鸣的想法,如新平均地权论。但是,克洛克和琼斯认为这样的表述呈现出可加强农村社区排他性的、潜在的、灾难的乡村浪漫主义。相反,他们提出"如果居住是当代景观有用的概念,它需丢弃对地方界线的依赖,并代之以可反映动态的、重叠的和相互贯穿的空间和地方的观点"。因此,他们认为,萨摩赛特苹果园不是单独划定的空间,而是用果园作地域认同标志的网络。"英国"苹果特定的营销,通过加工、销售和消费过程,水果的实质性流动,以及果园所有者、工人和其他来访者的活动,他们"在空间上过着所有实际上和想象中的复杂生活"。

五、结语

198　　如第三章和第四章所讨论的那样,乡村是个生活空间和生产或消费的经济过程所定义的空间。它也是和某种生活方式相联的空间。特别是,社区概念传统地用来反映农村生活紧密联系的相互作用和团结。农村社区的意义是以与城市社会意义相反的话语构建的。特别是,在个人层面,需凭借农村人对地方根性的观念,特别是对景观的观念。不过,社区不仅仅是想象的,而是通过在特定的空间和结构上的实践产生的物质形式。整体而言,农村社区的话语和物质的维度建立了社区的归属感框架,但归属感是伴随着条件和边界的。由此,农村社区才能成为排斥的、边缘的和规矩的空间。

而且,传统的农村社区结构已受到社会和经济重组影响的挑战。农村社区定居的、有界的集体概念也被不断强化的农村人口流动所打破。农村地区人口外迁,特别是年轻人的外迁,已减少了大量居民参与社区活动和支持社区机构;与此同时,大量新迁入农村社区的居民已对归属感概念产生挑战,并与社区的含义和活动产生了冲突。另外,农村空间日益成为许多居民的家园,他们当中有暂住居民、第二家所有者和移民工人。他们在多个地方有归属感。事实上,通过农村人员向农村空间以外的流动,促成了社区的扩展和"跨地方村庄"的出现。

同时,也必须要直接重视农村空间人类和非人类的共存性。在许多传统农村生活的讨论中,与自然共存是关键元素,这可视作标志出真实表示农村人员属性的特性。这是从非人类生命分类中发现的,表示着不同动植物的功能,并在有秩序的农村空间占据着不同空间。然而,这种有序关系的本身维护已受到社会和文化变迁影响的挑战。特别是,受到之前的可替代观点和实践活动兴起的挑战,即要同等保护非人类生命、农村社区的传统利益和习俗。重新商定这些关系需要接纳对人和非人积极作用的展望,如在辩论中由居住概念提出的那样。反之,这导致我们回到如何生活在农村空间,以及如何在农村表现的问题,这将在下一章中讨论。

第六章 生活在农村

六、进一步阅读

露丝·莱品斯(Ruth Liepins)(现在写作露丝·帕尼尔利(Ruth Panelli)),在2000年《农村研究杂志》发表的两篇论文中概括描述了她所研究的农村社区模式。第一篇论文评论了她在农村研究中对社区研究所采取的不同方法以及所发展的新概念,同时,第二篇论文将此概念用于澳大利亚和新西兰农村社区的实证研究。在农村社区归属感实践活动,对包含和排除问题的含义,由萨拉·尼尔和休·沃尔特斯(Sarah Neal and Sue Walters)在英国所做的工作予以验证,文章发表在《地理论坛》(2007)和《社会学》(2008)杂志上。迈克尔·贝尔(Michael Bell)发表在《纯洁性》(1994)上的一文对英国南部一个村庄进行人种学研究。该研究是对当代农村生活活力的卓越检验,尤其是迁入者的影响。索尼娅·萨拉曼(Sonya Salamon)的书《老镇的新来者》(2003)同样探索了美国中西部的迁入和社区的变化。克莱尔·米切尔(Clare Mitchell)发表在《农村研究杂志》的论文(2004)提供了关于逆城镇化的较好的总结。同时,艾丽蒽·斯托克代尔(Aileen Stockdale)在《农村社会学报》总结了农村社区外迁者的动态、影响和经历。"跨区村落"概念由塞尔瓦拉吉·维利尤泰穆(Selvaraj Velayutham)和阿曼达·怀斯(Amanda Wise)在《全球网络》(2005)的文章中予以发展,文章观察了从印度南部农村来到新加坡的迁入者。对萨摩赛特西布莱德力(West Bradley)果园的论证和案例研究是发表在《环境与规划A》上的一篇论文(2001)。

第七章 表现农村

一、引言

此前各章聚焦于"农村"的论述与物质建构,讨论了"农村"作为想象范畴的最初存在。一种通过生产和再生产所存在的社会建构,主张什么是农村,农村在哪儿,农村应该如何管理。然而,正如此前章节所证明的那样,农村也是有根基的并给出了物质形式。农村的物质性既是一种产品,也是盛行乡村性论述的反映,而且可以约束和预知农村话语构建。例如,家庭农场,在很多有关农村的想象中是一个重要的主题,但它也是一个特殊的物质实体。作为物质实体,家庭农场已经影响到地方农村经济、农村环境和农村社会,这些反过来又影响到农村再生产的论述。

在话语和物质范围之间所缺少的联系是农村空间各类行动者包括人类与非人类、"当地人"与外来者的特殊行动的表现。正如伊登瑟(Edensor, 2006)提出的那样,"正是通过许多表演者所扮演的特殊角色和他们所表演的空间之间的关系,产生了乡村性"。然而,表演不仅仅是转变的媒介——也是可被视为农村实体创造性和结合的表演程式与舞台规定的关键。正如本章后面案例所说明的那样,田间劳动的例行表现和仪式化的狩猎表现可构成参与者农村生活方式的本质。这样使得阻止制定这些表现的个人可感到他们的农村实体已受到损害。同样,表现是农村日常生活的核心,它构成了哈夫克里农村空间三重模型的一个维度(参见第一章)。

改变农村表现的观点也能给认识农村维度和农村内部的权力关系带来启发,在其他方法中这点也许会被忽视。首先,通过强调团体行为,表现概念允许"非描述性的"农村地理学的调查(Carolan, 2008)。而本书截至目前的讨论已尝试采用了表现农村的多种方式(如通过政策文件、报纸报道、图片和艺术品、广告册、个人故事、地图、图表、统计数据、学术著作等)。农村表现研究需要与理解和生活在农村的方法相适合,不可轻易予以展现,同时还不可轻易予以揭示的是关于情感、感觉、本能、直觉、习惯和行为。

第二,考察农村的表现也能揭示性别结构和农村生活习俗的细节。例如,不同的方式,或许会把与捕猎或喝酒相联系的活动看作农村社区男子汉气概的表现,如以下进一步讨论的那样。这些联系有助于重现男子汉气质"强壮男子"的性别表现。反之,这种男子汉气质强调了农村社会的家长制特点。与此相似,"家庭农场"劳动力的性别划分与农场工作的具体表现有关,不同工作方式也被看作是适合女人和男人身体的。

本章从很多不同的角度探究了农村表现。简短的讨论之后,进一步展开有关方法概念形成的简短论述。最初的视点集中于农村社区的表现,建立在第六章所采纳的框架之上。本节考察农村社区活动的建立,首先把酒吧或公共场所看作由程序化和风格化规定的社区场所;其次,展现在社区舞台上的是如农业展览那样的社区大事。下一节探究耕作表现,重新把农场定位为充满情感的"生命景观"程式性地颁布了某些实践活动和表现,重现和强化了性别区分。第三个视点集中于狩猎及其和农村认同的联系,考察了英国农村社区的狐狸狩猎仪式和农村社区表现之间的联系,考虑了狩猎对挪威乡村男子汉气概构建的意义。最后一节转向关注(展现)观念中农村活动的表现以及迁移者、旅行者和城市居民的农村文化消费形式的习惯。

二、农村生活的具体表现

农村的表现可呈现许多不同的形式,具有不同的舞台和脚本等级。伊登瑟(Edensor,2006)在一篇具有开创性的论文中草拟了表现乡村性的框架研究。论文写道,"不同的农村表演由不同的演员规定在不同的舞台表演:村庄绿地、农场生活中心、文物古迹、松鸡沼泽、山脉、长途步行小径、农家庭院,以及农村空间可辨认的'荒野'"。同样,伊登瑟在他对农村表现的定义中,囊括了高度舞台化和脚本化的产生,如由许多遗产景点规定的乡村性表现(相片 7.1),以及仍然具有农村社区的即兴表演。例如,地方性表演和节日,在舞台上为旅游者具体化的经验。从葡萄酒品尝到白浪筏漂流(参见第四章),再到农村生活的常规性日常活动。然而,他主张,农村表现和舞台化概念可用于这些情况中的任何一项,针对脚本和角色类型进行分析,而且,舞台管理,舞蹈动作设计,即兴创作和自反性的形式,都对表演有贡献。

相片 7.1 农村遗产的舞台表演,芬兰斯通达斯的历史村落
(Stundars Historical Village)(图片:作者摄)

在伊登瑟讨论的一些案例中,"脚本"由表演所传达的农村特殊描述所提供。因此,有关地方节日中的旅游景点和民间舞蹈者指南规定了乡村特殊的演出。这些演出经常得到编好的脚本,或由可见的视觉和听觉等道具支持。如戏装、图片和音乐,以特殊的方式"表现"乡村性。确实,一些表现农村的音乐或诗歌是明确的,这样表演就以一种交流或表演的方式包含在文本中(见专栏 7.1)。

然而,表演总是包括整体行动,它们不能单独处于文本或表演状态。表现乡村性就是用感官的、情感的和直觉的方式处理农村空间。例如,卡罗兰(Carolan,2008)提到在爱荷华州农村采访的一个农民。这个农民认为"除了从公路上的车了解农村,观看田野,我还知道从我在田地里的拖拉机上观看公路"(引自Carolan,2008)。这不是观点问题,正如这个农民承认卡罗兰所暗示的那样:

> 嗯,你首先应该了解土地的轮廓和土壤种类——你知道,哪些地块是湿润的,哪些地块是砂质的,诸如此类。如果你长期按我说的做,你就会通过拖拉机的操作,更多地辨别这块土地。拖拉机几乎就像是我的一部分。
>
> (Carolan,2008)

换言之,这是耕作的表现。每天驾驶着拖拉机,这样就能超过文字和印象表述,以具体的方式把农民与农村连接起来。这样的具体化实施和考虑事物的方式(Carolan,2008),与在形成农村认同和乡村存在的实践规定中的表现形式一样重要。

专栏7.1　通过音乐表现的乡村性

在根植于具体农村地区景观和生活经验的很多案例中,音乐是长期为农村生活提供讲述的重要媒介。几个音乐流派与农村有较强的交往,包括美国和澳大利亚的农村,密西西比河三角洲的蓝调音乐,及全球民俗音乐。民俗音乐通过农村地方的内生文化得到发展,并多方反映了农村日常生活的风俗习惯,纪念主要的历史性时刻,记录农村变化所表现出的挑战。然而,这样做,传统民俗音乐则对农村生活表现出怀旧的田园化描述,在19世纪晚期和20世纪早期举行的"第一次英国民俗复活"中,就出现了"传统"民俗音乐的收集与编辑。例如,这场收集与编辑"不在于保留过去(农村社区生活的意识中,总是久远的)而在于引起特殊的历史形象"(Connell and Gibson,2003)。

经过在当代乡村寻求表现生活的歌曲创作,一些当代民俗艺术家已复活了民俗音乐的记载和政治传统。英国西南部民俗乐队汉德肖(Show of Hands)的音乐,就是这样的例子。正如亚伍德和查尔顿(Yarwood and Charlton,2009)

描述的那样,反复吟唱城镇、公路、河流的名字,并运用实际景观和用抒情诗背景讲述。这个乐队的音乐强烈表现了英国西部乡下的地理。在一些案例中,据亚伍德和查尔顿观察,民歌加强了闻名的场所联系(如在康沃尔(Cornwall)采矿,在北德文(North Devon)海岸钓鱼),但是由高速公路旅行的故事和小城镇的无聊和暴力,他们也介绍了一种更加当代的优势。事实上,关于当代公路和高速公路,迁入移民和贩毒,与历史上的航海、移民以及奴隶贸易,"他们的歌曲形成了地方内外的关系意识",避免了将西南部表现为封闭的地区,但替代作为跨界网络部分,"这个网络连接和表现着不同的空间认同"(Yarwood and Charlton,2009)。

亚伍德和查尔顿也特别提到,通过民间歌词的联系,汉德肖的歌曲常常会把有特色的地方、问题和时间联系起来。他们引用了一些歌作为例子,如"《洪水》(The Flood)(英国南部的洪水和非法移民的痛苦);《寒冷的前线》(Cold Frontier)(罗马士兵关于帝国边缘的记忆与今日欧盟整合);《表兄杰克》(Cousin Jack)(过去和现在贫困驱动的移民对康沃尔(Cornwall)的压力);《鸦片节》(Poppy Day)(一名在M4通道诸小镇工作的伦敦毒品小贩及一位朋友在阿富汗的抗争)"(同上)。

由汉德肖表演的乡村是多面的和多重唱的。亚伍德和查尔顿列出了在他们的音乐中出现的角色。除农村穷人之外,还有乏味的年轻人、宗教派别成员、小罪犯、赌徒、毒品小贩、新移民、偷猎者、偷盗羊人、紧急援助部门的志愿者、侨民和军事人员。不同的歌曲可把分享当下农村生活体验的不同侧面联系起来。例如,正像亚伍德和查尔顿所观察到的那样,《红色柴油机》(Red Diesel)和《又下雨了》(Raining Again)表达了对农村中产阶级化的两种看法。《红色柴油机》表达了未成年犯罪的声音。他们抱怨说,"该有将嬉皮士和旅行者以及法国人排除在外的法律"。与此相比,"《又下雨了》则讲述了半自传式的经历,一对夫妻从伦敦搬到多赛特(Dorset)的希望和愿望,并抓住了获得农村生活田园美景视觉的一些问题"(同上)。

> 因此,就乐队音乐对政治的延续而言,是反对停止农村生活定义的论述。例如,对《乡下生活》(Country Life)这首歌,人们就提到了它对乡村联盟的批评,而且它们的农村动员也对英国乡村规定的猎杀狐狸和耕种的定义提出了抗议。相反,《乡下生活》却吵闹着对已建立的和在建立的乡村性观点进行破坏和挑战(尤其是围绕着"地产绅士和乡村中势利小人"以及第二家所有者)(Yarwood and Charlton,2009)。然而,虽然侧重点不同,但亚伍德和查尔顿在表达批评时还是系统阐述了对《乡下生活》的不满。同样,"避免破坏农村的田园生活,增强乡村处于危机中的观点,结果却被群体寻求以促进英国乡村性的视点所利用"(同上)。
>
> 进一步阅读:亚伍德和查尔顿(Yarwood and Charlton,2009)

三、表现农村社区

在她的农村社区概念中(第六章所讨论),莱品斯(Liepins,2000a)分别出一些活动作为社区建设的重要领域之一,与社区含义(话语)相互连接,与空间和结构(物质性)相互连接。社区活动由社区含义说明,反之,通过它们的规定强化这些含义。在社区的空间和结构内,给予了它们相似的规定,但与此同时却用社区空间和结构建筑学加以限制。正是在这种意识中,我们方可把农村社区外表作为社区必要的组成部分,并且作为本质上与社区及其物质交织在一起的话语表达的某种东西加以思考。

社区活动或表现,可以用很多不同的方式来加以规定,如莱品斯(Liepins,2000b)对澳大利亚和新西兰所做的案例研究证明的那样。在最日常的层面,通过在商店、邮局、校门口的交谈来表现社区。闲谈、微笑、点头和挥手交换构成了邻里间无言的认知。在更加本能的、直觉的层面,社区仍要通过活动、穿着、说话方式、运动、对社区的意识认知、社区的景观和居民等具体行为显现出来。然而,社区也要由公开的舞台和设计的表演表现出来,例如,年度活动和节日、村庄表演和喜庆活动、文化传统等。

通过把人们聚集起来交流分享知识和经验，提供建立社会资本的"黏合剂"，这些活动有助于社区的构建。然而，对内部和外部消费而言，它们也是把社区认同连接起来的机制。特别是，使社区认同结为联盟成为有特色的农村。而且，由于加强了社区内行为规范，社区实践活动的表现即可将农村社区生活连接起来并加以调节。在以下讨论村落"小酒馆"日常互动的讨论和农村表演的例子中，都能观察到这些元素。

（一）小酒馆是活动中心

"小酒馆是活动中心"是英国威尔士王子在21世纪初发起的宣传活动口号，企图使乡下小酒馆不至关闭。他认为乡下小酒馆乃是农村社区生活的中心。在一些设施有限的小型社区和地方公共房屋，"小酒馆"或酒吧，它的功能不仅是售卖和消费酒精饮料。它是社区多重目的的社会空间、当地俱乐部和团体的会议场所、体育队伍的组织地点。在一些案例中，也是邮政设施、医疗会议，甚至是宗教服务的场所。因此，小酒馆甚至是社区表演的主要空间，认同构建与接合的地点。也是产生社会标准的地方。

而且，村庄小酒馆又是乡村性强有力的象征。这样，社区表现和乡村性表现则在小酒馆实行的活动中模糊了。如坎贝尔（Campbell，2000）所观察到的那样：

> 任何社会场所很少神秘化到乡村小酒馆这种程度。从英国农村小酒馆田园诗般的避风港，到美国西部的最后一次运气沙龙，再到澳大利亚内地某处波纹铁小屋的鳄鱼角力同伴之谊，农村饮酒场所已由普通认识和明显神话性的学术分析予以归类。这样的非专业神话将农村小酒馆恰当地置于农村社会学者称为的"农村田园生活"之中。

（Campbell，2000）

通过小酒馆的物质结构，它的外观和内部设计，部分地讲述了这种神话，开放的壁炉、墙上的图片、随手可得的地域性啤酒和苹果汁、提供的食物、常客所穿的服装等等。在小酒馆内发生的事也须讲述，如常被推测的社区不同居民的社会混杂；流言和消息的交换；像耕作、狩猎和射击这类"农村"话题的讨论；以及像西洋骨牌或九柱戏这样的传统游戏。在这样的神话表现中，英国村庄的小酒馆也作为狩猎聚会、射击俱乐部和板球队的场地，或作为农村生活扩展的社会领域部分，与社区活动交织在一起。而且,一些乡下小酒馆的文化表现传统上被怀疑对某些法律界限抱有灵活的态度,例如,下班后饮酒、未成年人饮酒、赌博和饮酒驾车,反映了尼尔和沃尔特斯(Neal and Walters, 2008)的观察。农村社区或许是内部管理的地方,作为国家易于监督以外的空间,农村社区也是宽恕国家法律和习俗特殊方面的地方。

在像英国这样的国家,可能会看到很多展现上述特点的农村小酒馆,但梅耶等(Maye et al., 2005)恰当地警告不要"不加批判地接受小酒馆农村社会的功能性结构"。他们认为,农村小酒馆比神话的表现具有更多的特征,存在于"民俗文化"和"大众文化"之间的连续统一体中。特别是,他们认为,许多英国乡下小酒馆经过修整和再创造已转向大众文化一极,修整和再创造把它们转入文化商品化的空间。这样的"标准化"和"再造"的小酒馆是乡村性舞台表演的背景。最普通的是,用当地食物服务,但也通过似要庆祝某方面农村生活的鲜活民间音乐或特殊的活动。这样,它们就会吸引可扩大到本社区以外的客户,如旅游者,也许确实会被当地居民所抛弃,因为他们已不再把小酒店当作"喝酒的酒店"。因而,具有讽刺意味的是,或许表面上最接近乡下小酒馆的虚构形象,并通过供应链与当地经济联系最紧密的小酒馆,却可能嵌入当地社区的程度最弱,并可能受到社区表现空间方面的限制,尽管它们会继续促进想象乡村性舞台表现的限制(Maye et al., 2005)。

小酒馆也是农村社区产生和再现社会差异的场所。第一,农村小酒馆通常是高度性别化的空间,顾客和文化均由男性高度主导。不仅非正式习俗限制了女顾客(与她们的伴侣)每周某晚出席(Heley, 2008),而更主要的是,其他时间通行的活动和表现可能常常被解译为男子汉气概。例如,坎贝尔(Campbell, 2000)在新西兰南岛做的两个村庄小酒馆案例研究中,他观察到,"公众的喝酒表现事实上包含了在男人中间等级明显紧张的竞争互动",如"连续的口角,其间其他喝酒人仔细观察男人的表现"(同上),在酒量和性能力上开玩笑,但也谈及当地的和农村的知识与活动。"工作超出了可接受的体力劳动范围,嘲弄农业活动的女性化。"(Campbell, 2000)因此,坎贝尔认为"男人在小酒馆的喝酒活动对更简单的生活来说,已不再是一个令人怀念的记忆:喝酒活动之所以持续存在,是因为这是在农村社区生活中表现男权力和合法性的场所……农村小酒馆事实上可作为男子汉气概的霸权形式构建、再现、成功防守的主要场所"。

第二,小酒馆在社区中也有等级区分,或在"当地人"和移民之间是有分异的场所。例如,哈雷(Heley,2008)在英国南部所做的乡下小酒馆人种学研究中观察到,有钱的迁入者对财富的炫耀,他们经常大声地炫耀大宗的购买以及豪饮一杯杯的昂贵的酒水。哈雷也阐述说,社会差异也深深铭刻在小酒馆的地理之中,一个角落,一个"办公室",都含蓄地为村中老人保留着。可容纳两个或更多小酒馆的社区,顾客的社会分异意味着,小酒馆是"建立分开的群体身份,社会边界得以维护和合法化"(Maye et al.,2005)的地方。这种本质上的划分,贝尔(Bell,1994)在英国南部的两个村庄小酒馆的研究中就已观察到。中产阶层村民喜欢的福克斯小酒馆,是欢宴上精彩表演的场景:

> 在福克斯公共酒吧,人们并不愿站着或面对而坐。尤其是重要夜晚,很多人会在酒吧内挤在一起。这群富于激情的人,脸都对着一个关注方向,高扬着和几乎浮动在黑暗的身体下部以上,几乎不能分辨彼此。仔细看到称作"立体脸"是不可能的。在人群中间,人明显感觉的只是单一群体的部分。

(Bell,1994)

与此形成对照的是,第二家小酒馆,马与猎狗(The Horse and Hounds)。这里的顾客被村里的劳动阶级村民所喜爱,在分开的小团体,他们"会相对而坐,与其他桌的人背靠背坐"。然而,事实上不够明晰的社交表现反映出群体是个更为安逸的集体。社区表现形式不同,在马与猎狗的购买活动比在福克斯更普通,同时前者的社会空间也延伸至小酒馆的足球队中。

(二) 农村社区的展示

表现农村社区的第二场所是跨农村地区看到的很多年度节事的地方,如村庄盛宴和节日、嘉年华、农业展览、州和国家交易会及各种当地传统、风俗和仪式。这些节事活动起着一些不同的作用。在很多案例中,最初它们是以旅游者和来访者为目标的舞台表演。因此,就以农村文化的商品化为地方经济做出贡献(参见第四章)。为了突出特色,农村节事活动通常指的是长期举办的地方传统表演,反映了真正的"农村"文化,然而,它们通常是"虚构的传统"。同时这些活动创立于近几十年(通常是"自下而上"的农村自主性开发的一部分,参见第五章),并仅仅松散地勾勒出历史活动。在这样虚构的传统中,地方农村遗产的选择性恢复和再现,促进了社区内部与外部消费含义的连接。而且,地方居民在这类活动中的参与实际上有助于加强社区的一致性,分享共同的努力,或作为社区成员实在的"聚会场所"。

三个元素中的每个元素都可以在温彻斯特和罗夫(Winchester and Rofe, 2005)所讨论的勒贝托节日的灯光(Lights of Lobethal Festival)这一案例中看到。这是个在圣诞节前每年举办17天的节日,在这个节日里,澳大利亚南部勒贝托小镇的居民用圣诞灯装饰他们的家和公司,也有各种圣诞节主题的活动。这个节日声称是讲述德国路德教遗产小镇的故事,然而,却是一个虚构的传统。它最初起源于1947年,延长到20世纪90年代,并随着小镇的主要雇主,一家毛纺织厂的关闭。今天,这个节日对地方经济有着重要贡献,每年吸引着超过250,000名旅游者,但是正如温彻斯特和罗夫(Winchester and Rofe, 2005)指出的那样,在社区建造时就已蕴藏着批评。一位居民评论说,"社区让我们聚在一起。这不关你归属社区哪个地方,当我们聚在一起时,你已得到圣诞节时的共同命名"(引自 Winchester and Rofe, 2005)。

在那些人口比较分散的孤立农场和山谷定居的家园,以及那里的表演和节日可为社区聚会辩解的地方,每年的节事活动对加强社区凝聚力的作用是非常重要的。历史上,随着固定市场为满足农场家庭以及为农业社区内知识的传播提供的机会,这是农业展示的主要功能。然而,正如路易斯·霍洛威(Lewis Holloway, 2004)所说明的那样,农业展示已随着农村变化,变得更引人注目,并可为农业社会提供"使它们具备把农业展现给大量非农业访客的背景"。因此,农业展示已成为景观。其中家畜的游行展示、美酒的展示、现代农场机械,是农场生活舞台表现的一部分。同时,路边货摊以及农村手工艺和风俗展示呈现给旅游者体验农村多种多样经验的机会,如伊登瑟(Edensor, 2006)在英格兰(柴郡)(Cheshire Show)观察到的那样。他指出"农场机械和家畜的比例已萎缩"。他主张,"没有单一的生产过程,而只有上百个舞台聚集着的乡村(摊位、陈列、表演舞台、示范、游乐场地、咨询中心),为获得大量徘徊在场地上观众的注意力而相互竞争"(同上)。在竞争吸引人之处,有"成堆的面包、果酱和蜂蜜、奶酪、蛋糕和饼干……放在土里土气的桌子上"(同上)。工艺品从拐杖和手杖,到木雕及农村风景图画、乡下技能展示会、摘葡萄的拖拉机展和需要专业农村知识方可充分欣赏的稀有动物品种。

这样，农业展示可以有不同层面。对大多数旅游者来说，展示会是用一天或一个下午展示模拟农村生活方式的场合。然而，对内部团体来说，农业展示是他们社区再现的一部分，通过积极参与展示和对家畜产量的评价来实现。进入到内部社区是由允许高质量家畜或优质农场资源管理的知识所决定。同时，霍洛威（Holloway,2004）认为这些展示越来越被看作是对公众进行农业教育的机会，所有必需的知识不能都被轻易地传授，但凭借饲养家畜的直接经验，扩大了卡罗兰（Carolan,2008）讨论的表现和非表征的知识领域。

因此，农村节事活动同时是接纳与排斥的场所。它们可以促进社区融合，但是也含蓄地排斥了不符合社区规范的团体。例如，复兴农村传统，再现可对社区内外团体造成侵犯的种族或性别旧习。在某些情况中，这可导致争论和冲突（例如，参见史密斯（Smith,1993）苏格兰匹布尔斯贝尔塔娜节（Peebles Beltane festival））。同时，边缘化的群体可用他们自己的节日和传统构建展现可选择的农村社区。例如，英国北部的阿普尔比新商品交易会（The Appleby New Fair），即为英国诺曼底吉卜赛旅行者社区重要的经济和文化活动（S. Holloway,2004,2005）。起初是可服务广泛农村社区的羊、牛和马的交易场所。20世纪早期，交易会主要是由吉卜赛旅行者主导的马匹交易场所。每年有5,000到10,000吉卜赛人参加这个交易会，为了交易和与他们分散的社区同伴交际和会面。然而，吉卜赛旅行者始终是现代英国乡村歧视的目标。每年大型吉卜赛旅行者社区在不多的小于3,000永久居民的小镇上会聚，则会产生紧张局面。一直有禁止这项交易会的企图，正如霍洛威（Holloway,2005）所示，许多当地居民把吉卜赛旅行者描绘为与众不同而且是破坏的根源。吉普赛旅行者在市场交易中表现出的流动性与无序性与基于定居、财产和秩序为基础所形成的农村社区产生裂痕，在当地居民、农民与吉普赛人之间造成一种紧张关系。有些居民与"真正的吉普赛人"有着清楚的划分。有些居民与"真正的吉普赛人"有着清楚的划分。他们只把"真正的吉普赛人"作为部分乡村传统所接受，或污为潜在罪犯的"马屁精"所接受。然而，公平的生存可以说在广泛的农村社会得以接受。因为，乡村是多元的，农村社区是由多种形式所表现的。

四、表现农场

(一) 农场生活景观的情感地理学

耕作地理学研究传统的重点是农业经济与环境范围。它主要把农场建构为一个经济单元。同时,农村社会学除了对农耕社会维度的认识有很强传统外,也认识到农场作为复杂的劳动和社会关系场所的重要性。它的研究方法重视结构的形成,以及在等级、性别和资本主义更广泛的大结构内的耕作地位。因此,只是最近所呼吁的从应用文化视角进行农村研究(Morris and Evans,2004),才开始重视把农场作为一个建构话语权和表现的场所。

虽然现代资本主义农业的论述鼓励农民将他们自己当作专业的"生产者"或"种植者",以及把他们的农场作为"企业",但"农场主"的身份并不像任何其他的职业分类那样。成为农民是要与特殊的生活方式一致,即要具有社会的、文化的、道德范畴的以及经济目标的生活方式。这种一致性的构建和重现既要通过大众文化,也要通过农耕社区的成熟讨论,这就是对农民按特定方式进行思考和行动的社会期待。因此,对一名农场主的认同也是要通过田地工作、农场主与其他家庭关系、他们的劳动能力和广泛的社区所形成与确立。

农场是表现农场主特性的场所。大多数农场主生活和工作在他们的农场。他们通过复杂的社会、经济、文化、道德和情感互动网络与农场景观联系在一起。这在人类学中演变为耕作方式概念,即与人和景观之间的社会、文化和经济打交道的方式。康弗里等(Convery et al.,2005)借用这个概念将此称为农场主的"生活景观"。如康弗里等(Convery et al.,2005)所解释的那样,当把这个概念应用到耕作时,"生活景观把空间、家畜和耕作社区连接起来,并阐明了农业情感景观的多相性"。

赖利和哈维(Riley and Harvey,2007)在英国所收集的耕作口述史中复杂的关系是明显的。农场主的讲述充满了对农场景观的亲近了解。田地、篱笆、人工制品如丢弃的拖拉机,提供了故事和记忆的线索。故事通常与传记中的事件交织在一起,如一个农民在他侄女结婚那天在田里割干草的回忆,即关于庆典和收获之间的回忆。此外,赖利和哈维注意到,"通过展现农业实践活动的重复,过去的各方面都具体化了"。许多故事都征引了农民的记忆——耕地、割草、捆干草、拉牛去小溪边喝水、建水草地——无论过去的活动还是现在的活动,都做了比较。这样,赖利和哈维(Riley and Harvey,2007)认为,"通常积累下来的可追溯到很多代人以前的认识均可作为当前实践活动的基础"。

当外部力量介入并破坏了日常表现、轮回的农场活动时,如2001年英国流行的口蹄疫那样,农民和农场景观之间的情感纽带或许会陷入最尖锐的痛苦之中。为控制和消除病情的努力包括对农场(经常是自愿性地)实行检疫,清除确认爆发地点最近处的所有家畜,包括健康的家畜。这些措施打断了农场生活的日常表现,被清除了家畜的农场,仅留下空荡的养殖场,不再进行日常喂养、放牧、挤奶等工作;同时,市场上的社会交往和其他社区大事等常规模式也受到限制。而且,健康家畜的清理对许多农民来说是正常活动的倒置,对建立的生活景观的侵犯,正如康弗里等(Convery et al.,2005)描述的那样:

> 很明显,这破坏了常规关系——虽然羔羊通常会被宰杀,但并不是在它们刚出生的时候。家畜养殖的节奏和循环关系不是同步的。流行病在理所应当的生活景观中造成的裂痕不只是物质(例如牲畜)的损失,也是自己的损失(农场主对与生活景观相联系的意义与一致性的理解力会成为问题)。死亡发生在错误的地点(发生在农场而不是屠宰场),并且也发生在错误的时间(和农场工作日历有关)以及错误的规模(像这样大规模的屠杀很少发生在同一时间内)。
>
> (Convery et al.,2005)

受到口蹄疫流行病影响的农场主和农村居民,通过诗歌发泄了他们的情感。他们中的很多人试图用像"何处放牛"那样的标题表述被破坏的生活景观,或是参照被改变了的农场生活情况。畜牧业被对宰杀的残忍和农场每天的静寂所代替(Nerlich and Döring,2005)。

(二)农场生活的性别表现

作为一个经济部门,农业更深刻的特殊性是按照"家庭农场"概念把农场企业和家庭融合为单独实体,如在北半球广泛见到的那样(参见专栏7.2)。这种"一体化"的陈述(Gray,2000),表示家庭和农场"成为统一的共同实体"(同上)。如上所论,塑造农场的生活景观是重要的,但在面对农业的挑战性环境中,这是脆弱的一点,也是恢复力之源(Johnsen,2003)。从根本上说,"家庭农场"的概念表示,耕作是需分担的努力。家庭中的每个成员都要承担自己的那部分,不过,正如布兰特斯(Brandth,2002)解释的那样,家庭农场内的分工是有严格区分的:

> 家庭农场是家长制的;男性农民是家庭农场和家庭的负责人,由他们制定相关的决定。他也是农场的公众面孔,同时还参加农业组织和论坛。家庭农作根据家庭成员的劳动力,在根本上,根据性别分配任务。女人们负责照料和家务工作,这种工作分配一直被看作是根据某种性别的特殊贡献的"自然"分工。
>
> (Brandth,2002)

专栏7.2 在南半球的性别和农场工作

在南半球,女性农场主在粮食生产中扮演着决定性的角色。对丧亲之痛和乡村男人移民到城市寻求一个报酬工作的反应(参见第六章),非洲、亚洲、拉丁美洲的女人已越来越多地承担起商业性和生计性种植的责任。联合国粮农组织(FAO)估计,非洲至少五分之二的农民是妇女。女人们负责非洲全部实物生产的60%到80%(Zaccaro,2009)。

然而,女性农场主的工作常常被边缘化,或不曾出现在文化习俗的官方讨论之中。这些文化习俗继续把农耕工作构建为男人的活动。这就包括农场工作体力活动的直觉和女人做这些工作的能力。例如,在埃塞俄比亚阿姆哈拉(Amhara)地区,"农民"通常被定义为可以独立从事播种和耕地活动。例如,女人在埃塞俄比亚贡献了大约40%的农业劳动力,这包括播种、除草、收割、脱粒、照看家畜和挤奶,但是,因为很少有女人犁地,所以她们不被认为是农民(Frank,1999)。在当地文化中,犁地被认为是不适合女性的活动,并且对女性的体力需求太大。然而,如弗兰克观察的那样,犁地对年轻男孩来说,并不需要过多体力,他们经常来帮忙犁地。在这个地区,很多女人说她们也想犁地,但男人们阻止她们学。这样,弗兰克下结论说,"或许女人是没有能力犁地更多地根据文化观念而非实际上的身体条件"。

> 对女性农民讨论的边缘化已产生了严重的结构和实际影响。跨南半球,女性农民仅仅拥有小片部分土地,并比男性农民受到更多的不利地块、更限制性的土地租期和所有权条件的限制。她们也很少能够获得贷款或得到培训,在农业机构和政府机构中很少有发言权。正如哈特(Hart,1991)在马来西亚的研究中认为的那样,这些系统性偏见强化了农村贫困男女组织起来抵抗国家和大资本土地所有者利益的不同能力,以及利用农业改革和机会的不同能力(参见Angeles and Hill,2009;Koczberski,2007;Razavi,2007)。
>
> 进一步阅读:哈特(Hart,1991)。

在大众文化中,在农业传播中,在农业组织的记载和论说中,再现了农场性别分工的论说(Brandth,2002;Liepins,2000c),但也可通过农场日常工作的规定表现出来。在此,男性农民通常承担着土地的管理和耕作、照料家畜和操作机械等工作。换言之,这些活动通常被理解为"农事"。相比之下,农场妇女通常是处理农场文件和账目工作,从事基本家畜牧养、农场副业等基本工作,例如,农场商店或者床铺等食宿工作,维持农场家庭。换言之,即那些通常不被看作是"农事"的活动,尽管这些活动对于农场经营来说是决定性的。

按照家庭农场的论述,这种劳动性别分工反映出男人更强壮的体力,田地劳动对体力要求的特点(Brandth,2006;Saugeres,2002a)。然而,由于机械化,农场工作的体力要求业已减少。由于熟悉技术已成为男子汉的特征,男性农民已保留了他们的优越地位。的确,可以说,机械化已促进了农场工作的女性化。女性农民已不再需要帮助如收割,或在工作中贡献灵巧身体技能这样的工作,如捆干草(Riley,2009)。农场劳动力性别分工的改变可由英国匹克(Peak)地区一位农场妇女的反映予以说明。她回想到,当在农场厨房准备午餐时,"今天,我已习惯做很多这类工作,而男人们则在外面做事……而这一切都改变了。这些日子,我的丈夫和儿子们所做的这些工作都是在拖拉机上。我在这儿,很少参与他们的工作"(Riley,2009:666)。因此,农场工作也有性别的地理学,女人在农场的厨房和办公室,被限为"幕后"角色,同时男人则在农场的"前台"工作(同上)。

而且,通过男性后裔的农场继承,将农业建立为男子汉追求的耕作。正如索格瑞斯(Saugeres,2002b)根据法国家庭农场主的研究所观察到的那样,"农场主对土地上的工作有一种天然的偏好。据说这种偏好在出生的时候就获得了。而且,通过继承,农场主馈赠了他和土地的联系"。相比之下,在语言上可与卡罗兰的思考共鸣,"女人并非代表着不能独自做农场工作,而是因为她没有具体的农耕知识和与土地的具体联系"(Saugeres,2002b)。

因此,通过话语的重复和反复的实践,农业确立为男人的工作而得到维持。正如索格瑞斯(Saugeres,2002a)所描述的:

> 由于确立了耕种的男性化,话语权和实践活动逐渐强化并法定了维持这种男性化空间的各种边界。由于话语强调体能力量和对技术的自然倾向,这就成了作为农民的两个根本品质。只有男人被假定为具有这些特质,并且这些特质又根据生物学而被自然化,这种情况是不可避免的自然法则的一部分,是不能变化的。

(Saugeres,2002a)

然而,由于农场劳动力的性别分工需要由实践规定,所以也可以通过表现进行竞争和予以否认。索格瑞斯(Saugeres,2002a)和希尔瓦斯蒂(Silvasti,2003)都详细讲述了女人在农业中承担了传统上由男性承担的工作。这就是家庭农场讨论的力量,然而,劳动力的性别分工通常被农场妇女也被农场男子当作自然的和不可避免的(Brandth,2002),甚至单身的女农民也倾向于认为,由性别来判断她们的成功或失败。例如,希尔瓦斯蒂(Silvasti,2003)就列举了芬兰一个女性农民安妮(Anne)。她放弃了继续经营家庭农场。她说,"这项工作对我来说太沉重了,这种工作不适合女性来做"(Silvasti,2003)。如希尔瓦斯蒂所论,"有趣的是,在失败的时候,安妮准确地指的是她的身体缺陷。虽然经济问题严重,用农场主这个社会地位,以及她自己确立农民身份也是困难的,但最终是因为她对自己的身体丧失信心——虽然年轻,美丽,但不足"(Silvasti,2003)。

然而,有迹象表明,农场工作的性别确定正在转变。不仅独立女性农民的数量在增加,特别是,在农业技术革新背景下,年轻的男性农民也在对他们的身份进行再评估。例如,科德维尔(Coldwell,2007)采访了澳大利亚的农民,在他们的陈述中,强调了要跟上技术和业务技能,以及自己体力的强壮。虽然这些特点仍是男子化的表达,但科德维尔认为,它们所反映的是新的"对话式男子气概"的一部分,其中农场工作不是封闭的和只留给男子的。同时,农民中高比例的抑郁和自杀与那些感到他们已不能在日益困难的经济环境中具有男子汉式的农耕模型的期望相匹配有关(Price and Evans,2009;Ramírez-Ferrero,2005)。

五、通过狩猎展现的乡村性

在北半球和南半球,历史上狩猎野生动物就是农村文化的重要部分。狩猎动物为了获得食物和服装,为了抑制危险的威胁庄稼、家畜甚至人类生命的害虫和食肉动物,也为了运动和休闲。对农村人而言,狩猎经常会唤起他们与自然之联系的表达。他们在和非人类协商分享农村空间(参见第六章)。狩猎象征着人类在自然中的主导地位,但也可以代表对自然的管理,而且在自然秩序中,是食肉动物和猎物之间的活动。狩猎表演和仪式,除了对内生式农村认同的构建具有象征意义(参见专栏7.3),也可维持农村社区内的社会秩序和农村年轻人的成人仪式。这些将在本节的说明中作为讨论的例证。

> **专栏7.3 狩猎和本土的农村文化**
>
> 狩猎对很多土著人来说是重要的文化活动。对他们来说,狩猎不仅是传统仪式和习俗的展现,也是他们的精神生活以及与地方相联系的重要部分。正如佩罗(Perreault,2001)认为的那样,"地方认同"对于土著人尤为重要,因为土地和土地利用通常是他们生活方式与认识他们自己的核心。传统狩猎可以是展示地方一体的方式,但是,它也是与外在价值、环境、政治和商业利益的冲突点。
>
> 例如,对北美和格陵兰北极地区的因纽特人来说,通过狩猎、捕鱼和采集从土地、天空、水中所获得的"乡下食物"是他们的一体性以及他们与环境联系的基础。戈姆拜(Gombay,2005)解释说,就像因纽特人狩猎、捕鱼或采集食物时,"物质和非物质世界是融合在一起的,有着层层含义和理解。乡下食物的获得就是认识他们所生活的土地。这即是关于在生命和非生命体自然界中构建一处人们的地方场所的意识和知识"。这意味着,与自然在一起的工作,知道在

第七章　表现农村

> 哪儿和什么时候可找到植物或动物,按照因纽特人的精神信仰,接受狩猎动物的礼物,因它呈送给猎人。
>
> "乡下食物"是因纽特文化的中心。狩猎,社区成员从幼年就被引导:
>
>> 从那时,他们还是童年的时候,就看到射杀海豹、屠宰北美驯鹿、摘草莓;他们知道什么是生吃的,从鱼钩刚下来的鱼还是温热的。直到他们有能力时,他们就被鼓励参加到这些活动之中。在他们作为猎人成长的每一步都是带着骄傲的标志。
>>
>> (Gombay,2005)
>
> 至关重要的是,传统上的口口相传,乡下食物在社区中是分享的。分享起着黏合剂的作用,"将社区凝聚在一起"(同上)。然而,在最近几十年,当因纽特居民已在固定的社区定居并设立了制度,这些文化习俗就受到挑战。加拿大政府在20世纪70年代建立了猎人支持项目(HSP),项目为猎人采集乡下食物而支付费用意在支持传统文化。通过猎人支持项目购买的食物被仓储下来,免费分发给社区成员,但是正如戈姆拜(Gombay,2005)所报告的那样,在一些社区分享猎人支持项目食物时,紧张关系也开始发展——例如,在把鱼或肉分给非因纽特居民时。
>
> 进一步阅读:戈姆拜(Gombay,2005)

然而,在最近几十年,狩猎对物种数量衰竭的环境影响意识不断增长。与增长的"动物权利"兴趣结合在一起,特别是城市居民的认识,使得狩猎面临极大压力。在南半球,通过教育项目和生态旅游倡议,保护计划一直试图劝阻土生土长的居民狩猎濒临灭绝的物种(Gibson and Marks,1995)。在北半球许多地区,立法已在寻求管理和限制作为运动的狩猎活动。不过,无论南北环境,反狩猎战略在认识狩猎对农村社区的文化意义上始终摇摆不定,总是把重点放在狩猎是农村认同的表现上。

(一)英国农村仪式,表现和狩猎

在2005年颁布动物福利之前,用猎狗捕猎狐狸和鹿是英格兰乡村长达200年之久的传统的和令人崇拜的消遣(Woods,2008b)。立法之前,漫长的公众辩论不仅关注动物福利问题,还关注狩猎对英国农村文化的象征意义。狩猎的支持者认为,拟议的禁令是对农村认同的威胁,而经修改的仪式和表现的延续才能显示出,农村社会这项运动的社会与文化的重要性,甚至在禁令导入后,法律、方法才能具体地与追捕鬣狗和猎杀哺乳动物联系起来。

传统的狩猎是围绕着追捕展开的,猎物会超过几千米去追赶狐狸或里鹿,骑马进入"狩猎场"的坐在各种车里进入(狩猎场)的狩猎者,驾驶越野车进入的狩猎者,或徒步进入的狩猎者。在合法的狩猎中,追逐的是虚张声势而非鲜活的动物。正如马文(Marvin,2003)所述,狩猎是编写的剧本和编排设计的表演,有明确限定的参与者角色(包括猎狗、马匹和狩猎的狐狸或鹿)、仪式和惯例。此项表演得到拥护者的支持,如猎人号角、发出狩猎开始和结束的信号。根据严格的仪礼,骑马追逐者的服饰随着不同的季节和职务而改变。

因此,狩猎是一项奇特的表演,参与者"宣布了他们在乡村的出现,并在外观上和声音上引起了对他们的关注"(Marvin,2003)。不过,这是一场外表的展示而非外部的消费。马文(Marvin,2003)认为"捕猎没有远距离、无关的观众,没有观众处在活动本身之外,也没有纯粹的观察者"。所有在场的人都是这项狩猎表演的参与者。虽则如此,这项表演被要求在农村社区之内举行(相片 7.2)。

通过为农村居民提供集会场所,狩猎有助于农村社区的展现。从狩猎舞会到宾果游戏再到惠斯特纸牌,延伸至狩猎集会,通过社交活动进行慈善募捐。(Cox et al.,1994;Milbourne,2003)。同时,狩猎为社区归属感所做的定义,不仅由参加这些活动所建立,也由对狩猎的独特仪礼、习俗、语言密码所建立。如考克斯等(Cox et al.,1994)所解释的那样,"与所有的仪式一样,这给予那些参与人员清晰的认同感,相应地对那些不熟悉狩猎习俗的人给予了排斥感"。

全程参与不仅要求可理解语言和习俗,也要求对狩猎的技术和猎犬的工作做出评价。狩猎追随者要按程序对狩猎做即席评述和分析,利用"深刻的狩猎知识不仅是简单直接地对别人的表演告知以关键的、有距离的判断,而且是给出他们自己在自然界中的直接经验。这使得他们可以全部地、直接地、主动地呈现"(Marvin,2003)。拥有这种知识被看作是与众不同的"农村"特征,即通过农村景观的狩猎活动强化联系。正如马文解释的那样:

第七章 表现农村

相片7.2 英格兰埃克斯莫尔(Exmoor)的狩猎和农村社区表演

狩猎成员完全献身于他们的狩猎,表现出对特殊的狩猎"乡下"很深的归属意识。这是个由于他们的狩猎经验而拥有亲近与密切知识的乡村。这不仅是他们访问的乡村,而且还是他们身处其中并属于他们的乡村……正是这些他们所控制的景观已变为竞赛的表演空间。但是这种转换,尽管新颖,但却仍是无经验的并充满直接潜能。每个狩猎日都有悠久的历史,这对那些规矩地在此驰骋狩猎的人有着深刻的影响和共鸣。

(Marvin,2003)

因此,马文认为,乡村不仅仅是一个舞台或是狩猎表演的环境,而且是"狩猎本身的积极组成部分"。因此,狩猎和乡村性密不可分地交织在一起。

(二)狩猎和男子汉气概

除了英国,狩猎在北半球特指追踪和射猎鸟类和哺乳动物。与英国的狐狸狩猎表演相比,追踪和射猎通常是个人与小团体的活动。正是这个狩猎人亲身追踪和猎杀动物,这样的狩猎被看作是对身体和心理力量的测试。以此类推,这些感知的特点导致将狩猎构建为男子汉的活动,可用挪威捕猎麋鹿的例子进行说明(Bye,2003,2009)。

猎捕麋鹿是挪威一项相对较近的传统。尽管如此,在挪威的森林地区,它被赋予了具有文化意义的地位。"猎杀麋鹿在塑造男子汉化的农村认同中,具有核心作用"(Bye,2003)。作为男人的符号,首次狩猎是挪威男人的成人礼,通过携带步枪、击杀第一只动物、杀死第一头公牛这些步骤来实现。这样,猎杀麋鹿"是人生活的重要转折的象征和仪式"。例如,正像举例所言,"太小不能去打猎"、"麋鹿认证"、"猎人"和"退休的狩猎者"(Bye,2003:145)。挪威农村社区的男人期待参与狩猎:"如果一个男人生活在'狩猎社区'而不参加狩猎,他也许会容易地感到被边缘化了,或'不相称的人',意思是,他不是一个'真正的男人'。"(Bye,2009)因此,男子汉气概和农村认同在这些话语中交织在一起。

猎杀麋鹿是一种特定惯例和仪式的表演,需要猎人用特殊的方式行动。正确的服饰和道具很重要,这样"一个男人是否是一个可以被接受的狩猎者或是一个户外运动爱好者,在一定程度上取决于他的衣着"(Bye,2009:262-263)。"真正的"农村狩猎者不穿"花哨的和昂贵的戈尔特斯(Gore-Tex)衣服"(同上)。就狩猎本身而言,对狩猎者要求锻炼体魄和展示技巧,像"特别丑陋的伤痕(伤到动物而没有倒下)或违反聚会领导指令,可能伤及声誉。最坏的情况是,从狩猎聚会甚至是地方社区除名"(Bye,2003)。

猎杀麋鹿为农村男人之间提供了空间。农村男人可在其中结为一体并得以发展,而且会得到社区认可。在狩猎小队工作,可通过晚上一起喝酒,结成亲密伙伴。以这些方式,"男性狩猎表现为自由的象征,因为男性可以按自己的步骤狩猎,而不必对女人有任何特殊的考虑;他们可自由地谈论狩猎,自由地喝酒而不用担心别人,或他们想什么"(Bye,2003)。在挪威,虽然女性相对参与狩猎的程度在上升,但拜伊(Bye,2003)所采访的年轻男性却对妇女狩猎充满矛盾。有些一直和他们的同伴狩猎的男人,则表达了对女性身体能力的担心,也担心损失男性排他性的空间。

这种排他性空间也要防止城市狩猎者的侵入,这些人参与商品性狩猎,作为他们自己试图表现出想象中的农村男子汉气概的一部分。然而,在拜伊(Bye,2003)采访的农村狩猎者看来,城市狩猎者充分展示出狩猎者的失败——这是农村和城市男人之间的明显特点：

> 都市男人以"另一群人"为特点，在这个意义上，他们代表农村环境中的异质。他们被描述成"挥霍的"和"自我为中心的"。由于他们表现出对野外游戏和自然安排的勇猛，他们被归类为强壮男子。而且，一般的观点认为，这是一群不具备成为好猎人必需的地方知识人。当农村男人是城市男人的对手时，就建立和提高了农村男子汉气概：农村男人就成了魁梧和身材均衡男人的缩影。他们也代表着真实和真诚，因为，狩猎对于他们而言不是嗜好，而是生活方式。
>
> （Bye，2003）

六、城市远郊乡村性的表现

本章的前几节着重讨论了乡村人员以各种方式展现的乡村性，经常强调仪式或自然界独特知识的重要性，并因而具备以排他性术语说明农村认同的功能。然而，对表演的考察也揭示出外人应对农村文化和农村生活方式的动力，尤其是城市移民和消费者。许多城市与乡村的约定都包含对个人试图"表演"农村角色和特征。这包括各种各样的农村旅游活动，从商品化的遗产消费，到具体的冒险旅游和生态旅游，再到在农场和保护项目的"工作假日"（参见第四章）。这也包括农村地区移入者与地方社区融为一体参与当地节事和活动的各种努力。

伊登瑟（Edensor，2006）提出，不论何时，"城市人"与农村结合，如作为旅游者或作为移民，他们都要适应新的表演习俗：

> 像所有社会表演那样，在文化上，农村剧院特殊的表演方式，围绕着服饰、动作风格、观看方式、摄影和记录、表达喜悦、交流意义以及分享经验被认为在特定环境下是恰当的。最初，学会特别的规定，才要求获得必要的能力。恰当的表演也可能受到共同参与者和围观者的审视。通过这种社会构成的方式在农村环境中的存在和行动，城市人逐渐失去了自我意识与自我监控，因为他们在常识上变得更加根深蒂固，对如何走路、在哪里走、如何欣赏和评价美、如何攀登、跑步、滑雪或放松的假设也变得没有弹性。
>
> （Edensor，2006）

形成这种转变时,城市人需解决大众话语对农村生活方式的商品化版本与内生的农村社区所规定的实际活动之间的差异。被拜伊(Bye,2003)笔下那些农村年轻人所嘲弄的城市猎人穿着戈尔特斯服装,购买着可笑的设备就掉进了这个陷阱——即购买推销给城市消费者的农村生活必需品,但农村居民却很少掉入这个陷阱。

哈雷(Heley,2010)同样详述了英国一个村庄富有移民的表现。他描写到,这些人被称作"新绅士"的一部分。这个群体渴望古老农村精英的生活方式,例如,他们想通过参与狩猎和涉猎展现这种生活方式可见的元素;拥有大房子和自己的土地;饲养马和狗,或经营兴趣农场;驾驶路虎,或其他四轮汽车;穿着花呢外套和巴博夹克;在村庄酒屋和社区的节事场合,尽量展现自己的形象和声音。然而,比起参与者与当地社区融为一体来说,这些表现使他们脱颖而出。但这种特定生活方式的活动有选择的表现并未得到农村上层阶级的认同,尤其是与农村社区传统乡绅相比"新绅士"的表现缺少了其所承担的道德与政治义务。

此外,城市人所想的构成农村生活方式的很多支撑条件和活动的流动性与易变性,意味着农村的表现并不需要与农村空间有必然的联系。无论城市消费者迷恋农村文化,还是到城市的农村移民,都要对某种模仿的农村生活转化到城市空间负责。例如,这些东西包括,尝试城市农业或在城市和郊区公园中复制"农村自然";城市居民制作传统"农村"手工艺品活动,如"农村"美食,可支持这些活动的商店和社团的运营;移民城市社区对传统农村庆祝节日;在城市消费产品环境中,说明农村生活方式表现的炫耀利用,例如四轮驱动车;和农村创新相关的服装品牌,如巴博外套或戈尔特斯服,农村市场的家庭家具。然而,展现并不完全脱离环境,这样就转变为城市背景。这些道具和活动未促进农村生活方式的表现,而是混合的表现。在此城市和农村符号的表现被混合与模糊。

七、结语

乡村性不仅是物质和话语方面的建构,还要被表现出来。乡村人员的表现,是居民和旅游者,这是把话语转化为实践活动,并成为乡村生活结构的方式。每天实践活动的常规化表现采纳了乡村性的话语,并把社会关系也包含其中。它们把社区聚合在一起，并组织土地上的农业工作。有些表演可能清晰地是舞台化的实际事件，明确为内部或外部消费乡村性的特别表现。然而，甚至每天例行公事似的活动也可以被编排与设计，因为参与者在设计的环境内才能演出规定的角色、人物和动作。

因此，乡村性的表现规定了农村认同和划定了边界，分清谁属于哪个农村社区，谁不属于。接受并不仅是符合一个话题，它也要求以正确的方式活动，使用和理解适当的语言，参与仪式与传统，欣赏做事的方法。这样，乡村性的表现包括并不具有表现性的具体活动，通过本能、直觉及切身感知等理解和感觉的方式。农耕活动、狩猎表现以及与具体领地地方联系的社区规定，都包含在超过表现性与农村景观和环境的联系之中。

表现乡村性的行动也加强了诸如农村社区内的社会差别。男子以及他人如女子一样，特殊活动的构建侵害了农村社区的性别关系，限制了男性和女性活动都可以接受的方式，再创了根本的家长制社会。与此相似，农村空间内可以规定某种表现的作用也许会受到阶级、年龄、种族、宗教的支配。破坏这些惯例，颁布违反这些标准的活动和任务（或没表现出预期的那样）或许会引起其他社区成员的怀疑。实际上，这或许被认为是对农村认同的自愿放弃。话语和表现因此是相互构建的：表现规定话语，而表现的解释又由话语表达。

八、进一步阅读

对表现乡村性概念的最佳介绍是蒂姆·伊登瑟（Tim Edensor）在《农村研究手册》(2006)一书中，他撰写了一些章节并对此概念进行了解释，包括许多本章所讨论的主题。多个农村表现的代表性维度，以及通过身体认识农村的想法，由迈克尔·卡罗兰（Michael Carolan）在《农村社会学》(2008)中做了讨论。饮酒文化、农村社区和男子汉气概之间更多的联系，参见休·坎贝尔（Hugh Campbell）发表在《农村社会学》(2000)的论文。同时，路易斯·霍洛威（Lewis Holloway）在《农村研究杂志》(2004)中讨论了农业展示的功能变化。有相对广泛的文献关于性别和耕种，仅仅有一些被参考到本章之中。贝利特·布兰特斯（Berit Brandth）在《农村社会学》(2002)中的文章对这方面的文献提供了很好的概述。利斯·索格瑞斯（Lise

Saugeres)在《农村研究杂志》(2002b)和《农村社会学》(2002a)发表的两篇文章对家庭农场的男子汉性表现进行了很好的研究。伊万·康弗里(Ian Convery)、凯茜·贝利(Cathy Bailey)、马基·莫特和约瑟芬·巴克斯特(Maggie Mort and Josephine Baxter)在《农村研究杂志》(2005)介绍了"生活景观"的概念,描述了英国2001年口蹄疫的情感影响。加里·马文(Garry Marvin)在西雷赛斯基、海姆和沃特敦(Szerszynski, Heim and Waterton)编辑的《自然表演》(2003)中撰写的章节中,作为表演对狐狸狩猎做了生动的描写。同时,格雷厄姆·考克斯(Graham Cox)、茱莉亚·哈里特和米歇尔·温纳(Julia Hallett and Michael Winter)在《农村社会学》(1994)讨论了猎鹿游戏庆典和农村社区的构建。挪威狩猎对男子气概的重要性,琳达·玛丽·拜伊(Linda Marie Bye)在《农村研究杂志》(2009)进行了探讨。更多乡村性的表现通过民间音乐,尤其是举手表决的例子,参考了理查德·亚伍德和克莱夫·查尔顿(Richard Yarwood and Clive Charlton)在《农村研究杂志》(2009)发表的论文。

第八章 管理农村

一、引言

　　正如之前章节讨论的那样,农村的生产和再生产中有许多不同的参与者:农村居民、迁入者、农场主、公司法人、旅游者、来访者、媒体、游说团体、学术研究人员、数目庞大的其他社会活动者,以及动植物等非人类参与者。本章重点在政府对农村生产、再生产和管理的作用。政府的参与是广泛的,并采取了几种不同的形式。通过对农村和城市地区的官方分类,政府首先积极对农村做出定义,然后利用分类编制政府政策框架并实施,通过各种非政府行动者通俗解释何处为农村(参见第二章)。整理和分析农村经济、人口、环境的统计数据,绘制地图和编写描述与记录农村的报告。国家也参与说明和记录农村的工作。这些记述向政府政策报告,但它们是由各类行动者用不同方式解译和部署的灵活陈述。例如,农村景观地图,最初为了军事用途,或协助管理,由政府制图机构编制,后来有了新用途,用来为旅游者进入乡村休闲和娱乐。

　　通过农村政策的制定和实施,政府继续积极地对农村实行进一步管理。例如,农业政策告知农业生产状况,农业组织的不同类型和实践活动的生存性,以及个体农场的财务健康;环境政策对利用自然的影响,规划政策对如何开发农村土地的管理。更广泛地说,医疗、教育、交通、社会福利政策等决定着农村社区公共服务的供给。通过这些政策工具,政府不仅在乡村性话语的生产和再生产中有积极作用,而且也塑造着农村的物质结构。政府有着影响农村景观外貌、农村经济结构、农村聚落模式、农村人口特征、农村教育和医疗特征、动植物存在、乡村旅游业商品化和农村人员生活水准的能力。正如狄克逊和哈普克(Dixon and Hapke, 2003)评述的那样,特别参照了美国的农业政策,"对农村地理学学者而言,农业立法的研究至关重要。因为它不仅对农民,而且对农村居民、移民工人、消费者、国内外商人和许多其他群体的生活有着广泛影响"。

政府管理农村的行动不是中立的,也不是客观的。首先,政府对视为较大领域范围的实体感兴趣,因为它要为之负责。例如,这样,农村总是被理解为更广区域内的国家经济、社会或环境的一部分。尤其是,资本主义政府典型地要为资本利益行动,并与这个当务之急相适应,做出影响农村经济的决策。政府的整体观点意味着,它采纳的农村政策立场,被农村居民认为反映了城市利益和忽视农村利益的话语权。第二,国家政策充斥着政治意识形态,为经济发展起到作用,为社会关系提供了规范的模型,也为政府行动的立法确定参数。例如,社会民主意识形态认为,政府应该介入对资本主义过剩的控制,并促进更加公平的社会;同时,自由主义意识形态限制了政府的范围,而且主张,当由市场力量驱动时,经济功能最佳。流行的意识形态可以启动政府的变化(虽然更普通的是在一个国家内主要政党意识形态的一致性程度),结果改变了农村政策的细节。

第三,政府行动者不断处于各种各样的游说团体和竞选运动之中,表现出不同的部门利益或农村观点。因此,农村政策制定由多种团体协商进行,特别是要有农场联盟、生产者协会、保护协会、环境和动物福利压力以及农村社区运动团体。这些团体在不同程度上接近和影响政府。在某些情况下,稳定的程度通过专一的"政策团体"实现,为回报意识形态的一致,它只给了有限数量的团体高层次的接触权;但是,在其他环境下,农村决策是不固定的,会随着争得"问题网络"中的竞争利益团体之间的影响而竞争。这样,政府对农村的管理过程是动态的、有争议的,有时还是矛盾的。

本章下一节要更详细地探讨农村政策制定和实施的实践,重点关注定义和描述农村初始阶段的意义,这构成了"农村政治结构"。接下来的两节所探究的重点在政府管理农村主要关心的两个方面,即管理农村经济和管理农村环境。第一个讨论强调政府管理农村经济方法的转变,即由意识形态转向新自由主义及对农村社区的影响;而第二个的讨论考察了在农村环境管理中政府的竞争需求,特别是在自然资源的保护和开发方面。

二、构建农村政策

（一）农村的政策构建

政府在管理或控制方面有积极性，农村为构建闻名的可约束的管理目标，就必须开始设想和记录农村的话语过程。换言之，"农村地域的管理必须要了解这片地域的结构和管理的目标"（Murdoch and Ward，1997）。因此，分析农村政策的第一步是，问清支持农村话语的假设和表达的政策形成。理查德森认为，"这意味着在政策过程中聚焦农村空间是如何构成的"（Richardson，2000）。这种"农村政治结构"构成了描述农村的四个阶段：识别关键问题、建立解决这些问题的合理性、形成并实施政策（Woods，2008a）（见表 8.1）。

当农村政策方向出现明确转向时，这四个不同阶段也随之转向。如在 20 世纪 90 年代末的英格兰，新选出的工党政府试图重新制定农村政策框架，以回应对狩猎和农业政策的反对。新政府首先建立了一个收集和分析统计数据的单位，比较农村和城市地区，并从著名学术机构委任了重要问题的"农村审计"。这些叙述呈现一幅非常不同的英格兰农村图画，完全不同于传统农业统计所勾勒的图景。新图景通过调动政策反对者，将乡村性和农业与传统乡村追求联系起来。相反，他们强调社会排斥、恶劣的居住条件和服务的可达性等问题——反映工党政府鼓励优先处理的政治问题，有助于摆脱它是一个"城市政府"的印象，建立管理英格兰农村的合理性（Woods，2008a）。这种农村政治空间重组使得工党提出了更为社会性的聚焦农村政策（尽管在 2001 年它的政策实施被口蹄疫流行病打断，但又把注意力转回到农业）。

然而，更常见的是，标准化统计和随时间推移的农村话语表达的重复，强化了已形成的农村政治建构，避免了迅速的变化。例如，在美国的农村政策中，农业的根本就是可追溯到未有人居住的广阔的美国"农村"情景，为农业耕作把这情景描述出来，并绘制成画布式的地图，调查土地并把土地分成地块给个体定居农民。因此，就创造建立在个体产业基础上的农业景观（Opie，1994）。这种描述行为与杰斐逊的农业主义论述融合起来，赞美了作为美国特性具体化的自耕农。这种描述行为与杰斐逊的农耕主义话语融合,后者把自耕农作为美国人性格的化身,联邦政府确保在国内粮食、燃料和制造业的农产品供应方面的利益,达成了政治共识,其中农村政策的主要目标被认为是支持独立农场主的努力(Woods,2010b)。

表 8.1　20 世纪 90 年代后期英格兰农村政策建构阶段的案例(Woods,2008a)

阶段	过程	英格兰农村政策的案例,20 世纪 90 年代后期
描述	通过数据、地图、图片、散文、剧本和逸闻趣事在农村的表现,描述农村空间的社会、经济和环境特征。	内阁办公室、农村机构和工党议员关注农业重要性减弱、社会与经济问题意义,及农村与城市地区公司化的农村集团。
问题识别	从上述中找出农村人员和农村地区需要政府解决的主要问题,确定农村政策的重点。	分析报告,分辨健康、教育、就业、住房、交通和服务等农村人口的重要问题(非农业和狩猎)。
建立合理性	示范政府机构或政党提议的解决农村问题,并对已调查清楚的地区进行干预的权限和委任权。	首相托尼·布莱尔和其他政府部长 1999—2000 年的演讲,强调农村地区对工党的支持;农村和城市地区共有的问题,以及政府"一个国家"的哲学。
交付	提出和实施农村政策的项目	《农村白皮书》编制的提议,我们的乡村:未来(2000 年,11 月),通过立法和政府项目实施。

美国农业部(USDA),是最先建立的联邦政府部门之一,并迅速成为最大的部门。它要周期性地对经济和环境危机做出反应。美国农业部主动参与更加广阔的、非农业的农村开发,正如布朗(Browne,2001)所观察的那样:

> 这些努力都是很小的,因为任何宽泛的政策都会承认农场政策的失败,并带来政策制定者对这项援助的怀疑。因而,有限的规模、资金和农村项目开展的手段总会很清楚。这种农场政策清晰地表明,农场政策筹资并未为那些落后的农耕业带来决定性的政府政策。
>
> (Browne,2001)

的确,尽管美国农村可替代的话语在流失,但农业的基础地位幸存下来,有些则成功得到部分国家机构的重视。例如,在某些保护政策方面(Woods,2010b)。

第八章　管理农村

奥佩(Opie,1994)公正地指出,通过主导农业话语,"美国人业已对脆弱的美国农田和美国农民签署了'责任'和角色,甚至道德命令"。然而,有利的反应业已通过内部调整农业政策以处理脆弱性问题——例如,从对个体农民长期关注转向对农业企业的关注。

因此,重视农业不仅衍生于农村政策的话语构建,也源于确保农业表达在政策制定中保留最重要地位的农业游说能力,甚至在农场就业减少的时候。对农业游说,特别是农场联盟的影响有一些解释,如多功能社会和政治组织的农场联盟在农村地区的扎根;农场联盟和政党之间形成的密切联盟;没有全国范围的代表替代非农业农村利益的竞争者组织(Sheingate,2001;Woods,2005b)。这些因素的清晰结构多方面反映了特殊的国家情形。例如,在澳大利亚,乡村党成了表达农民政策的媒介,并在20世纪中期大部分时间,成功垄断地控制了农业部;在日本,农民的合作组织是自由民主党政治机器的一部分;与此同时,在法国,主导性农民联盟(FNSEA),接纳了可确保它与保守党和社会党二者联系的右翼和左翼(Sheingate,2001)。

然而,最重要的是,战后时期,由于政府急于保障食品供给,将农场联盟与生产者集团融入政策制定结构之中。如英国、美国和欧共体,农业政策受到农业部门和大农场联盟紧密结合的"政策团体"的保护(Smith,1989)。在这个政策团体中,农场负责人得到了与部长和公务员正式接触的机会,并直接参与政策制定。作为回报,农场联盟要帮助政策实施,如收集可加强农业空间描述的农业统计数据。政策团体的参与者与生产主义者一致(参见第三章),而行动者可能会展现另一种表现,如将环境、消费者和动物福利群体排除在外。这样,农业政策团体只接受它们及与它们先前概念一致的农村表现,以此证实它们研究方法的正确性。

政策团体模式为后来第二次世界大战时期生产主义农业的发展提供了一个稳定的政治环境,但这也暴露了它应对不断变化的政治压力的失败。到20世纪80年代,随着公众对生产主义农业(参见第三章)问题的认识增长,他们开始对政府政策改革也施加了压力。同时,"新自由主义"政治意识形态的兴起促进了"治理"的新模式,或制定农村政策的新方式。在这个方式中国家中心论的、干涉主义的方式是不适合的。

（二）政府管辖和管理

238 在21世纪之交，许多国家农村政策的重新评价和重新定位已成为西方自由民主政府管辖模式更广泛转变的组成部分。政府管辖是国家确定谁该被谁管理、结果怎样，以及何种手段等问题的过程（Cheshire and Woods，2009；Murdoch，1997b）。这样，以上描述的农村政治结构即为政府管辖的一部分，由于在国家境内产生了"问题化"生活，因此提供了试图采取行动以应对由此产生的问题的手段（Murdoch and Ward，1997）。然而，政府管辖也指出，政府的本质与政府行为法律化参数等更广泛的问题，以及关于国家建设国土的知识，及对人口实施政策和权力有关（见专栏8.1）。

> **专栏8.1 政府管辖**
>
> 政府管辖是个宽泛术语，指的是造成社会可管理的方式。这个概念起源于法国哲学家米歇尔·福柯（Michel Foucault），他在质询"政府的疑难"时用到这个概念——即关于谁应该被管理、谁来管理、会是什么结果、用何种手段的管理问题（Foucault，1991）。一个独立机构的工作，福柯也用政府管辖去意指与国家行动扩大涉及社会行为和福利新领域的新方式的发展有关。福柯建议，这需要产生权力的新类型，有了新类型，才有为计算、审计和编写注册人口的新技术。
>
> 政府管辖的概念后来得到理论支持与发展，包括米切尔·迪安（Mitchell Dean，1999）和尼古拉斯·罗斯（Nikolas Rose，1996）理解自由国家演变的框架，尤其是探索"如何使管理一个'自由社会'成为可能？"（Murdoch，1997b）的问题。这样做，通过政府对自身存在的思考，将其管辖区域的问题化作管理目标，同时他们重点强调理性。产生的"政府管辖模式"则是根据变化的社会和经济环境及增强和减弱的政治意识形态的形成而暂时确定的。
>
> 因此，罗斯（Rose，1996）在"管理的自由主义"和"先进的自由主义"两种模型之间做了区分。管理的自由主义，在二战后的一个时期流行，为了限制不受抑制的资本主义的过度发展，管理的自由主义认为，国家应具备管理自由社会

第八章 管理农村

> 的功能。这主要由国家层面组织，而且在社会民主制度中，包括根据一系列共同国民社会权利福利主义的开发（获得教育、医疗、失业津贴和政府养老金等）。罗斯把这视为"通过社会的管理"。与此形成对照的是，从 20 世纪 80 年代开始寻求限制国家立法范围的先进自由主义居于主导地位。相反，先进的自由主义也包含"通过社区管理"的合理性，把责任交给期望"帮助自己"的市民和社区。国家作为促进者和监督者的"远距离管理"。强调对国家官僚主义的限制，但先进的自由主义也承认，为了市场运作，也需要一定程度的管理，在"先进的自由主义"和独立发展的"新自由主义"概念之间也存在着很强的一致性（见专栏 8.2）。
>
> 进一步阅读：默多克（Murdoch，1997b），罗斯（Rose，1996）

政府管辖的实践活动虽未固定，但却长期回应着不断变化的社会和经济形式，并处于不同政治意识形态的影响之下。20 世纪中期，以居主导地位的自由民主管理农村的方法——即强调通过国家干预和社区专属政策来控制支持农业——因此，反映了作为政府管辖普遍模式的管理自由主义更广泛的主导地位。例如，利用诸如农业、环境和人口统计整理以及各种形式的制图等技术，将农村作为一个单一量化的国家单位来呈现，这样可以观察和理解一个小型的政策团体（Demeritt，2001；Murdoch and Ward，1997）。反过来，政策社区试图以协调一致的单元管理"全国乡村"。决策则由中心设于相关政府部门的层级结构以自上而下的方式实施。这种操作方法有助于从外部干涉保护农业政策，但它也会在如保护、计划和经济发展等其他的、平行的"政策筒仓"中重复。

管理的自由主义允许农村按"国家利益"管理。它也不时使个体农村居民和企业的权力服从预想中的集体利益，但是，从国家的角度来看它也不考虑地理区位，赋予了农村居民同等对待的权力。这样，管理自由主义看到了农村地区公共服务的展现，也有助于支持经济发展和鼓励逆城镇化。另外，为失业人员和丧失能力人员提供国家救济金消除了个人土地所有者和雇主身上的家长制负担，促进了农场劳动力的合理化和重构农村劳动关系。

然而，管理的自由主义因过度延长了国家的影响且加大了国家成本及官僚主义而受到政治权力的批评。20世纪80年代在英国、美国经历了"新右派"政府的选举,选举采纳了行政管辖的新模式。"新自由主义"(在一些行政管辖文献中也指"先进的自由主义")国家活动因去管理和私有化而"退却"(Rose,1996)。先进的自由主义在不同国家之间的农村政策上应用是不同的。这点将在下一节有关农村经济管理的论述中进一步讨论。然而,可分辨出与农村政策建构和修改方式有关的三个关键特征。

第一,强调"管理社会"向"通过社区管理"的转变。先进的自由主义认识到当代乡村的不同特征,并认为,识别和应对出现的政策挑战,民族国家并不是最好的(Murdoch,1997b)。第二,"通过社区的管理"也包括纵向观点,即政策自上而下地从国家政府的民主"政策库"传递下来,向水平观点转变,其中需对不同政策领域对特定农村社区或区域的影响要有整合的观点。第三,在减少政府干预活动方面,先进的自由主义将管理农村的部分责任转向社区、私营和志愿者部门,鼓励"帮助他们自己"的个体公民(Woods and Goodwin,2003)。

这些主题都是相互联系的。例如,1997年英国出版的《农村白皮书》,记录了不列颠二战以来第一次综合阐述的政府的农村政策(和农业政策相反)。正如默多克(Murdoch,1997b)在文献中所观察的那样:

> 首先,我们看到,农村是怎样表现出由小的、紧密交织在一起的社区组成。维护自己的权利,这些社区完全能够"帮助他们自己"。政府也提议,确保对地方层次承担更多的责任。这样,就有望使一个循环连接一致:所有的农村地区居民均可享受到他们可长久为自己提供越来越多的基本水平的舒适服务。
>
> (Murdoch,1997b)

结果,先进的自由主义创建了"农村管理"的新结构,其中管理的责任由国家和众多团体、志愿者团体、私人企业以及个体公民分担。他们经常以"合作关系"在一起工作(Goodwin,1998;Woods and Goodwin,2003)。而且,这种结构的精细形式是多样的,例如,在荷兰,强调的是部门内部的合作关系(Derkzen,2010);同时,在澳大利亚,强调社区的自助(Cheshire,2006)。然而,贯穿的主线则表明农村行动者的行为能力。农村社区和个体农村公民已表现出有策略的、自给自足的和独立的。因此,不符合这种需要国家干预的陈规陋习的社区和公民,在某种程度上被暗示为不是真正的农村(Cheshire,2006;Woods et al.,2007)。

尽管如此,正如默多克(Murdoch,1997b)所论,先进的自由主义并不意味着国家的撤退,而是"远端的管理"。国家行动者在合作关系中通常是最强有力的参与者,在掌握管理中起着引领作用(Derkzen et al.,2008;Edwards et al.,2001)。国家也继续为管理官员的参与制定规则,并通过替代了先前全国性供应的准市场竞争为项目和首创性提供资金(Cheshire,2006;Warner,2006)。

三、管理农村经济

(一)从"农业福利国家"到新自由主义

对能源和建筑而言,作为食物、自然资源之源的农村空间的构成(参见第三章)意味着,国家对农村经济总是有兴趣的。历史上,森林和矿藏由政治领袖和国家行动者开发与开发,通常都是军事目的的。不同规模的政府当局在历史上对食物贸易也是积极管理的,特别是征收关税和税收。19 世纪关于自由贸易的政治辩论,往往指出口导向的制造业,反对保护论者的农民和土地所有者。然而,在日常农耕活动中,几乎没有国家直接干预,如果庄稼收成不好或价格低廉,政府也不提供安全网以帮助农民。

只是在 20 世纪中期,西方资本主义国家政府才开始更系统地干预农业经济(表 8.2)。这种发展背后的基本原理是双重的。首先,政府开始关注粮食安全。很多国家特别是欧洲国家,第二次世界大战后的一段时期经历了几次粮食短缺,快速城镇化的人口使保证可靠的粮食供给更加紧迫。然而,那时对农业部门的陈述清楚表明,为满足需求,农业需要广泛的现代化和工业化,这表明,通过部门内的个人投资,这点是不能实现的。因而,北半球政府通过为农民提供补助和贷款,为农业研究提供资金,进行农业现代化投资。政府也通过市场支持机制,承担技术创新的某些风险,刺激出口作物生产。

其次,政府尽管也关心保护小规模家庭农场的生存能力,凭借农村的政治结构,将小农场定位为农村社会的基石和农村环境的保卫者。在美国,为保证在大萧条中挣扎的家庭农场主的收益,1933 年作为罗斯福新政的一部分提出了农产品

表 8.2 农业政策和贸易主要发展的时间线

农业政策	贸易政策	
1862年美国农业部创建		
1914—1918年一战期间，英国农业委员会引进了国家对农业的干预		
	1930年史斯穆特-霍利（Smoot-Hawley）关税法案提高了美国农业进口的关税	保护主义
	1932年渥太华协议在不列颠帝国产生了帝国特惠制（优先权制度）	
1933年美国罗斯福新政引进了农业支持机制		
1946年联合国粮食及农业组织成立	1946—1948年支持自由主义的全球贸易对话失败，加强了保护主义	
1947年不列颠农业法案		
	1948年签署关税和贸易总协定	
1949年美国第一部"农场法案"		
1954年美国开始降低农业价格支持（在1964年和1973年进行了进一步改革）		
1957年欧州经济共同体制定了共同农业政策	1957年在欧洲经济共同体内创立贸易"共同市场"	
1963年世界粮食计划署制定紧急粮食援助分配方案		
1975年皮诺切特政权在智利开始新自由主义改革		新自由主义
1983年澳大利亚采取新自由主义政策，包括放宽农业管制		
1984年新西兰彻底的新自由主义改革，包括结束农场补贴		
1984年首次尝试共同农业政策改革，引进牛奶生产定额		
	1986年凯恩斯集团建立	
	1991年南方共同市场建立	
	1992年东盟自主贸易区建立	
	1992年在欧洲经济共同体内建立单独欧洲市场（后为欧盟）	
	1994年北美自由贸易协定建立	
	1994年关税及贸易总协定对话达成"农业协定"	
	1995年世界贸易组织成立，代替关税及贸易总协定	
2003年共同农业政策改革，"中止"欧盟生产的农场补贴	2003年农业贸易分歧导致世界贸易组织坎昆峰会失败	
	2005年欧盟、美国和日本在香港世界贸易组织会议上同意分阶段结束对农业出口的直接补贴	

供应管理（Winders，2004）。在欧洲，1957年建立的欧洲经济共同体的罗马条约明确提出将共同农业政策作为目标之一，并作为"确保农业社区公平生活水平"的政策（条款33，第1部分第b款），同时还需要考虑"农业活动的特殊本质。这本质源于农业社会结构，以及各类农业区域之间的结构和自然差异"（条款33，第2部分

第八章 管理农村

第 a 款)。在实施中,共同农业政策承担着维持农场居民生活水平的责任,当市场价格低于限定价格时,通过欧洲经济共同体(后为欧共体)干预制度来购买过剩的农场产品。因而,农场主保证了他们产品的最低价格。同样的制度也在其他国家实行,如日本、澳大利亚和新西兰。

通过这些机制,20 世纪中期发达国家的农业政策实际上建立了欣盖特(Sheingate,2001)称之为的"农业福利国家"。尽管表现为一项经济政策,但这个时期实施的农业补贴制度和价格支持,也发挥着社会政策功能,以国家津贴的形式补偿市场收入,并利用税收重新分配财富,以支持不能商品化存在下去的农场。

国家介入支持了生产主义,并极为成功地满足了北半球保障食品安全目标。然而,正如第三章讨论的那样,这个目标的实现付出了巨大的环境和社会成本,也花费了国家相当大的财政支出。例如,到 1984 年,共同农业政策的成本已吞噬了欧共体预算的 69.8%(Winter,1996)。因此,农业政策是新自由主义倡导者批评的目标(参见专栏 8.2),他们认为,国家在经济方面的干预制度,即是浪费的案例,也是不公正的案例,这种管理限制着真正高效的农业产业发展。

专栏 8.2 新自由主义

新自由主义是结合了古典自由主义和新古典经济学的政治意识形态。这样,新自由主义认为,财富的生产和社会利益最好是通过自由市场产生,政府只需保证资本主义的自由运行。相比严格的古典自由主义,新自由主义不主张经济运行不被管理的完全自由放任状态,而认为,一定程度的管理是保证自由市场无障碍运行的必要条件。这种管理不需要国家实行,但是新自由主义认为,国家的作用就是促进资本主义和市场竞争。

新自由主义的构想源于 1938 年在经济学家会议上克洛克·沃尔特·李普曼(Colloque Walter Lippmann)的构想,随后弗里德里希·哈耶克(Friedrich Hayek)发展了其原理。战后时期,当凯恩斯经济学模型或"内嵌式自由主义"主导着西方国家自由贸易管理,以及私人企业在资本主义所供给的稳定性时,这个观点几乎不含政治诉求(Harvey,2005)。然而,20 世纪 70 年代的经济萧条产生了对嵌入式自由主义的批判。新自由主义由"新右派"政治家和经济学家再予提出,作为削减国家支出和官僚主义的手段。这解放了企业,也给消费

> 者带去了选择的自由。随着皮诺切特(Pinochet)1975年的政变,新自由主义政策首先在智利实施,随后由美国里根政府、英国撒切尔政府和大多数其他资本主义国家实施。
>
> 新自由主义的主要特点有:贸易自由和外国直接投资自由;减少管理;国家资产私有化;减少公共支出和强调预期增长的投资;税收改革;金融市场自由化;财政政策纪律。新自由主义尤其与经济全球化和铲除自由贸易壁垒相关联。
>
> 新自由主义的实行已在北半球和南半球产生了强烈的争论。批评者认为,新自由主义强调财富,而掩盖不平等,并给了市场以超过其他任何事情的特权,忽视了资本积累对社会、文化以及环境的影响,鼓励了劳动的剥削和环境的恶化。
>
> 进一步阅读:哈维(Harvey,2005)

早在1954年,美国就开始逐渐从农业管理中退出,价格支持度开始降低。1964年和1973年实行的更为灵活的深化改革,取消了对生产的限制,并制定了更"市场导向"的制度(Winders,2004)。重要的是,与一些评论者一样,温德思(Winders)认为,这些改革并未反映出美国农业游说的衰弱,也未表现出"政策获得了主要农场的青睐"。减少管理使美国农业部门两极分化,使大型、出口导向型谷物生产者受益,但不利于棉花和小麦产业,以及小型家庭农场的农民。高利率和低产出,价格支持的结束,造成了美国20世纪80年代的"农业危机"。其中大约235,000家小农场倒闭,这巩固了农业综合企业在美国农业的主导地位。

20世纪80年代,澳大利亚和新西兰农场政策实施了更为激烈的新自由主义改革。以最初向英国出口为基础,这两个国家都发展起了大型农业部门。当这种贸易减少时,尤其是随着英国1972年加入欧洲共同体,便着手努力通过目标补贴鼓励多样化(Cloke,1989b),然而却使这些国家的农业经济紧密地与国家经济联系在一起。批判者认为,更彻底的重组是必需的。新自由主义改革的倡导者再次成为农业部门内的重要人物。例如,澳大利亚农场组织的经济学家,"就扮演了使农场领导从悬着的心态解脱出来的角色,集中注意减少成本,包括低关税、港口结构

第八章　管理农村

改革、航运运输体系和产业关系结构改革"(Connors，1996)。

在新西兰,随着1984年大卫·兰格(David Lange)的工党政府当选,引进了新自由主义改革。作为以整套经济政策彻底改革的一部分,财政部长罗格·道格拉斯(Roger Douglas)进一步放松了对农业的管理,如取消价格支持,逐步结束针对性的补贴政策,结束农场主贷款和税收的特殊条款(Cloke,1989b)。正如史密斯和蒙哥马利(Smith and Montgomery,2003)所观察到的,"到1985年末,几乎撤销了所有前政府对农民的保护"。政府对农业收入的补贴则从1984年的33%大幅锐减至2003年的不到2%(同上)。到1993年,"新西兰农业的特点,已从相对高收入、有保护和低风险的环境,转为低收入、无保护的环境。现在农民自己承担着基本风险"(Smith and Montgomery,2003)。

直接的影响就是农场收入的减少,尤其是丘陵地区的农场,以及农场债务的增加(Cloke,1989b)。被企业所淘汰的农场数量是有争议的(Smith and Montgomery,2003)。但是,被迫离开农业的那些人通常受到了伤害(Johnsen,2003)。广泛而言,新西兰农业适应了这个新体系。农民分别进入了新部门,特别是园艺和葡萄种植,创造了新的加工方法,开辟了新的出口市场,更有甚者的是乳品业(Smith and Montgomery,2003)。尽管农民初期反对改革,但在政府和主要农场联盟、新西兰农场主联盟之间产生了一致的话语,认为改革已取得成功,应把新自由主义传播到其他国家(Liepins and Bradshaw,1999)。

在澳大利亚,1983年以来,工党和自由党始终在推行新自由主义改革,包括取消保证价格制度、干涉购买和生产配额;鼓励更具竞争性价格的国家竞争政策的建立,取消澳大利亚境内的国内壁垒,展开竞争;积极促进国际自由贸易。与新西兰和美国一样,减少管理已在澳大利亚产生了农业重构,并以家庭农场为代价,发展大型的、出口导向的、超生产主义生产者,从而进行了农业地理重构(Argent,2002)。例如,科克林和迪伯顿(Cocklin and Dibden,2002)指出,2000年对澳大利亚乳制品业管理的减少,引发了很多农场的关闭(在2000到2004年间,即使是在大型乳制品州——维多利亚州,就减少了20%的乳制品农场(Cocklin,2005))。然而,他们也认为,新自由主义话语已在澳大利亚农村政策中取得了统治地位,排除了农场关闭对农村社区影响方面所表达的反对意见。

与这种国际趋势相反,欧盟坚持对农业政策中的新自由主义持怀疑态度。然而，欧盟则接受第三章所讨论的多功能性观点，试图将共同农业政策从产品补贴转向支持农业环境和主动性农村发展(Potter and Tilzey, 2005)。这样，欧盟认为，它可以减少对农业市场的管理，促进竞争，同时也要支持小规模农业的社会和环境利益。然而，共同农业政策仍然是有争议的和昂贵的，几乎仍占欧盟预算的一半。欧盟替代新自由主义促进多功能性战略的成功，依赖于世界贸易组织的接受，标志着全球范围农村经济管理重要性的增长。

（二）新自由主义和全球贸易

虽然新自由主义政策已被国家政府采纳，但新自由主义的逻辑是，清除国家边界，以及市场运行壁垒的差异，走向单一的全球自由市场。自由贸易的全球化已影响到农村经济的所有部门——采矿业和林业现在已是全球性产业，欧洲和北美发达国家农村地区利润锐减的制造业已为更便宜的区位重新布局，特别是在亚洲——但农业问题是最有争议的，这并不是由于农业传统上是按照国家认同和国家利益建构的。正如佩恩和麦克迈克尔(Peine and McMichael, 2005)评价的那样：

> 正像通常所说的那样，农业是与国家资源相联系的，但通过市场规则和比较优势的讨论，已日益具有全球经济价值。因而，通过市场规则，将国家农业各部分之间带入竞争关系。我们认为，除了本质上的社会和文化后果的理性，不是别的任何事。
>
> （Peine and McMichael, 2005）

新自由主义全球化，用市场管理替代了农业的国家管理。市场管理理性传达的仅仅是经济业绩且与管理有关。正如佩恩和麦克迈克尔(Peine and McMichael)上述暗示的那样，经济自由化对社会、文化和环境的影响问题不在考虑之列，而且，劳动关系、剥削和人权也不是问题。这样，新自由主义市场管理，也可以说成是农业与农村脱钩。与以前的国家管理模式对比，农业被放在农村经济和社区的核心位置。新自由主义市场管理仅仅是把农业作为一项产业，并不考虑它的空间背景。

从制度上说，向新自由主义市场管理的转变已在三个方面限制了国家对农业的行为能力。首先，已出现某种管理功能的私有化，特别在产品质量这方面。农产

第八章　管理农村

品食物系统中的质量日益需通过各类标签和第三方认证制度，以及由主要食品加工业者的质量管控和零售商的直接合同来管理（Busch and Bain，2004）。其次，国家需依据国际协议用特别的方式管理国内农业经济，并采纳加强竞争的政策。再次，控制和促进全球贸易，处罚反竞争行为的新超级国家机构业已建立，主要是世贸组织。因而，人们一致认为，实际上，新自由主义并未减少农业管理活动，而是以市场导向为理性，实行农业再管理（Busch and Bain，2004；Higgins and Lawrence，2005）。

然而，农业全球自由贸易的发展是逐步的，因为不受限制的贸易主要与众多区域自由贸易集团有着各种层次的自由化和一体化。这些包括，欧盟的单一市场，处于整合最好的一端，以及多种"自由贸易区""关税联盟"和"共同市场"，如东南亚自由贸易区、中美洲自由贸易协定、北美自由贸易协定和南部非洲发展共同体。在这些区域很多已在逐步扩大规模，并且已达一定程度，例如，中美自由贸易协定和南美自由贸易协定已合并为美洲新的自由贸易区。

在全球范围内，十多年来，世贸组织始终在关注着农业贸易自由化的谈判（Narlikar，2005）。农业协定在1994年的"乌拉圭回合"结束时得出结论，出台了自由化的准则。协议规定，"按世贸组织规则，干预贸易的政策（包括干预产量、价格、进口或出口）要逐步减少，并最终取消"（Peine and McMichael，2005）。然而，有关进一步措施的讨论已在日内瓦（1997）、多哈（2001）、坎昆（2003）和香港（2005）几次摇摆不前。激进的自由化已由农业出口国的凯恩斯集团（Cairns Groups）推进，包括澳大利亚、阿根廷、巴西、加拿大、智利、新西兰、南非和其他十国。美国采取了更为模糊的态度，欧盟一直在寻求接受其多功能模式下的环境支持态度（为凯恩斯集团所反对）（Potter and Burney，2002）。与此同时，世贸组织会议经常性地引起大规模的抗议，包括来自北半球和南半球的农民积极分子。例如，皮特（Peet，2003）描述了1997年日内瓦会议场外的公众集会。集会由以下人员组成，"相信贸易障碍的取消，多国公司会接管他们的市场和土地的农民，为失业而抗争的工人，关心像烟草和转基因食品这样有害产品的消费者"。这样，世贸组织成了重要的讨论场所，农村经济未来的管理则是争议焦点。

全球自由贸易的提倡者认为，自由贸易将会惠及许多发展中国家。例如，麦卡拉和纳什（McCalla and Nash，2007）认为，"最新的估计是，如果所有商业性贸易壁垄和农业补贴在 2005 到 2010 年间取消的话,那么,2015 年发展中国家的收入将比以往提高 0.8%,大约三分之二的总收入来自农业贸易和补贴改革"。然而,这个分析是农业与农村脱钩出来的例子;分析只考虑了经济效果,未考虑社会、文化或环境影响。格林斯潘(Grinspun,2003)对"乌拉圭回合"的研究,给出了另类的案例:

> 全球农村产品市场的扩展、产业方法的积极采用、农村经济的出口导向正在逐渐削弱着小农场主、生计农业和非农家族企业。它们也正在对小规模农村企业的多样化农业和非农业活动产生新的壁垒。
>
> (Grinspun,2003)

对区域贸易协定影响的研究表明,取消贸易壁垒至少在三个方面对农村经济和社区产生不利影响。首先,在国内市场,农民不得不与进口农产品竞争,这样会造成更低的生产成本。因此,竞争会压低价格,大幅削减农民收入。伴随着 1994 年南美自由贸易协定的开始,谷物价格在墨西哥下降了 70%,175 万名种植花生的农民不得不离开土地(Peine and McMichael,2005)。其次,跨国公司在农业市场占据了更大份额,重组了地方供给链。例如,雀巢和帕玛拉特公司就选择乌拉圭作为在南美共同市场自由贸易区扩展活动的基地。它们占领了乳制品产业,但却破坏了市场,挤压了乌拉圭西部奶农的收入(Grinspun,2003)。再次,农业经济和社会关系也通过内部改革重组,政府有责任将贸易协定作为内部改革的一部分,例如,逐步取消农业补贴、土地改革或农业企业激励措施。例如,麦克唐纳(McDonald,2001)描述了墨西哥乳制品业在南美共同贸易协定改革之后的实施情况,他论述了重塑农村权力关系和扩大的农村社会内的不平等。

(三) 智利的新自由主义和去农民化

智利的案例说明了新自由主义对南半球农村地区的长期影响,智利是第一个实行新自由主义政策的国家。正如哈维(Harvey,2005)所述,20 世纪 70 年代早期,令人兴奋的是:

> 一直居于拉美经济发展的主导地位,试图通过进口替代政策(以补贴或关税保护培育民族产业)已陷于瓦解,特别是智利,他们从未做好。随着全球经济衰退,需要吁求新方法。
>
> (Harvey,2005)

第八章　管理农村

1975年的军事政变和皮诺切特独裁的建立,为实验性的、新自由主义经济政策的实施提供了机会,试图"倒退到以前的集体化,控制农村土地和劳动的市场力量,并返回地主阶级的权力和培育他们的资本主义潜能"(Murray,2006a)。政策工具有:退回没收的土地、削减工资、取消对小农场主的补贴、停止食品价格控制、鼓励外国投资和促进出口产业。尤其是,强调发展"非传统农业出口"的谷物,特别是水果。1970年,智利的果树栽培部门微不足道,但到20世纪80年代则扩大为国家第二大主要出口产品(在铜之后),到2003年,每年出口达17亿美元(Murray,2006a)。

最初改革的特点是,创立拥有5~20公顷土地的小农场主货物部门,目标是促进乡村资本主义。在农民化阶段后,则是农民组织化过程,这个阶段,小农场主被吸引到扩张的出口产业,依次又被无产阶级化所替代。1990年以来,小农场部门被纳入公司利益。例如,在瓜图拉姆谷地,埃尔帕奎地,仅15%最初在土改中受益的小农场主农民,2005年仍在作业(Murray,2006a)。同时,五家出口公司之间获得此区域45%的土地。这样,"现在埃尔帕奎是一片农业语境,少量大资本主义农场主和农业企业控制了当地聚落主要的土地、水资源和劳动力"(Murray,2006a)。

因而,自耕农和小农场主在去农民化的过程中,已和生产手段分离。失去了土地的农场主已无产阶级化。他们成了公司化农业的劳动力,或成为迁移到城市地区的劳动力。除了这些失去土地的农场主,其余一些则"半无产阶级化"了,虽仍有权使用土地,但"完全依赖农业企业。在一定程度上,他们是捆绑一起的,一般是无工资的,被公司雇佣的劳动力"(Murray,2006a)。结果,尽管智利30年的新自由主义(自从皮诺切特政权被推翻后,新自由主义是温和的)给经济带来了显著增长,不过这种"成功"业已建立,并会在乡村"长久保持着不断深化的社会经济差异,不断提高相对贫困,加重农民的边缘化,恶化全国乡村的收入分配"(同上)。

四、管理环境

(一) 保护乡村

与支持生产导向的农村经济功能,特别是以农业为中心的经济政策一起,国家对20世纪的方向做出了回应,并对第二个迫在眉睫的事也做出了更大的回应,即要求国家应对农村环境的管理和保护的干预。这种可替代性农村政策的构建,源于对农村浪漫而田园般的描述。这些描述在19世纪既已流行,这类描述捕捉到了日益受到耕作、工业化和城镇化威胁的农村景观(Bunce,1994)(参见第二章)。部分回应是私人组织提倡的对有价值农村景观的保护,例如,1895年英国的国民信托组织就是作为慈善组织所建,为国家保护和管理农村土地,国民信托购买了这些土地。然而,仍有观点认为,国家本身应该起到农村土地开发的管理作用。这个建议提出了当时国家能达到的重要议案,超出了经济和社会对环境的影响。这也潜在地引起了与资本积累的利益冲突,是国家最关心的。这样,国家对管理农村环境的干预采取了空间管理的形式,对土地的开发,空间上强化了差异化的控制,并设定了需特别保护的具体区域,但一般而言,通常是离开农业生产作业和其他主要产业的大部分乡村地区。

在北美洲,国家干预的最初压力,集中在对荒野地区的保护。这些地方已逐渐被欧洲人定居点、耕种和矿业开发的推进所侵蚀。最早明确呼吁国家干预的人,就是艺术家乔治·卡特琳(George Catlin)。他提议,通过政府强力的保护政策留出壮观的自然景观,创立"包括人与野兽的'国家公园',并拥有完全野生和新鲜的自然美"(Catlin,1930)。关于"国家公园"的说明要雅致精美并可成为环境保护主义游说论证策略中关键的元素,把保护美国独特的自然和文化遗产当作国家利益。弗雷德里克·杰克逊·特纳(Frederick Jackson Turner)的"边疆命题"强化了这个论点。特纳的命题认为,荒野边疆的保留对美国民主是必不可少的,这有助于界定国家认同,并可对城市问题具有安全阀的作用(Turner,1920)。

政府干预农村景观保护的第一个重要案例出现在1864年。那时蝴蝶百合林(Mariposa Grove)(后为优胜美地国家公园)呈现在加利福尼亚州政府管理的公共事业和休闲业中。这样,当优胜美地被鉴定为"国家瑰宝"时,由于那时联邦政府为提供环境舒适愉悦的公园开发的模式经验颇多,因此它归国家管理(参见 Jones and Wills,2005)。然而,史无前例的保护和重建的结合,仍然是大多数国家公园的特点。1872 年,更多的公约确立,并在黄石建立了第一个真正的"国家公园"。这些公约很多都是临时性的——黄石国家公园归联邦政府管理,因为那时它在任何州的外面;它是公共所有物,因为没有私人土地所有权提出要求;那里无人居住,因为那里未形成聚落——但却被认作为黄石模式。

黄石模式向人口较多地区扩张是困难的。例如,1934 年在北卡罗来纳州和田纳西州北部创建大烟山(Great Smoky Mountains)国家公园,就需要重新安置定居农民和伐木工(本土的切罗基人已被迁出)。近年在南半球很多地区建立国家公园时,都常常伴随着流离失所的居民——卡特琳保护野生动植物和当地人类文化的情况相反。也许最有名的是,1959 年肯尼亚塞伦盖蒂国家公园对马赛人(Maasai)重新定居的安排,之后由马赛人对狩猎和耕种的进一步限制,保护区随后扩展到周围地区(Monbiot,1994)。布罗金顿和艾戈(Brockington and Igoe,2006)分析了非洲、亚洲、拉丁美洲保护区大约 240 个被迫迁出本地人的案例。如 2001 年建立莫桑比克林波波(Limpopo)河国家公园时,53 个村庄 31,000 多人迁出,甚至也未安排重新定居。在南半球,保护区的建立通常靠当地人严格限制农村传统的土地和资源利用(专栏 8.3)。相比之下,很多欧洲国家采用改造的国家公园模式,公园内继续有人居住并可私人所有。在国家和当地人之间,则需要更高层次的协商。

(二)保护农村空间

在 19 世纪晚期和 20 世纪早期,英国保护主义者更关心的是,保护农村景观免于城市的蚕食。在保护主义者话语中,英格兰农村的本质源自它和城市的对立。这样,对乡村最大的威胁是,难以区分城市与农村的分界,正如规划师托马斯·夏普(Thomas Sharp)所述:

> 离开沉闷的城镇和宽阔的、呆板的、充斥噪音的主干道,就是一排排庸俗的房屋、杂乱的小木屋和令人厌恶并凌乱的车库。几年前环绕着它们的老树和树篱,既让位给了水泥柱和载着电线杆的林荫道,也让位给了板贴的广告牌和彩绘广告标。

在大面积的地区,不再有任何与乡下接壤的干道,仅有相反的、半郊区的居民。

(Sharp,1932:4,引自 Murdoch and Lowe,2003)

专栏8.3 马达加斯加的土著文化和保护区

法国殖民统治结束时,为保护唯一的热带雨林生态系统遭免开发和砍伐,于20世纪50年代在马达加斯加北部建立安卡拉那(Ankarana)特别保护区。随后作为马达加斯加国家环境行动计划的一部分,在如世界银行的国际捐赠机构支持下,强化了对这个保护区的管理,并得以发展。尽管自然保护区的创立和管理并未有强迫的社区重新定居,但确实成为此后的"殖民保护区范例,并重点关注边界的实行,不允许当地人跨越界线"(Gezon,2006)。此后,这种方法有了改进,尝试使地方土著领导人进入管理层面,但是引起了地方部落中的紧张关系,因为在保护的优先性和当地人的需要之间也产生了纷争。

安卡拉那特别自然保护区的实施已限制了本地安卡拉那人对森林的利用,同时还限制了传统庆典和精神目的的利用,以及简单的食物和其他资源的利用。盖泽恩(Gezon,2006)记下了保护区南端一个村庄的案例。村庄的村民请求土著领导人安潘扎卡(Ampanjaka)允许从森林中获取建筑木材。这与官方禁令相悖。安潘扎卡曾被保护区管理者告到法庭,首次拒绝诉讼和"精神处罚"威胁,反对任何人砍伐树木。这项禁令并不被村中长者接受,他们抗议,因为他们急需木材修补房屋。由于公园领导改变弱化了安潘扎卡和保护区管理人之间的关系,他选择了不维护他的权威,暗中妥协,允许村民非法砍伐树木,不受挑战。盖泽恩引用这一结果,作为基层运动的坚持能够战胜国际禁令的案例。

进一步阅读:盖泽恩(Gezon,2006)

为制止城市扩张,保护主义者呼吁国家管理,分开城市和农村空间。这样做,他们认为应该节制自由主义,例如,克拉夫·威廉姆斯-埃利斯(Clough William-Ellis)说道,"在自由放任结束和英格兰农村结束之间,存在着选择"(引自 Matless,1998)。英格兰农村保护委员会(现为保护英格兰农村运动)成立于1926年,拥护通过土地利用规划和开发控制的技术方案,维持农村和城市的区别。这些原则编

入到 1947 年城镇农村规划法案的规划体系之中。"建立城市和农村之间的行政分隔,防止城市蔓延以保护农用土地是其功能之一。"(Murdoch and Lowe,2003)这一体系包括的主要手段有,英国实际存在的土地开发权的国有化。这样,"计划准许"必须寻找新的建筑或改造现存建筑,与不同于农村地区的新建筑政策相结合。这实际上阻止了在主要城市"绿带"的新发展(Gallent et al.,2008)。

英国规划体系在塑造当代乡村物质形式中具有重要影响。它成功地控制了城市的蔓延,保护了田园景观并维持了农村地区宽敞的聚落模式。限制郊区化扩张范围和迫使城市外迁移民,跳过绿带进入农村村庄,也有助于英国逆城镇化的强劲趋势。特别是,移民被吸引到村庄,在这里田园诗般的农村特质得到规划控制保护,通过阻止新的开发,限制进一步的移民迁入,尝试利用规划体系保护投资(Murdoch and Abram,2002)。默多克和洛(Murdoch and Lowe,2003)将这点描述成"保护主义者的矛盾"。

而且,英国规划体系对农业活动给农村环境带来的影响未提供任何保护。保护主义者认为,"保护农村社区财富,提高农村的愉悦价值的方式就是保持现有农地的生产利用"(Murdoch and Lowe,2003)。这样,"农村保护主义和农业规划的目标就应该结合在一起"(同上)。因此计划体系仅包含对农场建筑,或改变农场景观的有限控制。然而,几十年内的生产主义农业已给景观留下了印记,移除了矮树篱,填满了池塘,犁开了草地。产业农业造成环境破坏,日益增强了人们的认识,河道的硝化污染、土壤流失、栖息地的毁坏和对野生食物链的毒害(Green,1996)。

这些不利影响的证据增加了国家管理农业活动的压力。这一部分要由立法实现,例如,禁止使用 DDT 杀虫剂。但大多数情况是,鼓励农民进行更高的环境敏感的活动,包括欧盟内的各种农业环境项目,澳大利亚的土地保护,以及美国的保留地保护计划。这种自愿的有创造力的工作是一种"软家长主义"形式,通过刺激而非"远端管理"组成部分强制,诱致农民行为的变化。

(三) 自然的新自由主义化

同样的新自由主义思考方式,已主导着国家对农村经济的管理方式。国家对农村环境的管理日益受到新自由主义理性的挑战、再评估和再导向。这种调整形成了"自然的新自由主义化"更广义的一部分。它改变了将自然融入政府关注之内的历史方案(Whitehead et al.,2008)。正如卡斯特里(Castree,2008a)所观察到的那样,"过去30年见证了从未有过如此多的生物物理现象在世界越来越多的地方进入到新自由主义的思考和实践中"。通过以下各方面已经被规定了下来,如各种机制：自然资源私有化、环境现象市场化、环境控制管理减少,以及对自然的再管理等各种方式；如促进自由市场企业、其他公共部门选用市场代理人、构建民间组织机制；如主动在国内监控环境标准的私营和志愿者部门(Castree,2008a)。确实,卡斯特里认为"新自由主义是一个必需的环境方案"同上,主张自然的新自由主义与"固定环境"促进自由市场的资本积累有关。

国家管理农村环境的新自由主义,特别表现在三个主要方面。首先,环境管理和环境补贴已作为"贸易壁垒"受到挑战。例如,欧盟对农业环境方案的支持当作其多功能议程的一部分,这点在世贸组织的谈判中,遭到凯恩斯集团的批驳。同样,美国坚持,抗议安装海龟驱赶装备以符合供应美国市场的各国捕虾船违背了世贸组织的条例。这遭到东南亚国家的挑战(McCarthy,2004)。然而,麦卡斯认为,通过加强封杀以前认为是公共资产的农村环境元素的新私有财产关系,贸易协定已推进了对自然的再管理。

其次,国家所有的自然资源,许多都分布在农村地区,已被私有化。这些资源包括,国家所有的森林和农业用地,以及供水系统等设施。这不仅意味着农村土地的所有权和管理,也意味着农村经济主要资源的供给。例如,佩罗(Perreault,2005)说明了玻利维亚供水系统如何授予私有特许权(包括智利矿产公司的出口),转移农村社区的水和使小农灌溉传统资源权力受损。在政府控制土地和自然资源的地区,例如,在国家公园,"这些资源和生态体系是用市场模拟方式管理的"(Castree,2008a),造成了旅游与休闲保护和利用场所日益商业化。

再次,拥护方认为,激励农业和土地管理的保护和环境友好实践,应该由市场而非由国家提供。这种方式将金融的市场价值放在由农村环境提供的"生态系统服务"上。这样的情况有：碳封存、污染清除、提供栖息地和防洪。例如,罗伯逊(Robertson,2004)描述了美国湿地减灾银行计划的功能,目的是"发展私人所有的'湿地生态体系服务'市场",例如,鸭子的栖息地、防洪和生物多样性,作为实现美国1977年清洁水法案目标的方式。这个系统通过提供给土地所有者的银行担保运行,土地所有者同意修建湿地途径。正如罗伯逊(Robertson,2004)在伊利诺伊对农场所做的解说那样：

> 进入到与联邦和县级管理机构的复杂协定，金融公司将向个人销售"湿地信贷"。它们被相同的机构强制购买"湿地信贷"。在五年之内，奥罗拉以外的农场土地上的产量和生态系统服务的销售总值接近300万美元。
>
> (Robertson, 2004)

而且，因为银行可以竞争销售信贷，并可为信贷制定任何价格。人们希望这个计划可为"湿地服务的真正市场提供所需的价格信号"。然而，罗伯逊也找出了生态系统服务市场化中的问题。这些问题将使这个过程理想化的新自由主义模型复杂化，如适当的治理和管理。同时他还指出，"利用生态系统科学定义生态系统服务是容易测度的，但已证明的是，可跨空间（所有商品必须如此）而不失其价值的抽象单元，在实际中是非常困难的"。

因此，正如先前的农村管理模式那样，自然的新自由主义化因而就在农村地区具有环境与社会影响。卡斯特里（Castree，2008b）在对以前的总结中写道，不同的案例之间，这些影响会有很大的不同。在有些案例中，环境改善已完成，例如，新的湿地或清洁水，但是，也付出了环境代价，如污染、栖息地的丧失和密集的土地利用。与此相似，当一些新自由主义项目与民主化和社区主动授权相联系时，自然的新自由主义化就更为普遍地增加了农村地区的社会不平等、共同资源的流失，以及在一些案例中出现的抗议和市民动乱。

五、结语

在农村生产和再生产中，国家是核心角色。它有助于农村话语构建，无须各种农村政治结构的发展和衔接。其中，农村社会、经济和环境都会作为管理的目标得到阐述并找出需要解决的问题。根据这些政治构建的政策应用已在塑造农村物质地域方面产生了重要影响——例如，通过农村经济结构，就可了解移民的流动和农村环境保护。

在20世纪，提高了国家对农村的治理与管理自由主义的治理支配模式的一致性。尤其是，国家对以农业为中心的农村经济和社会描述的响应是，通过对农业现代化的补贴并对农场主保证农产品的最低收购价格。然而,20世纪末,新自由主义的崛起开始取消这种制度安排,促进了农产品全球市场的形成。同样,为保护田园和荒野景观,国家施行农村环境的空间管理,并且尝试卷入农场活动的环境影响管理,这些也已受到走向自然的新自由主义的挑战和修正,建立了环境管理的新关系。

因此农村管理是动态的和有争议的舞台。在这个舞台中,国家日益置于与各种游说团体、非政府组织、超国家机构和私人管理项目并肩的位置。此外,国家不是铁板一块,其确实是由不同的、碎片式的机构和政策圈所组成,不同的农村政治组织可以同时在国家的不同地区找到购买。例如,经济管理和环境管理的利益或许是冲突的,这也引致了下一章将要讨论的冲突。

六、进一步阅读

更多关于农村政治结构和英国农村政策管理的内容,参见迈克尔·伍兹(Michael Woods)编著的《新工党的乡村:1977年以来的英国乡村政策》(2008a)中的导论。用在分析农村政策和农村政府中的行政管理概念,特别是由乔纳森·默多克(Jonathan Murdoch)发展起来。他发表于《地区》(1997b)中的《1995年英格兰农村白皮书》中的文章提供了一些好案例。他与尼尔·沃德(Neil Ward)的文章,利用农业统计数据创建了不列颠"国家农场",发表在《政治地理学》(1997)上。对于新自由主义的介绍和历史观点,可参阅大卫·哈维(David Harvey)的《新自由主义简史》(2005)。史密斯和蒙哥马利(Smith and Montogomery)的论文发表在《地学杂志》(2003),也是一篇对新西兰农业20年新自由主义改革的很好评述。瓦维克·默里(Warwick Murray)发表在《农民研究学报》上的文章(2006a)提供了对智利30年的新自由主义的批评性分析。同时,布施和贝恩(Busch and Bain)的文章发表在《农村社会学》(2004)上,讨论了历史环境中全球农业贸易的新自由主义。对世贸组织工作的介绍,可参考纳利卡(Narlikar)的论文《世界贸易组织:一份简短介绍》(2005)。保护主义运动的起源由迈克尔·班斯(Michael Bunce)在《乡村的理想》(1994)中进行了描述。同时，乔纳森·默多克和菲利普·洛(Jonathan[①] Murdoch and Philip Lowe)发表在《英国地理学家协会汇刊》(2003)上的文章，也是关于保护农村运动、英国规划体系的建立，以及"保护主义悖论"的很好资料。诺埃尔·卡斯特里(Noel Castree)在《环境与规划 A》发表的两篇论文(2008a，2008b)提供了一个很好的、有深度的回顾，以及对自然的新自由主义的批判性的地理学研究。

---

① 原文有误。——译者注

第九章 再造农村

一、引言

本书的目的是探讨农村的生产与再生产。这样,首先要声明的是,农村是个意象的空间;按城市和乡村两分法,都市和农村或许是最古老和最富弹力的地理二元论概念之一,但当地理学者、规划学者、社会学者和其他学者试图描述农村空间和定义农村的本质时,他们发现这终归是人为的建构(第一章和第二章)。农村的话语建构不仅包含意象的空间划分,也充满了农村空间的特征与意义。相反,通过把这些日常习俗连接起来的乡村性表现确立了这些空间的特征与意义(参见第七章)。通过立法、政策和国家活动得到管理和发展(第六章和第八章),并转换为具体体现在农村景观中的物质、农村地区的生物多样性、农村经济的结构、农村聚落的模式和形式,及农村人口的组成与生活标准的乡村。

但是,正如本书所展示的那样,在将农村意象化、描述和具体物质化等方面,有很多不同方式、争议的农村。农村被视为有许多可为各种经济利益所利用的资源(第三章),是所有旅游与休闲的消费场所(第四章),生活场所(第六章),以及需要保护的脆弱环境。从不是作者一个人的行动。国家、媒体、公司、农户、农村居民、学术研究者、游客和一日访客、压力团体和非政府组织、开发机构、投资者和投机商以及很多动植物,在其他事物中,每天的基本活动都在积极从事着农村的生产和再生产。

因而,我们可再次肯定第二章默多克(Murdoch,2003)的观察,从农村或乡村一整套的关系中可以看出,没有一个单一的视角。农村是混合的、共同构成的、多方面的、相互关联的及难以捕捉的。农村地理学,作为一个学术研究领域,已经花费了一些时间来认识这种状况,逐渐离开了直到20世纪80年代还占主导地位的独断的和经验论的立场，探寻真正的、现实的乡村。20 世纪 70 年代和 20 世纪 80 年代政治经济学观点的采用，在更广泛的资本主义背景下，揭示了农村关系的政治偶然性，并对农村空间和农村经济与社会做了定位；但是，正是受到"文化转向"和后结构主义理论的较多影响，农村的社会结构和混合性质才得到完全地承认和采用。

最后一章将面向农村的未来。本章要聚焦三个舞台才能达到目的。在这几个舞台上农村正在重建为多方创作的、多方面的和共同构成的空间，并正在开始引起地理学研究的注意。首先，在当代全球化背景下，地理学会考察农村的转换，特别是，通过地方与全球行动者的混合性交流，重造农村地方外表；其次，地理学会考虑非人类力量在破坏和重塑乡村中的作用和适应气候变化的意义；最后，通过发达国家和发展中国家的新农村社会运动，地理学会记录彰显农村认同，以及它们对"农村政策"中的农村空间管理和意义争论的贡献。

二、全球乡村

（一）全球化和农村

贯穿本书反复出现的主题始终是已成为农村变化驱动力的全球化意义，或许更准确地说，形式各样的全球化过程的重要性已成为农村变化的驱动力。全球化面临着多种背景，如贸易和经济生产、旅游、移民、媒体的表达和环境管理，都指向了全球化的多种特征。这符合斯蒂格（Steger，2003）的全球化定义，即"创立一个富于创造、多样、延伸、强力的世界范围的社会（和经济的）相互依赖与交流，同时促进人们在地方和远方之间不断深化关系的意识"（参见专栏 9.1）。

> **专栏 9.1　全球化**
>
> 全球化是一个广泛而松散使用的词汇。它指的是一种状况，或一个过程，或一种论述。作为识别全球化的一套流程，在正文中引用了斯蒂格的定义，将全球化作为一组过程。定义在抽绎出这些过程的主要特征方面是有用的。首先，斯蒂格（Steger，2003）提议，全球化"包括新的创造、现存事物的倍增，社会网络和活动要不断战胜传统的政治、经济、文化和地理边界"；其次，全球化包括

社会和经济关系的扩张和延伸。活动和相互依赖超过了距离的不断增加;再次,全球化包括社会交换和活动的强化与加速。用更少的时间和增强的频率,联系能力可跨越不断增加的距离;最后,"社会相互连接和相互依赖的创造、扩张和强化不仅出现在一个目标上,以及物质水平方面",也包括全球化意识的发展。其中人们更加认识到世界是一个整体,他们生存的地方就在其中。

然而,全球化也可被理解为地方与世界各地之间的相互联系与依赖的状态,也指"全球性"(Steger, 2003)。全球化在农村地方展现出的状态为:全球行动者的出现,如跨国公司、组织、移民或引进技术,以及将农村地方与远方地区用网络、贸易、旅游和消费联系起来。最后,全球化也能概念化为全球经济社会存在的一种话语,并通过这个镜头解释其他问题与行动。例如,拉尼尔(Larner, 1998)认为,在新西兰,全球化的讨论已成为新自由主义合理性的核心(参见第八章)。

关于全球化的必然性与价值也存在一些不同的理论观点。超全球主义者(或全球主义者)将全球化看作是经济整合中的自然进程和不会停止的长征。这场经济整合已创造了全球经济。新历史时代的引路人,国家的边界正在消失,而且,经济代理人正在为全球市场竞争组织起来。相比之下,传统主义者或怀疑论者认为,全球化并不像超全球主义者主张的那样是进步的。全球化是为了支持资本主义继续扩张的帝国主义计划的骗局。与此同时,转型主义者启动了中间路线,认识到高度整合和相互依赖的新进程正在呈现,而且这些新进程正在改变着社会的、经济的、文化的和政治的关系,但认为全球化是不完全的,它的结果也未事前确定(参见 Murray, 2006b)。

进一步阅读:默里(Murray, 2006b),斯蒂格(Steger, 2003)

为了简便,全球化进程的过渡对农村的影响可提炼出三大趋势。首先,通过大量不同的和相互联系的因素,经济全球化正在影响着农村地区的经济转型。这些影响包括,国际贸易的自由化,如农产品和全球市场的发展(参见第八章);全球商品链或全球价值链的发展,某种商品也许在某个国家生产,在第二个国家交易,在第三个国家加工,在第四个国家出售(例如,巴雷特等(Barrett et al., 1999)有关园

第九章 再造农村

艺的论述;尼尔森和普理查德(Neilson and Pritchard,2009)关于茶叶的论述);合作的集中化与跨国公司和联盟的加强,如农业食品部门、林业和采矿业部门(Hendrickson and Heffernan,2002);外国直接投资,以及远离法人决策的农村分厂的必然脆弱(Epp and Whitson,2001;Inglis,2008);新的全球产权制度的出现,如包括生物勘探(跨国公司生物资源的商品化),为寻求确保食物安全,由农业资源有限的富裕的国家进行法人土地投资,并在外国获得土地或耕作权。

第二,交通运输和信息技术的进步及旅行和移民管理的自由化促进了全球化的传播,帮助了如旅游、逆城镇化和全球规模的劳动力流动等现象的延伸。这对很多农村地方来说具有重要意义。全球旅游的扩张加速了农村景观和农村体验的商品化(参见第四章),特别是通过冒险旅游和生态旅游;跨国的愉悦移居一直在寻找农村度假地,不论在发展中国家还是在发达国家,这促进了农村社区的流动(参见第六章);劳动力迁移潮流已在更大的地域范围增强和扩张,并创造了"跨国村庄"(参见第六章)。

第三,文化全球化使农村表现不仅通过媒体的全球传播与汇集得以体现(参见第二章),也与全球化价值相关。其中,人们期盼的相同伦理标准将会有全球的普遍认同。在农村语境中,人们特别追求的是对动物福祉的尊重,如家庭畜牧业活动和狩猎(参见第六章和第七章),关于如国家公园那样的动物保护和环境保护模式(参见第八章)。除了各类国际协定,也有很多跨国非政府组织,如绿色和平组织、亲近地球组织、善待动物组织(PETA),以及世界自然基金会(WWF)都在促进和监管新的全球标准方面发挥着重要作用。但是,全球价值的主张通常也受到根植于地方的自然认知和与利用自然方法的挑战与限制(Alphandéry and Fortier,2001)。

21世纪初期,这些全球化过程有助于创造新的乡村,可是,本书所采用的农村生产与再生产的长期视点显示,全球或外国行动者对农村地方的影响仍然如故。例如,第二章讨论了自15世纪以来欧洲人的乡村性观念是如何传输到世界,戏剧般地改变了美洲、非洲、亚洲、澳大利亚和新西兰的农村空间。同样,第三章论及了当19世纪资源资本主义发展时与全球特征的联系。当代全球化条件的形成是将全球化所体现之联系的本质整体化和即时性。而在早期,跨国网络是由双边关系形成的——例如,殖民政权与殖民地之间——或针对某个具体场所,如采矿区,因而,留下大量农村空间相对未进入与全球关系的连接。现在几乎没有农村地方未以某种方式整合到网络之中且或多或少地融入到全球潮流之中。跨距离的连接速度已有加快之势。与世界各个角落的交流即可实现；农产品可以空运销售不同大陆的新鲜产品；旅游者数小时内就能到达地球另一面遥远的农村地区；移民可以在远处继续参与他们家乡的社区生活；通过远程经济，世界某个地方可反映出经济或政治危机的影响。此外，现代全球化以新自由主义的组织原则为特征，驱动着自由主义走向单一全球市场目标。

这一条件提升了农村的全球性表述，模糊了国家差异。食物生产单一体系就是全球农业新自由主义展望的例证。媒体对农村描述的全球传播，以及占显著优势的城市人口，基本都是通过媒体而非直接体验认识农村的。这同样促进了乡村公众印象的混合，源自不同背景的多样的乡村性因素是混合在一起的。

然而，农村表述话语的均等化并未与物质的均等化匹配。全球化过程并未创造出单一的、无差别的全球农村空间，相反却促成了以不同方法再造农村空间，重新调整而非完全根除现存的地域。

（二）正在全球化的农村地方

目前，农村地理学和农村社会学有关全球化的研究多数都集中于大趋势，或集中于各个产业链或商品链方面。与"全球城市"的都市研究相比，几乎没有对全球化过程在农村地方整体影响的研究。正如霍根（Hogan，2004）所观察到的那样，"在全球化的学术研究中，存在着城市研究明显优于农村研究的现象"。这种相对忽视意味着，我们对农村背景下的全球化零碎理解仍将是部分的：

> 零零碎碎的理解在发展中留下了大量工作。有些地方情况比其他地方清晰和完整得多；有些研究，除了浮现出零星镶嵌的图片外，仅留下的是孤立的题目；意象的一部分和其他部分之间的连接尚是未知数。特别是，零零碎碎的镶嵌正在失去以地方为基础研究的众多投入——研究在检验全球化对农村地方的不同形式和各方面的影响中，不仅采用了整合的观点，而且或许也精准探讨了全球化之下，农村地方是怎样再造的，并开始思考席卷农村空间全球化的地理学情况。

（Woods，2007）

伍兹（Woods，2007）提出的"全球性乡村"模式，是农村地区发展基于地方的全球化分析框架。此框架并非指实际存在的农村地域,至少不是现在,但是,却指的是按照属性及特点假想的空间。这些属性表现出当前全球化过程对农村空间影响的终结点(表9.1)。这样,"全球性乡村"试图强调通过全球化重构农村地方的多种方法,以及揭露一些卷入这种重构的权力关系,而且,"全球性乡村"并不以纯粹和完全的形式存在于任何地方,而总是以将成为的状态,一种概念强调全球化如何在具体地方发挥作用的问题。

表9.1 全球性乡村表现的特征(Woods, 2007)

1. 全球乡村的初级和次级部门的经济活动,进入并依赖于随处可觅的商品网络,与生产的消费相距甚远
2. 全球性乡村为不断增加的企业连接和统合提供了场所,在跨国尺度上具有企业网络组织
3. 全球性乡村既提供移民劳动力也雇佣移民劳动力
4. 流动性的全球化也以通过全球性乡村流动的游客和愉快的移住民为标记,被吸引到全球乡村舒适的地方
5. 全球性乡村吸引既是商业也是居住目的的非国家财产的高级别投资
6. 不仅是社会和经济关系在全球乡村的转变,也是对自然的话语建构和管理。
7. 通过砍伐森林和造林采矿和油田、旅游基础设施、植物和动物物种的移植,以及全球消费文化符号的扩散等,全球乡村景观被刻上了全球化的标志
8. 全球性乡村的特点是不断增加的社会极化
9. 全球性乡村与政治权力的新的场所相结合
10. 全球性乡村总是竞争的空间

对这些问题的答案,伍兹(Woods,2007)认为,存在于农村的混合结构之中,不仅由人类与非人类实体构成,而且也由本地和非本地的行动者和各种力量构成。马西(Massey,2005)称之为"偶然拼凑"的地方;地方是一个永远变动的星座轨道,通过地方和全球的谈判、人类与非人类行为体的协商,对地方做出规定。这种观点开始瓦解了地方与全球的概念,因为全球总是与地方交织在一起。通过这些纠缠,全球才能带来地方变化,但是,也正是通过牵连,全球才得以产生。这样,地方和全球看起来并不是相互对抗的,对抗仅存在于谈判中。每个地方不同的结果,都会造成全球化的地域不均衡。因此,可以这样认为:

全球化背景下的乡村空间重构，源于乡村地域作为人类与非人类实体的集合体的渗透，网络与流动的交叉点被编织在一起，而这些网络与流动从来没有完全固定或包含在地方尺度上，并且其不断变动以避开单一的地方表述。全球化过程进入农村地方全球互连新网络，成了连接现存地方聚集体的线索，使它们紧密交织在一起，有时举办音乐会，有时推动地方行为体走向冲突。通过这些你中有我，我中有你的关联、交叉与诱惑，全球化的经历改变了农村地方，但却未连根拔掉地方。相反，全球化过程引发的网络、各样流动和行动者交融，以及与现存地方实体结合造成新的交融形式。以此方式，浮现出全球性乡村的地方仍保留着它们的地方特色，而且，也与它们以前的样子不同。

(Woods, 2007)

通过全球化，地理上多样化的地方再建过程，可参考四篇短文予以说明。第一篇短文，是关于加拿大西部温哥华岛的尤博(Youbou)，与全球化相关的去工业化。跟许多西北太平洋小镇一样，历史上尤博的经济依赖于林业，特别是锯木厂。可是，林业已成为全球化产业。随着林产品的国际贸易以及林业受到少数跨国公司控制，这些公司在寻找可能提供最好成本效率的集中产地。加拿大和美国的小规模加工厂不被这种合理性看好。许多锯木厂和纸浆厂关闭或缩小(Epp and Whitson, 2001)。西部木材，以加拿大为基地的跨国公司，失去了220个岗位。尤博的考依琴(Cowichan)锯木厂，老板于2001年关闭了该厂。正如普鲁达姆(Prudham, 2008)所述，像前些年那样，该省许多工厂关闭了。考依琴厂被轻易地一笔勾销，成为无常易变的全球经济的最大受害者。在这个案例中，尽管，"工厂雇工不愿意接受这份通告"(同上)。工厂原先的工人建立了尤博无木材协会(YTS)，为社会和环境正义而战。当协会试图逆转工厂倒闭失败时，无木材协会开始与环境团体和地方原住民社团成立联盟，最终关注建立社区森林占有制，由地方民众管理并引导至高附加值的生产(Prudham, 2008)。这样，尤博无木材协会是尤博地方再连接起来的中心，参与了人类与非人类、地方与非地方行为体的登记工作。

第二篇短文与南美安第斯山社区全球化的协商相关(根据安第斯条约，安第斯山组织是1969年成立的南美自由贸易组织。现有玻利维亚、哥伦比亚、厄瓜多尔、秘鲁和委内瑞拉5个会员国。委内瑞拉于1975年加入，而原始会员国智利则于

1976年退出。总部设在秘鲁首都利马——译者注)。正如本书此前所述,南美农村长期受到全球行动者和网络的影响,从殖民地政权的剥削,到出口导向的新自由主义经济。新自由主义鼓励整合到全球经济网络,表现出对小型农村社区传统社会经济生存能力的挑战,然而,比宾顿(Bebbington,2001)认为,社区响应这种压力的一种方法就是,"通过逐步参与更全球性的社会和经济关系制度,这样通过制度性联系、社会关系、产品与劳动市场联系,更普遍地进行现代'发展'计划"。这些着手从事的事业在地方之间的准确形式是多样的。这反映出,地方资源和能力以及机会的全球性联系。在厄瓜多尔的萨利纳斯(Salinas),在一家非政府组织与天主教会联手建立的储蓄与借贷合作组织结构上,家庭可购买牲畜,并提供社区级别的奶酪厂。奶酪厂以非政府组织与瑞士制酪厂计划合作的形式创建。在玻利维亚伊鲁帕纳(Irupana),公平交易咖啡产品得到以下组织的支持,国内和国际非政府组织、贸易联盟、天主教会和美国资助的反麻药古柯替代品计划等。很多产品出口到比利时,反映出比利时非政府组织在网络中的参与。正如贝冰顿(Bebbington,2001)评述的那样,"地方所陷入的全球牵连是,而且长期以来是多重的:除了市场关系,还有通过全球化的宗教机构、民间社会网络、政府间关系、移民流及更多的关系,连接起安第斯地区和更广阔的世界网络"。

第三篇短文来自新西兰的女皇镇(Queenstown)。女皇镇是个山区度假胜地,长期以来很受国内游客欢迎,但在过去的25年间,发展成一个全球性的度假胜地。在2007年,一年的海外住宿游客接近100万,2004年为地方经济贡献了4.23亿新西兰元。"世界冒险之都"已成为吸引人的度假胜地品牌(Woods,2010c)。12年间,国际休闲移民强化了旅游业,加快了房屋开发的迅猛发展,使地区人口成倍增长。这种转变部分由下列全球性变化所驱动,交通运输业、全球公司的投资和全球旅游经营者的增加,而且也受到了下列因素的推动,新西兰新自由主义改革,尤其是内向投资控制的自由化、国家资产的私有化、新西兰元贬值,以及农业管理效果的影响。进一步而言,地方行动者也发挥了重要作用,如房屋开发商、土地所有者和企业所有者等。同时,在1995至2001年间,激进的新自由主义管理,对新建筑物开发实行了自由放任的政策,刺激了增长。然而,到2001年,地方对于发展速度的关心加强,包括那些惧怕失去他们已在农村景观投资的新移民,促成了关于这个地区未来的激烈辩论,即不仅是由地方引导的未来,也是要通过国家和国际媒体引导的未来(Woods，2010c)。

最后一篇短文是有关法国拉扎克(Larzac)高原。这是一个偏远的、饲养绵羊的地区。拉扎克第一次广为人知是20世纪80年代提出的建立军事基地的建议。法国和其他国家的反军事主义运动者发起了反抗运动，当地民众参与到了这场反抗运动当中。当计划作废时，这场运动的许多参加人在此地区定居下来，并且有些人还学会了制作羊乳干酪的当地手工文化。住下来的人还带来了他们个人旅行和他们在各个地方参与各种规模政治运动的个人历史，以及新的文化见解，并与产生特色区域复制文化的地方传统融为一体(Williams，2008)。1999年，美国和欧盟之间的羊乳干酪贸易引起了一场争执，影响到农场主的收入。在抗议中，拉扎克农场主集团和小农场主激进联盟由乔维·博韦(Jose Bové)领导，攻击并拆除了米劳镇(Millau)在建的麦当劳餐厅，把它作为全球化的象征。在之后的审讯中，博韦召集一些反全球化活动家作为证人，利用全球通讯、交通、媒体和政治网络批判新自由主义的全球化。在这场利用舞台指导式的辩护之后，就是2003年在拉扎克举行的大规模反全球化节日表演。在这两个案例中，全球网络和在地方体现的相反文化的结合使得这些事件可能产生。这样，在反全球化运动中，拉扎克再次成为焦点。在全球化环境中，这是一处遇见、讨论、组织和提出特别的地方观点的地方(Williams，2008)。

在每一篇短文中都可以看到，农村行动者并未被动地接受全球化。相反，在竞争、适应和操控全球化的力量和网络中，他们帮助形成他们自己的农村特征。在此，我们可以回想起本书前几章讨论过的农村空间问题。依据哈夫克里农村空间的三重模式(参见第一章)，在案例中农村行动者的积极介入说明，每天生活在农村的人并未被更广泛的结构力量，或正规的农村表述所征服或控制，这些结构力量表述构成了农村的地方。与此同时，通过地方与全球性力量的相互作用，农村空间和非地方参与者的再生产，清晰证明了农村关系的构成(参见第二章)。农村空间是作为多样社会和自然过程及网络唯一聚合点存在的，不能把农村想成与其他地方没有联系的孤立点。同样，农村空间是作为人类与非人类不稳定的聚合地而存在的，这点将在下一节详述。

三、乡村性的危机与共同构成的乡村

(一) 风、水、火和瘟疫

人类存在于乡村的故事业已说明,这是奋力控制和把含义刻在自然上的故事。为了食物与衣装材料,在农村环境中,人类驯服着和耕作着,开发着矿产和燃料,控制着水流量,改造着景观和刻画着空间、居住和生活,创造空间秩序,开辟空间,并在其中划定远离人类的某些野生自然荒野地区(参见第六章)。然而,自然却一再后退以顺应人类的各种建设。霍兰和穆尼(Holland and Mooney,2006)描写了早期欧洲定居者如何在新西兰发现了非常不同的温和气候与景观环境,在宣传材料中推销它们,与他们的国内经验不同:

> 来自英伦三岛的农村地区、城市、城镇的定居者,来到新西兰南岛东部的草丛草原,自然环境条件与他们以前知道的完全不同——以山峦和小丘陵为背景的广袤开阔景观,一年中任何时候易于泛滥的倾斜大辫状河,几乎没有抵御风雨的自然庇护所,缺乏用于燃料、防护栅栏和建筑的木材。

(Holland and Mooney, 2006)

如霍兰和穆尼(Holland and Mooney)所述,通过试验和失误以及科学监测天气和环境条件,定居者适应了当地环境,但他们也要向土著毛利人学习。例如,他们知道了"毛利人与春天开始时四翅槐开花的关系,认识到山上冰雪融化一天或两天后就会引致大河低地的洪水",并认识到大河的流速在白天的变化(同上)。毛利人向导,也教欧洲旅行者如何在洪水中渡河,强调在早上起风之前乘木筏渡河的重要性,以及在波浪起伏的水中航行是困难的(同上)。

学习与自然相处有史以来一直是农村文化的核心部分,而环境知识则由自然的神秘语言和土著人、常住居民社区的民间传说而流传下来。可是,在20世纪,自然的神秘语言已被科学和技术转化力量的信念所边缘化。19世纪末,面对加利福尼亚的荒凉环境,拓荒者的资源资本主义用灌溉和排水、森林和灌丛的砍伐以及土壤改良计划,创造了一个农业伊甸园(参见第三章)。这些相同技术在世界的应用,扩大了商业农业的空间。同样,为了农业和休闲,改变了动植物物种(参见第二章),而且生物技术的使用,提高了产量,并根除了疾病;同时,桥梁和隧道建设为采矿业、农业、居住与休闲业,又开辟出新的地区。只要自然像预期的那样周而复始地规律性运行,这些科学和工程的解决办法就会在环境中造成当代的困境。环境最终推动了经济的开发和农村的人类聚落。

尤其是,水的管控是农村聚落和农业发展的核心。在19世纪后期和20世纪初期,大规模的灌溉工程开发了澳大利亚内陆地区的农业,例如,莫瑞达令(Murray-Darling)盆地最为明显。该盆地拥有澳大利亚42%的农地,占澳大利亚灌溉资源的70%。然而,边缘干旱地区的农业,如澳大利亚内陆,仍是易遭旱灾的地区。在21世纪初,澳大利亚遭受了严重干旱,国民经济估算损失了70亿澳元,并通常由"贫困条件、尘暴和贫瘠景观中的牲畜这类明显的情景表现出来"(Alston, 2006)。干旱也会有社会影响,奥尔斯顿(Alston, 2006)认为,性别对干旱会有不同的体验。对农场的男人而言,她说,"干旱意味着要做大量额外的农活。拉水和喂牲畜也成了每天的基本农活,两到五年的苦难,会对健康造成很大伤害"。此外,许多农场主"发现很难离开他们的财产,由于他们的工作负担和疲倦,成为社会上的孤立者"(同上)。男人专注于农场工作,意味着正是农场妇女,不得不以离开农场工作对收入减少和债务增加做出响应。有些情况是找些临时工作,更一般的情况是几乎毫无异议地接受她们对家庭福利的责任。奥尔斯顿写到,妇女与干旱的交流和幸存下来的故事"揭示了有关妇女征服干旱经验的话语。她们征服干旱的话语与自力更生的、经济学的和尘暴占主导的话语没有关系",而且,也在官方干旱政策中受到忽略。的确,自1990年起,干旱"一直被视为企业风险而非自然灾害,因而也是计划到的风险"(参见Alston, 2009)。然而,讨论中的这种转变,增加了农场家庭显示恢复力的压力。这样正如奥尔斯顿所述,她是怎样与她的访谈者交谈,"责备她自己和她的丈夫在与干旱战斗的失败,责备因面对山一样的债务从而失去孩子们的继承物(农场)"。

控制水也意味着对洪水危机的管理,因为农村聚落、基础设施和农地通常集中在河谷和湖泊四周(Vinet, 2008)。按照惯例,防洪一直是建设的工程难题。墨西哥的莱尔马(Lerma)河谷,人口230万,是这方面的典型。依照伊金和奥佩蒂尼(Eakin and Appendini, 2008)评述,依靠一系列的大坝、河道取直、疏浚和沟渠建

第九章 再造农村

设,国家在莱尔马河谷的防洪工程几乎是唯一的建筑。伊金和奥佩蒂尼指出,这种技术模式已产生效应,"以前出了名的洪水灾害得到有效遏制,并且莱尔马河谷的灌溉面积也得到认可"。历史上,河谷中的农村社区,像墨西哥其他地方一样,处理洪水事件以提高农业潜力,为"有用的"动植物群落提供栖息地,扩大耕种土地,就像灌溉的自然形式那样。通过实行公共土地利用,每年的洪水泛滥是可以预测和管理的事件。可是,对于洪水泛滥的态度已随着农业现代化而改变,包括私人对土地占有的圈占和像玉米那样的新作物种植在内。此外,墨西哥加入 NAFTA(北美自由贸易协定)的后果是(参见第八章),允许居民开发小农占有的泛滥平原土地已不可能。因此,洪水泛滥再次成为"不可承受的风险"(Eakin and Appendini, 2008),而且防洪措施的需要,与其说是水行为的变化,不如说是土地利用变化的结果。然而,正如 2003 年的莱尔马河谷的洪水,以及伊金和奥佩蒂尼注意到的那样,依据工程的办法从未比世界其他地方提供更全面的保护,而且不仅墨西哥如此,一种以回归传统管理洪水方法为基础的"与洪水同在"的新方法正在开辟。

技术发明是自然的双刃剑,在农村社会疾病流行方面也很明显。医药的进步与公共卫生的改善,身体保健和环境管理,有助于根除或减少很多农村地区既有的地方病。例如,20 世纪前期在著名专家的活动中,意大利南部农村就根除了疟疾(Snowden,2007)。尽管在同一时期,由于越过人类/非人类界限的能力,以及从农村到城市的传播,农业的现代化被指责为造成了急迫新疾病的源头。最著名的是,牛脑海绵状病(BSE)或"疯牛病"(mad cow disease)。这种病 20 世纪 80 年代在英国的牛中首次记录到,并追踪至绵羊痒疾病的突变。这种病的途径源自用于喂牛的受感染的绵羊骨粉,属于跨物种的传染。1996 年确认疯牛病类似传染到人类并发生突变的疾病,最像人类的克罗伊茨费尔特-雅各布病的新变种源,不仅诱发消费者对英国牛肉信任的瞬间崩溃,强迫英国接受禁止牛肉制品的出口禁令,并作为根除战略的一部分实施剔除有病牛肉(Woods,1998b),而且,在食品供应链的危机管理中引起广泛焦虑(Macnaghten and Urry,1998;Whatmore, 2002)。最近,发生的禽流感和猪流感全球性流行的威胁就很大,分别源于东南亚和墨西哥农村地区的跨物种传播。虽然传统农业制度中人与动物的亲近被指责为最初的传播,戴维斯(Davis,2005)谴责了技术驱动的产业化方法促进了流行病传播的危机:

> 例如,"生产密度"是现代养鸡产业的关键要求。在一个大加工厂周

围,嘈杂的肉鸡厂密集分布。结果,目前在北美、巴西、西欧和南亚地区,肉鸡数以百万——例如,在西阿肯色和北乔治亚,每年屠宰肉鸡超过10亿。猪的养殖也越来越集中在大型养殖场,通常与家禽农场和候鸟栖息地比邻。另一方面,人口的超级城镇化与其肉类供应的密集城镇化并行……也许没有一个地方像广东一带那样,经受着非本地病源流行病的严酷考验了?生产密度会成为病毒密集的同义词吗?

(Davis,2005)

正如在火灾案例中所看到的,有关自然的非专业知识,无论在实践中还是在抵抗行动中,知道如何处理自然危机,知道如何控制和利用自然现象(亦请参见Pyne,2009)。在美国、澳大利亚和欧洲地中海的半干旱地区,森林大火和灌木大火已成为主要危险,威胁到财产和生命,以及对城市景观造成潜在侵害(Davis,1998)。很多大火都是人为造成的,是意外也是故意,不过,在生态体系恢复中,大火也是自然现象,能起到决定性作用。进一步而言,传统的农村社区,包括土著人,操纵大火为狩猎和耕种或提高农业产量而开辟土地。在西班牙西北部也采取这种措施,塞玖(Seijo,2005)认为在那里"加利西亚最有个性的故意造成的森林火灾,意义广泛。这是一种仪式性活动,是对西班牙国家森林政策的不满和反对"。纵火犯明白,火作为可管理的风险,把森林大火看作"对农民的一般福利不具特别破坏性,而更为不满的农民则把森林火灾看作反对国家干涉他们传统生活方式的有用手段,以及只是对西班牙国家收回森林政策的报复"(同上)。

另一个与自然共同工作的方法已把"自然灾害"转为对社会与经济变化的促进因素。堪萨斯州格林堡小镇(Greensburg)就是一个案例。2007年5月,这里遭到了具有破坏力的龙卷风袭击,11人死亡,小镇的许多建筑物遭到破坏。格林堡的经济与社会衰退了,人口减少,但灾难也带来了重建机会。小镇不仅得到了全国媒体的全程报道与关注,收到了许多重建捐赠,而且也几乎是在一块空白的帆布上开始了新的"绿色社区模式"规划(Harrington,2010)。很多新建筑以"绿色"为设计特征,如能源保护,以及鼓励地方产业从事"生态经济"(参见第五章)。结果,哈林顿(Harrington)观察到,"一些可能打算搬走的居民已决定留在格林堡小镇"(同上)。

(二) 气候变化与农村未来

正如以上所讨论的那样,随着人为气候变化的加剧,农村地区的自然灾害风险正在不断增强。当前的规划表明,气候变化的破坏性影响很可能会造成极端天气事件,如风暴和洪水泛滥可能会经常发生。同时,全球温度的升高将会提高许多地区的干旱、火灾和疾病等问题的发生率。更为常见的是,农村地理学的模式也要适应气候的变化。虽然在一些地区,二氧化碳浓度的升高会有益于提高一些作物的产量,如小麦、大米和大豆,但因高温、缺水、土壤肥力下降、更广泛的害虫、畜牧业的高温压力,都会给农业带来负面影响,改变了不同农业类型的适当范围。因传统山区度假地雪盖的减少,海岸度假地海平面上升的威胁,农村旅游也同样需要调整。在塑造气候变化和其环境后果的各类方式中,非人类因素可能是下个世纪塑造农村经济、社会和环境的重要因素。

当人们离开受到洪水泛滥威胁、食品短缺影响或农业不再可行的地区,人们期望的一个重要响应就是加快移民。这个趋势可在撒哈拉以南的非洲看到。在撒哈拉以南的非洲,降雨的稀少加剧了比所观察到南半球任何地方都更严重的非城镇化率(Barrios et al., 2006)。非洲也能提供一些农村人口适应最近气候变化的例子,正如默茨等(Mertz et al., 2009)和欧斯巴瑞等(Osbahr et al., 2008)所述。在他们关于塞内加尔的著作中,默茨等人(Mertz et al., 2009)观察到农场主"对气候有强烈的认知,对其变化也有清晰的看法",特别是对风的模式和气候事件的密度有深刻的看法。它们的适应范围广泛,从采用新作物到年轻人向外迁移。然而,默茨也叙述到塞内加尔农场主"对气候变化带有相当的宿命看法"(p.814),深信天气是不可控制的。的确,欧斯巴瑞等(Osbahr et al., 2008)从莫桑比克的研究中领悟到,适应战略的发展是复杂的和多层次的。许多更穷的农村居民,退回到传统以对付而非"适应"气候变化的方法之中。

有趣的是,北半球农村社区很少注意对气候变化响应的分析(参见Harrington, 2005; Hoggart and Henderson, 2005)。在此,一些最大的毁坏可能并不是气候变化的直接影响,而是由减灾战略的副作用所致。走向私人汽油燃料运输有限的后石油社会,例如,关于交往的可持续性、小车为主的农村旅游和为全球市场的农产品长途运输等应该是考虑的问题。对这些原因来说,传统的智慧认为,城市提供了未来生活可持续的形式。然而，日益增多的替代论点认为，城市经济依赖石油为基础，未来的人口需要生活和工作在距再生能源生产很近的地方，这点农村则居主导地位。一些评论者甚至建议，适应环境变化需要与传统的乡村性相联系，如团结、自力更生和对自然有详细的非专业认识(Farinelli, 2008)。这一理论已由很多农村生态村庄转化为实践，作为可持续农村生活的地方(Halfacree, 2007; Meijering et al., 2007)。然而，这些共同体都倾向于小规模化。目前还不清楚，大量农村人口如何能实现这种生活方式。

也许更可能的是，通过可再生能源和其他生态系统服务，农村地区可发挥支持可持续城市居民生活方式的作用。例如，无论自然的农村景观，还是农场的农村景观，都起着重要的碳汇和碳闸的作用，如森林、耕地和泥炭池塘，以及这些景观的保护对碳吸收(或从大气中吸收二氧化碳)都很重要，因而减轻二氧化碳排放的损害。正如第八章简单论述的那样，根据新自由主义原理，生态系统服务方法认为，经济价值可置于这些功能之上，这些价值的市场化能对未来农村经济做出重要贡献。古特曼(Gutman, 2007)甚至提议，生态系统服务可对"新型城乡密切联系"提供基础，替换历史上的紧密联系，为回馈城市产品、服务和管理，农村向城市输送产品和人：

> 一些简单的数字显示，经济学的这种新型城乡密切联系看上去如此。世界农村生态系统服务一年产值3万亿美元，是目前世界生态系统估值的10至20倍……还有，每年3万亿高于世界每年的保护成本和采纳可持续农业实践费用(根据James et al., 1999估算，每年约3,000亿美元)。这也足够世界农村人口三倍的收入，也不超过世界GDP的10%。
>
> (Gutman, 2007)

除了市场经济中实际执行生态系统服务支付的现实挑战外，与这个观点同在的问题是，把农村放在纯粹的经济与环境方面考虑。不考虑农村文化或社会维度，特别是不考虑农村社区能否接受这种变化的问题。当然，在农村经济中努力促进可再生能源资源，已在农业利益和农村田园风光的讨论中产生了争论。第一种情况是，生物燃料生产的普遍扩张，这直接与食物生产产生竞争，并且也促进了全球食品价格的上涨(例如，Saunders et al., 2009)。农村景观中的风力涡轮机发电站(或"风力农场")可以说明第二种情况。同时，风力涡轮机已被一些农村行动者所接受,把这看作是全球环境长远利益的必要发展,但它们也受到其他行动者的强烈反对。反对者把它们看作是城市对农村景观的入侵,并动员了关于由地方化环境组成之自然的可替代讨论。所有这些优点都要受到相同的保护(Woods,2003b;Zografos and Martinez-Alier,2009)。

四、农村的反击

(一) 农村的政治

未来的乡村,可能会是比第二次世界大战结束后的半个世纪都更具竞争性和政治化的空间。在这一时期形成的农村政策中,农村的生产主义农业话语居于支配地位,在农村人口中广为接受(以及其他在有选择的农村地区集中于第一产业表述的相似支配地位),为农村政策基础争论未留下什么空间,至少在北半球是这样。因此,这个时代的"农村政治"主要是关于领地管理、产业调控和资源分配辩论的舞台。可是,正是支持了这种话语的物质条件开始松动,传统的"农村政治"才让位给了新型的"农村政治",其中,乡村性自身的含义和管理是论争的核心问题(Woods,2003a)。全球化和气候变化展现的挑战,正如前面所述,将会进一步带来农村空间的功能问题,以及增强空间利用冲突的问题。

莫蒙特(Mormont,1987,1990)是最先记录这种转型的人之一(尽管没有使用这些特殊的术语)。注意到对农村空间的支配表现已经被同一地区农村空间的对抗表现所取代(Mormont,1990),莫蒙特建议说:

> 如果存在可被称为的农村问题,那么就不再关心农业问题,或特别是农村环境的生活条件问题,而是那些有关农村空间的具体功能问题和空间内所鼓励的发展类型问题。
>
> (Mormont,1987)

莫蒙特将这些"斗争"当作是首次出现在地方层面的超重要问题,如新建筑,或有关关闭村落的学校和邮局服务等重要问题。后来的研究提供了北半球农村社区地方冲突发展的广泛经验证据,特别是经历过大量人口内迁和人口重组的社区(参见第六章)。可是,莫蒙特(Mormont,1987)还认为,随着时间的推移,地方会携手联合组成新的多重地方运动，对一些问题采取共同立场，如关闭学校、建设新房、建设风力发电站等等。这样，本地和非本地之间的农村冲突可以是"跨尺度"的，建立更广泛的"行动能力"和加入非政府组织，政治家和媒体进入管理规模适度的网络 (Cox, 1998)。马戈奴森和肖 (Magnusson and Shaw, 2003) 同样认为，非当地人卷入加拿大温哥华岛克拉阔特-松德 (Clayoquot Sound) 林木砍伐冲突之中，双方反映出"地方"和"全球"规模的瓦解：

> 像克拉阔特那样的地方政治把地方和全球、大和小、国内和国际等许多领域之间的传统特点看作严肃的问题。如果克拉阔特是范例，那是因为那里的政治困惑特别明显。
>
> (Magnusson and Shaw, 2003)

像克拉阔特-松德那样的冲突地点的重要性是，在有关农村空间的含义和管理方面，它们已成为广泛斗争的典型，将会像涟漪波及整个乡村。的确，有些农村冲突已由广泛讲述的基本方面搭建了框架，并由外部行动者所传布，如此地方社区就成了故事叙述中的小角色。这点可在美国改变原始森林管理的地方看到。就20世纪的大部分时间来说，在农村的话语中，原始森林被称为待开发的资源（参见第三章），并为获得木材而遭到砍伐。20世纪末，替代性的讨论开始获得契机，认为原始森林应成为濒临灭绝的野生动物唯一的和脆弱的栖息地，如斑点猫头鹰。正如麦克唐纳 (MacDonald, 2005) 所述：

> 对环境主义者来说，20 世纪 90 年代是令人欣慰的时代。最重要的成果之一是说服了普通美国人相信，"原始森林"有着固有价值，因此需要保护"这个地球上最后最美的地方"。一首熟悉的塞拉俱乐部（塞拉俱乐部 (Sierra Club) 或称山岳协会，是美国一家环保组织，由著名环保主义者约翰·缪尔 (John Muir) 于 1892 年 5 月 28 日在加州旧金山创办——译者注）圣歌已成为环保主义运动的样板，虽然存有争议，但通过广泛不懈的努力，还是为北方斑点猫头鹰留出了百万英亩的森林。
>
> (MacDonald, 2005)

对于像宾夕法尼亚阿勒格尼 (Allegheny) 国家森林公园那样的地方来说，政策的波动对农村社区一直在制造着经济和社会的不确定性。在那里，伐木业是传统的就业焦点，树木植种和林木再生也创造了独一无二的森林环境 (MacDonald,

2005)。在20世纪90年代,强迫限制伐木引发了失业和人口减少,但在21世纪初,因为环境的直接行动要求,阿勒格尼成了环境的焦点,美国森林服务局与伐木公司协作重起伐木业,森林变为"黑莓树农场"(MacDonald,2005)。

占主导地位的新自由主义学说,威胁弱化了森林保护,也催生了对能源部门要求保存的挑战,特别是,对"石油峰值"(由于石油储备日益萎缩,石油产量开始减少的拐点——译者注)和能源安全的分水岭日益逼近,国际关心不断增长。在此著名的卡优斯切莱布雷(The Cause Célèbre)是北极国家野生动物避难所,位于北阿拉斯加,面积78,050平方千米,极其遥远的大型原始野生动物地区,也是拥有估算为57至160亿桶之间石油储藏的地区(1桶约等于158.98公升或42加仑。但石油的密度不同,所以重量略有差异——译者注)。钻取石油要得到国会批准,美国的能源安全舆论不断增加对石油公司的支持,石油公司也一直在寻求这样的支持。阿拉斯加农村经济也是促进支持美国石油公司的重要方面。但油田的开发还是遭到环境组织和土著哥威讯阿萨巴斯卡人(Gwich'in Anthabascan)的强烈反对。就这样,斯坦德利(Standlea,2006)评论说,"从表面上看,北极保护区代表了经济增长和环境保护之间的一场典型高调之战",但是,斯坦德利继续说道,"如果我们在北极保护区行动者和参与者的争辩中探索基本的、深层的价值——即世界观,我们就会得到更为复杂和微妙的有关自然的启示和发展的目的,以及处在危险中的人类和非人类自然之间的特定关系"(同上)。在农村资源开发与自然保护之间,问题并不是一个单纯的选择,而是在混杂的农村,不同人类与非人类恰当平衡更为微妙的问题。尤其是,哥威讯阿萨巴斯卡人为狩猎对保护区的利用使这一途径复杂化,正如斯坦德利所述:

> 哥威讯阿萨巴斯卡人在北极保护区活动者策源地的存在,真实给出了胜过相反存在之性质的案例。如果这只是关于石油开发或野生生命拯救,以及传统美国环境主义者视为孤立"荒野"的话,后者则被视为有些原始而未开化的地区,仍要防止美国无限增长之世界观的探索之手的侵害,这种世界观即"天命观"概念。
>
> (Standlea,2006)

有趣的是,土著人对石油或矿产储藏开发的反抗具有某些特点,包括在加拿大的马尼托巴、哥伦比亚、厄瓜多尔、圭亚那、墨西哥、尼日利亚、菲律宾和西巴布亚,担心开发不仅会破坏环境,也会毁害农村地区的文化构成(Gedicks,2001)。用同样的方式看待长期存在于农村社区非本土的文化利益并不是太大的一步,特别是,在采矿业与耕作之间有冲突的地方,如在澳大利亚的某些地方。

地方农村社区在利用农村空间的冲突中被视为边缘化,这导致北半球许多地区的农村社区感到越来越受到围困和忽视。与对减少家庭农场、农村服务理性化、农村聚落发展的限制,以及传统农村追求如狩猎支持的不满一起,这种观念已让位给了新型的"农村一体化运动"(Woods,2003a,2008c)。这种运动已有先例,一些国家最早的农民运动(例如,Halpin,2004;Stock,1996)和北部斯堪的纳维亚的"农村社区运动"(Halhead,2006),但作为农耕策略,则是城乡分割的连接(Woods,2008c)。

最突出的例子是英国的乡村联盟和联合团体创建于英格兰和威尔士,站在反对不许带狗狩猎野生哺乳动物禁令的前沿(参见第七章)。根据城市精英对英国农村的攻击,乡村联盟明确构架了它的运动,将狩猎置于农村生活方式的中心,并将它的运动延伸至其他方面,如耕作和农村服务供给(Woods,2005b)。而且,乡村联盟也形成了农村反对团体的分散的、不联系的聚集核心,包括特定的地方运动,更专门化组织,如农民行动,以及斗士直接行动团体,如乡村行动网络和"真正的乡村联盟"(Woods,2005b)。国际上,农村认同运动传播也同样出现分散化,结成团队的群众抗议与示威(英国、法国、比利时),新的运动和游说团体(澳大利亚、英国、爱尔兰、美国),农村政治党派和自行其是的独立候选人(澳大利亚、法国、新西兰),好斗的直接行动(英国、法国、西班牙),以及右翼激进团体(美国)(Woods,2008c)。

(二)挽救土地

一个不同的轨迹同时激发了南半球新农村社会运动的动员,这些运动具有北半球农村认同运动的特征与忧虑。在殖民主义、民主化和不发达的特定历史阶段,也能发现这些特点(Woods,2008c)。在20世纪60年代和20世纪70年代期间,受马克思主义和解放神学的影响,许多发展中国家都出现了现代农村社会运动,直接抗议外部现代化项目的驱动(参见第五章)和压制性的国家行动。这些运动随着非农民化而衰落,导致一些时事评论者减少撰写乡村政治潜力的评论(Bernstein,

第九章 再造农村

2002;de Janvry,1981)。然而,其他人分析了南半球社会运动"新浪潮"的复活,并特征化为一个或多个混合的社会基础,农村的农民和城市的无产者、"农民知识分子"的领导、"反政治"的战略和利用直接行动的策略、国际主义者的视野和马克思主义意识形态和伦理政治学的融合(Moyo and Yeros,2005;Petras,1997)。

南半球农村社会运动倾向于重点关注两个关键问题。第一,土地权力一直是拉丁美洲和南部非洲农村社会运动关注的焦点(Moyo and Yeros,2005)。在一些案例中,重视农村地区土地的重新分配,挑战大庄园主与公司的土地占有的殖民地遗产,在其他一些案例中,重视重新安置农村无地移民,或反对没收小农财产(Woods,2008c)。许多这类运动都是为社会转型把政治抗议和行动结合在一起,包括土地占有(Moyo and Yeros,2005;Wolford,2004)。第二,小农场主运动已动员起来捍卫农业的传统形式,反对新自由主义的改革和跨国农产品企业的活动,在印度和东南亚尤为如此。作为一个重要的例子,印度卡纳塔克(Karnataka)邦立农场联盟成功反对了卡吉尔(Cargill)和孟山都(Monsanto)推广转基因棉花种子和田间试验(Routledge,2003)。

在许多案例中,土地改革和支持小农农业的问题,一定是缠绕在一起的,并进一步得到农村地区社会和经济条件的广泛补充,包括电气化、卫生和教育改善运动(Bentall and Corbridge,1996)。这样,南半球的社会运动鼓吹乡村性这样一种说法基于两点,根据传统——尊重农民的生活方式,社会的进步。此外,许多团体都在实际上积极进行实现这些目标的工作,如巴西的回到农村传统运动(MST)。回到农村传统运动或无地工人运动,除从事政治抗议与游说外,已建立很多再安置家庭的院落,并给予家庭耕作的土地(Wolford,2004)。这场运动形成于1984年,此后的20年间,MST帮助了350,000家庭,在2,000块场地再建立了定居点(Wittman,2009)。这些院落被用来作为提供教育与健康的媒介物,并以促进造林和实践可持续农业方式进行管理。在这方面,院落发挥着作为MST运动的农村前景的试验场。威特曼(Wittman,2009)称之为"新农民公民"。然而,正如卡尔戴拉(Caldeira,2008)展现的那样,MST领导对这种日程的工作事项的激情并不总是与草根参与者分享,他们全神贯注的是更为基本的事物。

南半球的农村社会运动以两种方式在空间上穿越。首先,在城市地区,它们可通过工作,组织起离开农村的移民跨越城乡分离。第二,这场运动也会跨越国家边界，形成跨国联盟，如人民全球行动和走农业道路(Borras et al.,2008;Desmarais,2008;Featherstone,2008;Routledge and Cumbers,2009)。他们也认识到，为了让人听到，有必要把他们的关心传播到北方（和城市）的公共地方。因此，费特斯通(Featherstone,2003)描述了印度农民通过欧洲提高他们关心的跨大陆商队，同时国际农民日行动也成了G20和世贸组织会议上的正式部分(Featherstone,2008;Routledge and Cumbers,2009)。在这种重要会议的会场之外阐述可二选一的话题中，社会运动成了乡村清晰表达自身声音的积极参与者。然而，由抗议者提出的农村想象并不总是逻辑严谨的，而且，也存在着联盟中内部的紧张，如在走农业道路联盟中(Desmarais,2008)，关于农村利益和特点准确清晰的表述就是如此。因此，劳特利奇(Routledge,2003)所叙述的事件，如"衔接空间"，在首脑峰会外的集会游行示威，将使多种利益围绕的重要的需要或目标集中起来，可提供暂时的固定话题。可生动说明这点的是，从农场联盟在北半球得到补充，走农业道路仍然是有限的，这反映出，说服澳大利亚、欧洲或北美的农场主与印度和秘鲁的农场主分享利益是有一定难度的。

五、结语：有关农村地理学

在21世纪头十年的某个时刻，全球城市人口历史上第一次超过全球农村人口。在欧洲和北美许多国家，城市人口占大多数已存在大约一个世纪了：英国跨过临界值在19世纪50年代，德国大约在20世纪初，法国和美国在1920年，加拿大在1931年。随着巴西、中国、印度和南半球其他快速增长国家的快速城镇化，全球性的城镇化顶点业已来临。不过，人口转变本身并不意味着农村已黯淡无光，或与此无关。与此相反，正如本书阐明的那样，农村仍继续是当今世界面临的很多主要问题的核心。农村地理学的研究也仍然是充满争论和最重要的中心。

然而，由诸如食物安全和生物多样性保护置于农村空间之上的各种需要，并非必然互补，而且在许多案例中，它们挑战和破坏农村社区已固化的话题和人们生活的实际地域。例如，正像本章论述的那样，农村地区不仅直接受到气候变化的影响，而且也要在建立更为可持续的社会，作为可再生能源和生态系统服务之源发挥重要作用。还有，这些新功能的发展可能包括农村景观的变化或已形成的农村实

第九章 再造农村

践活动。它们会对乡村性某些说法有些冒犯,这在反对可再生能源方案,如风力电厂中已有所表现。

农村社区不是外部强加变化的被动接受者和受害者,而且有能力动员起来表达他们自己的利益。的确,在日益增长的城镇化世界,可看到的农村利益边缘化激励了新农村社会运动的兴起,成了北半球与南半球当代政治的特征。这些团体的联合向跨国联盟的转变进一步为抵抗新自由主义提供了焦点,把关于乡村性的含义与管理争议带到世界舞台。

因此,农村持久的重要性葬送在它的关联性中。农村不是先前决定和不相关联的地理范围,它也不是想象的怪念头。相反,从有关的角度来看,农村由数以百万有生气的交点组成。在那里不同的网络、各种交流和过程以唯一的方式交织在一起(参见第二章)。这些外形由农村人员的日常生活所规定(确实,也包括非人类农村居民),并且,它们用特别的乡村性观念的应用而赋予意义。例如,"家庭农场"是社会和经济过程、劳动和家庭关系、文化习俗与景观表现的交织体,具有物质形态,家庭农场以实践和话语象征主义表现乡村性的画像。

通过暗示,我们能看到通过改变农村结构中个体部分出现了农村的变化,为不同的部分代替它们或是用新的方式重新安排现存部分。例如,生产主义改变了形成家庭农场结构的部分,把它们变成也许能保留家庭农场成分的某种东西,但实际上目前对理想的话语还是非常难(参见第三章)。更广义地,农村的重构已带来了一些替代性结果,这些替代性变化使得农村结构在形式和特点上更接近构成城市空间与社会结构,而且,这个过程在乡村复制城市形态中,提高了21世纪农村新复合体的清晰有力的话语权。

充满活力的当代农村不可避免地因相关农村政治的表述产生紧张与冲突。在安民(Amin,2004)之后,我们能分辨出"亲近政治学"和"联系政治学"。亲近政治学对农村的竞争性需求造成了冲突(例如,在环境保护理念与尊重传统农村文化之间)。联系政治学,即将农村地方整合进更广泛的社会、经济和政治体系之中,使它们经受遥远事件与决策的影响(例如,贸易协定对个体农场生存力的影响)。调查这些有联系的政治对农村地理学学者是一次重要挑战,而且暗示着对农村地理学实践途径的含义。

探求农村的相关性,需要检验哈夫克里(Halfacree,2006)三重模式中的三个要点中的每个要点(参见第一章)。"农村地方"的入口允许我们一瞥由更大的社会和经济过程结构所产生的模型;"农村表述"的入口,提供了看到致力于使农村适合更广阔的世界话题;而且,"农村的日常生活"的入门,说明了由其流动性不受农村空间约束的个体对关系性农村的程式性的规定。这些观点中的每一种,都会在农村地理学学者的研究工具箱中,提取一种不同的概念与方法工具。对于理解农村地方的结构,政治经济的分析依然是重要的;社会建设理论和话题分析技巧,使农村的表述研究成为可能;而且,农村地理学从事研究的发展主体就是在从事着农村日常生活研究。这样,在过去30多年间,与其说农村地理学概念与方法发展的轨迹可视为能力的积累,不如说是一系列方向的尖锐变化。

同时,相关联的农村地理学将扩展农村研究的边界,并引导农村地理学学者进入新的学会之中。承认农村地方的全球相互联系和相互依赖,指出要拆除北半球农村研究与南半球农村研究之间的分离,促进了更为跨国的研究。同样,在农村地理学学者与城市地理学者之间也有合作的范畴,农村与城市相结合的研究也有范畴。最后,农村地方是由人类与非人类活动者组成,并且都要服从人类与非人类的力量,通过自然和物理科学家真正的跨学科研究,也许能获得新的真知灼见(参见Lowe and Phillipson,2006)。

农村现在是,并且一直就是动态与多样的空间,其关联性是难以捉摸的。农村概念的强烈共振贯穿历史,并且引人瞩目,用平等方式激励和挫败着地理学家。正如默多克(Murdoch,2003)所言,不能从农村整体观察到单一的获利点。我们的研究仅仅给出了局部的一瞥。不过,正是农村的这种复杂性使农村地理学研究具有挑战性,并令人兴奋,我们仍需继续更多的探索。

六、进一步阅读

在呈现的"全球性乡村"中,有关全球化的进一步论述和农村地方重构,可在我(Woods)的论文中看到。"参与全球性乡村"载于《人文地理进展》(2007)。以地方为基础的有关全球化对农村社区影响的研究极少,但有些案例,包括载于2001年《世界人居》(现在的《文化地理学》)中的安东尼·比宾顿(Anthony Bebbington)关于"全球化安第斯"的论述,艾查诺维(Echánove)对墨西哥农村社区的分析,载于

《经济社会地理》(2005)中,以及我(Woods)的关于新西兰皇后镇的论文,载于《地理学杂志》(2010c)。彼得·霍兰和比尔·穆尼(Peter Holland and Bill Mooney)讨论了欧洲定居者对新西兰农村环境条件的适应,载于《新西兰地理学家》。玛格丽特·奥尔斯顿(Margaret Alston)撰写的《农村危机共同构成的范围》,探讨了澳大利亚干旱的性别经验,载于《乡村社会学》(2006)。由哈利·伊金和柯尔斯顿·奥佩蒂尼(Hallie Eakin and Kirsten Appendini)对墨西哥洪水危机管理的研究,载于《农业与人类价值》(2008)。奥利·默茨等(Ole Mertz et al.)分析了塞内加尔农村生计对气候变化的适应,载于《环境管理》(2009)。在莫桑比克,汉尼·欧斯巴瑞等(Henny Osbahr et al., 2008)进行了研究,载于《地理论坛》(2008)。帕布洛·古特曼(Pablo Gutman)关于生态系统的讨论,可形成新农村——城市密切化的基础,可在《生态经济》(2007)中看到。2008 年《农村研究杂志》特刊(第 24 卷第 2 期)对农村社会运动做了进一步论述,包括评述导论(Woods,2008c)。安妮特·德斯马来(Annette Desmarais)对农民运动道路进行了考察。斯科特·普鲁达姆(Scott Prudham)论述了全球主义者对加拿大尤博林业社区的响应。博拉斯、埃德尔曼和凯(Borras,Edelman and Kay)对南半球农村社会运动编辑了很好的论文集,莫尤和耶罗斯(Moyo and Yeros)的《挽救土地》(2005),载于《跨国农民运动》(2008)。汉娜·威特曼(Hannah Wittman)的论文载于《农村研究杂志》(2009)。温迪·沃尔福德(Wendy Wolford)的文章载于《美国地理学家协会年刊》(2004),对巴西无地工人运动做了更详细的研究。

参考文献

Abram, S. (2003) The rural gaze, in Cloke, P. (ed.) *Country Visions*. Harlow: Pearson.
Addley, E. (2008) Welcome to Thanet Earth: Is this a taste of the future for UK agriculture? *The Guardian*, 11 June.
Agarwal, S., Rahman, S. and Errington, A. (2009) Measuring the determinants of relative economic performance in rural areas, *Journal of Rural Studies*, 25: 309–21.
Agyeman, J. and Spooner, R. (1997) Ethnicity and the rural environment, in Cloke, P. and Little, J. (eds) *Contested Countryside Cultures*. London: Routledge.
Alder, J. (1989) Origins of sightseeing, *Annals of Tourism Research*, 16: 7–29.
Allen, P., FitzSimmons, M., Goodman, M. and Warner, K. (2003) Shifting plates in the agrifood landscape: the tectonics of alternative agrifood initatives in California, *Journal of Rural Studies*, 19: 61–76.
Almagor, U. (1985) A tourist's 'vision quest' in an African game reserve, *Annals of Tourism Research*, 12: 31–47.
Alphandéry, P. and Fortier, A. (2001) Can a territorial policy be based on science alone? The system for creating the Natura 2000 network in France, *Sociologia Ruralis*, 41: 311–28.
Alston, M. (2006) 'I'd like to just walk out of here': Australain women's experience of drought, *Sociologia Ruralis*, 46: 154–70.
Alston, M. (2009) Drought policy in Australia: gender mainstreaming or gender blindness? *Gender, Place and Culture*, 16: 139–54.
Amin, A. (2004) Regions unbound: towards a new politics of place, *Geografiska Annaler*, 86B: 33–44.
Anderson, C. and Bell, M. (2003) The devil of social capital: a dilemma of American rural sociology, in Cloke, P. (ed.) *Country Visions*. Harlow: Pearson.
Anderson, K. and Valenzuela, E. (2008) The softest subsidy: agricultural subsidy cuts, new biotechnologies, developing countries, and cotton, *Georgetown Journal of International Affairs*, 9(1): 7–16.

Angeles, L.C. and Hill, K. (2009) The gender dimension of the agrarian transition: women, men and livelihood diversification in two peri-urban farming communities in the Philippines, *Gender, Place and Culture*, 16: 609–29.

Appadurai, A. (1996) *Modernity at Large: Cultural dimensions of globalization*. Minneapolis: University of Minnesota Press.

Argent, N. (2002) From pillar to post? In search of the post-productivist countryside in Australia, *Australian Geographer*, 33: 97–114.

Armesto López, X.A. and Gómez Martín, B. (2006) Tourism and quality agro-food products: an opportunity for the Spanish countryside, *Tijdschrift voor Economische en Sociale Geografie*, 97: 166–77.

Árnason, A., Shucksmith, M. and Vergunst, J. (eds) (2009) *Comparing Rural Development*. Aldershot: Ashgate.

Ashley, P. (2007) Toward an understanding and definition of wilderness spirituality, *Australian Geographer*, 38: 53–69.

Atkins, P. and Bowler, I. (2001) *Food in Society: Economy, culture, geography*. London: Arnold.

Ayto, J. (1990) *Dictionary of Word Origins*. London: Bloomsbury.

Baker, K. and Jewitt, S. (2007) Evaluating thirty-five years of Green Revolution technology in villages of Bulandshahr District, Western UP, North India, *Journal of Development Studies*, 43: 312–29.

Baker, S. and Brown, B.J. (2008) Habitus and homeland: educational aspirations, family life and culture in autobiographical narratives of educational experience in rural Wales, *Sociologia Ruralis*, 48: 57–72.

Barnett, A. (1998) Securing the future, in A. Barnett and R. Scruton (eds) *Town and Country*. London: Jonathan Cape.

Barrett, H., Ilbery, B., Browne, A. and Binns, T. (1999) Globalization and the changing networks of food supply: the importation of fresh horticultural produce from Kenya into the UK, *Transactions of the Institute of British Geographers*, 24: 159–74.

Barrios, S., Bertinelli, L. and Strobl, E. (2006) Climatic change and rural-urban migration: the case of sub-Saharan Africa, *Journal of Urban Economics*, 60: 357–71.

Bebbington, A. (1999) Capitals and capabilities: a framework for analyzing peasant viability, rural livelihoods and poverty, *World Development*, 27: 2021–44.

Bebbington, A. (2001) Globalized Andes? Livelihoods, landscapes and development, *Ecumene*, 8: 414–36.

Bell, C. (1997) The 'real' New Zealand: rural mythologies perpetuated and commodified, *Social Science Journal*, 34: 145–58.

Bell, D. (1997) Anti-idyll: rural horror, in Cloke, P. and Little, J. (eds) *Contested Countryside Cultures: Otherness, Marginalisation and Rurality*. London: Routledge.

Bell, D. (2006) Variations on the rural idyll, in Cloke, P., Marsden, T. and Mooney, P. (eds) *Handbook of Rural Studies*. London: Sage.

Bell, M. (1994) *Childerley: Nature and Morality in a Country Village*. Chicago: University of Chicago Press.

Bell, M. (2007) The two-ness of rural life and the ends of rural scholarship, *Journal of Rural Studies*, 23: 402–15.

Bentall, J. and Corbridge, S. (1996) Urban-rural relations, demand politics and the 'new agrarianism' in northwest India: the Bharatiya Kisan Union, *Transactions of the Institute of British Geographers*, 21: 27–48.

Berger, J. (1972) *Ways of Seeing*, Harmondsworth: Penguin.

Bernard, T., Collion, M.-H., de Janvry, A., Rondot, P. and Sadoulet, E. (2008) Do village organizations make a difference in African rural development? A study for Senegal and Burkina Faso, *World Development*, 36: 2188–204.

Bernstein, H. (2002) Land reform: taking a long(er) view, *Journal of Agrarian Change*, 2: 433–63.

Berry, B. (ed.) (1976) *Urbanization and Counterurbanization*. Beverley Hills: Sage.

Berry, W. (2009) *Home Economics: Fourteen Essays*. Berkeley, CA: Counterpoint.

Bertrand, N. and Kreibich, V. (eds) (2006) *Europe's City-Regions Competitiveness: Growth, regulation and peri-urban land management*. Assen, NL: Royal Van Gorcum.

Besio, K., Johnston, L. and Longhurst, R. (2008) Sexy beasts and devoted mums: narrating nature through dolphin tourism, *Environment and Planning A*, 40: 1219–34.

Best, S. (1989) The commodification of reality and the reality of commodification: Jean Baudrillard and post-modernism, *Current Perspectives in Social Theory*, 19: 23–51.

Bibby, P. and Shepherd, J. (2004) *Developing a New Classification of Urban and Rural Areas for Policy Purposes – Methodology*. Rural Evidence Research Centre Working Paper. London: RERC. Available http: <http://www.statistics.gov.uk/geography/downloads/Methodology_Reports.pdf>

Binswanger, H.P. (2007) Empowering rural people for their own development, *Agricultural Economics*, 37: 13–27.

Bjarnason, T. and Thorlindsson, T. (2006) Should I stay or should I go? Migration expectations among youths in Icelandic fishing and farming communities, *Journal of Rural Studies*, 22: 290–300.

Bjørkhaug, H. and Richards, C.A. (2008) Multifunctional agriculture in policy and practice? A comparative analysis of Norway and Australia, *Journal of Rural Studies*, 24: 98–111.

Bone, R.M. (2003) *The Geography of the Canadian North*. Don Mills, ON: Oxford University Press.

Borras, S.M., Edelman, M. and Kay, C. (eds) (2008) *Transnational Agrarian Movements: Confronting Globalization*. Chichester: Wiley-Blackwell.

Bowen, S. and Valenzuela Zapata, A. (2009) Geographical indications, *terroir*, and socioeconomic and ecological sustainability: the case of tequila, *Journal of Rural Studies*, 25: 108–19.

Bowler, I. (1985) Some consequences of the industrialisation of agriculture in the European Community, in Healey, M. and Ilbery, B.W. (eds) *The Industrialization of the Countryside*. Norwich: Geo Books.

Boyle, P. and Halfacree, K. (1998) *Migration into Rural Areas*. Chichester: Wiley.

Brace, C. (2003) Rural mappings, in Cloke, P. (ed.) *Country Visions*. Harlow: Pearson.
Brandth, B. (2002) Gender identity in European family farming: a literature review, *Sociologia Ruralis*, 42: 181–200.
Brandth, B. (2006) Agricultural body-building: incorporations of gender, body and work, *Journal of Rural Studies*, 22: 17–28.
Brennan, M.A., Flint, C.G. and Luloff, A.E. (2009) Bringing together local culture and rural development: findings from Ireland, Pennsylvania and Alaska, *Sociologia Ruralis*, 49: 97–112.
Brennan-Horley, C., Connell, J. and Gibson, C. (2007) The Parkes Elvis Revival Festival: Economic development and contested place identities in rural Australia, *Geographical Research*, 45: 71–84.
Bressey, C. (2009) Cultural archaeology and historical geographies of the black presence in rural England, *Journal of Rural Studies*, 25: 386–95.
Brockington, D. and Igoe, J. (2006) Eviction for Conservation: a global overiew, *Conservation and Society*, 4: 424–70.
Browne, W.P. (2001) *The Failure of National Rural Policy*. Washington, DC: Georgetown University Press.
Bruce, D. and Whitla, M. (eds) (1993) *Community-Based Approaches to Rural Development*. Sackville, NB: Mount Allison University.
Bruinsma, J. (ed.) (2003) *World Agriculture: towards 2015/2030 – an FAO perspective*. London: Earthscan.
Buck, D., Getz, C. and Guthman, J. (1997) From farm to table: the organic vegetable commodity chain of northern California, *Sociologia Ruralis*, 37: 3–20.
Buller, H. (2004) Where the wild things are: the evolving iconography of rural fauna, *Journal of Rural Studies*, 20: 131–42.
Bunce, M. (1994) *The Countryside Ideal: Anglo-American Images of Landscape*, London and New York: Routledge.
Bunce, M. (2003) Reproducing rural idylls, in Cloke, P. (ed.) *Country Visions*. Harlow: Pearson.
Burnley, I. and Murphy, P. (2004) *Sea Change: Movement from Metropolitan to Arcadian Australia*. Sydney: UNSW Press.
Burton, R.J.F. (2004) Seeing through the 'good farmer's' eyes: towards developing an understanding of the social symbolic value of 'productivist' behaviour, *Sociologia Ruralis*, 44: 195–215.
Busch, L. and Bain, C. (2004) New! Improved? The transformation of the global agrifood system, *Rural Sociology*, 69: 321–46.
Buttel, F. and Newby, H. (eds) (1980) *The Rural Sociology of Advanced Societies: Critical Perspectives*. Montclair, NJ: Allanheld and London: Croom Held.
Bye, L.M. (2003) Masculinity and rurality at play in stories about hunting, *Norsk Geografisk Tidsskrift – Norwegian Journal of Geography*, 57: 145–53.
Bye, L.M. (2009) 'How to be a rural man': young men's performances and negotiations of rural masculinities, *Journal of Rural Studies*, 25: 278–88.
Caldeira, R. (2008) My land, your social transformation: conflict within the Landless People Movement (MST), Rio de Janeiro, Brazil, *Journal of Rural Studies*, 24: 150–60.

Campbell, H. (2000) The glass phallus: pub(lic) masculinity and drinking in rural New Zealand, *Rural Sociology*, 65: 562–81.
Carolan, M.S. (2008) More-than-representational knowledge/s of the countryside: how we think as bodies, *Sociologia Ruralis*, 48: 408–22.
Carroll, M.S. (1995) *Community and the Northwestern Logger*. Boulder, CO: Westview.
Carson, R. (1962) *Silent Spring*. Cambridge, MA: Riverside Press.
Casid, J.H. (2005) *Sowing Empire: Landscape and colonization*. Minneapolis: University of Minnesota Press.
Castree, N. (2008a) Neoliberalising nature: the logics of deregulation and reregulation, *Environment and Planning A*, 40: 131–52.
Castree, N. (2008b) Neoliberalising nature: processes, effects, and evaluations, *Environment and Planning A*, 40: 153–73.
Cater, C. and Smith, L. (2003) New country visions: adventurous bodies in rural tourism, in Cloke, P. (ed.) *Country Visions*. Harlow: Pearson.
Catlin, G. (1930) *Letters and Notes on the Manners, Customs and Conditions of North American Indians*, vol. 1. Edinburgh: John Grant.
Cawley, M. and Gillmor, D. (2008) 'Culture economy', 'integrated tourism' and 'sustainable rural development': evidence from Western Ireland, in Robinson, G.M. (ed.) *Sustainable Rural Systems*. Aldershot: Ashgate.
Chakraborti, N. and Garland, J. (eds) (2004) *Rural Racism*. Cullompton, UK: Willan.
Chambers, R. (1983) *Rural Development: Putting the Last First*. London: Longman.
Chambers, R. (1993) *Challenging the Professions: Frontiers for Rural Development*. London: Intermediate Technology Publications.
Chambers, R. (1994) The origins and practice of participatory rural appraisal, *World Development*, 22: 953–69.
Chambers, R. and Conway, G. (1992) Sustainable rural livelihoods: practical concepts for the twenty-first century, *IDS Discussion Paper 296*, Brighton: Institute for Development Studies.
Chaverri, P.P. (2006) Cultural and environmental amenities in peri-urban change: the case of San Antonio de Escazú, Costa Rica, in Moss, L.A.G. (ed.) *The Amenity Migrants: Seeking and sustaining mountains and their cultures*. Wallingford: CABI.
Cheshire, L. (2006) *Governing Rural Development*. Aldershot: Ashgate.
Cheshire, L. and Woods, M. (2009) Rural citizenship and governmentality, in Kitchin, R. and Thrift, N. (eds) *International Encyclopaedia of Human Geography*. Oxford: Elsevier.
Ching, B. and Creed, E.W. (eds) (1997) *Knowing Your Place: Rural identity and cultural hierarchy*. New York: Routledge.
Clark, G. (1991) People working in farming: the changing nature of farmwork, in Champion, T. and Watkins, C. (eds) *People in the Countryside*, London: Paul Chapman.
Clemenson, H. (1992) Are single industry towns diversifying? An examination of fishing, forestry and mining towns, in Bollmann, R.D. (ed.) *Rural and Small Town Canada*. Toronto: Thompson Educational Publishing.

Cloke, P. (1977) An index of rurality for England and Wales, *Regional Studies*, 11: 31–46.
Cloke, P. (1989a) Rural geography and political economy, in Peet, R. and Thrift, N. (eds) *New Models in Geography: The Political Economy Perspective*, vol. 1. London: Unwin Hyman.
Cloke, P. (1989b) State deregulation and New Zealand's agricultural sector, *Sociologia Ruralis*, 29: 34–47.
Cloke, P. (1993) The countryside as commodity: new rural spaces for leisure, in Glyptis, S. (ed.) *Leisure and the Environment*. London: Bellhaven.
Cloke, P. (1994) (En)culturing political economy: a life in the day of a 'rural geographer', in Cloke, P., Doel, M., Matless, D., Phillips, M. and Thrift, N. (eds) *Writing The Rural*. London: Paul Chapman.
Cloke, P. (2004) Rurality and racialised others: out of place in the countryside?, in Chakraborti, R. and Garland, J. (eds) *Rural Racism*. Cullompton, UK: Willan.
Cloke, P. (2006) Conceptualizing rurality, in Cloke, P., Marsden, T., and Mooney, P. (eds) *Handbook of Rural Studies*. London: Sage.
Cloke, P. and Edwards, G. (1986) Rurality in England and Wales 1981: a replication of the 1971 index, *Journal of Rural Studies*, 20: 289–306.
Cloke, P. and Jones, O. (2001) Dwelling, place and landscape: an orchard in Somerset, *Environment and Planning A*, 33: 649–66.
Cloke, P. and Jones, O. (2002) *Tree Cultures*. Oxford: Berg.
Cloke, P. and Little, J. (eds) (1997) *Contested Countryside Cultures*. London: Routledge.
Cloke, P. and Perkins, H.C. (1998) Cracking the canyon with the awesome foursome: representations of adventure tourism in New Zealand, *Environment and Planning D: Society and Space*, 16: 185–218.
Cloke, P. and Perkins, H.C. (2002) Commodification and adventure in New Zealand tourism, *Current Issues in Tourism*, 5: 521–49.
Cloke, P. and Perkins, H.C. (2005) Cetacean performance and tourism in Kaikoura, New Zealand, *Environment and Planning D: Society and Space*, 23: 903–24.
Cloke, P., Phillips, M. and Thrift, N. (1995) The new middle classes and the social constructs of rural living, in Butler, T. and Savage, M. (eds) *Social Change and the Middle Classes*. London: UCL Press.
Cloke, P., Phillips, M. and Thrift, N. (1998) Class, colonisation and lifestyle strategies in Gower, in Boyle P. and Halfacree, K. (eds) *Migration to Rural Areas*, London: Wiley.
Clout, H.D. (1972) *Rural Geography: an introductory survey*. Oxford: Pergamon Press.
Coates, K. (2001) Northland: The past, present and future of northern British Columbia in an age of globalization, in Epp, R. and Whitson, D. (eds) *Writing Off the Rural West*. Edmonton: University of Alberta Press.
Cockburn, A. (1996) A short, meat-oriented history of the world: from Eden to the Mattole, *New Left Review*, 215: 16–42.
Cocklin, C. and Dibden, J. (2002) Taking stock: Farmer's reflections on the deregulation of Australian dairying, *Australian Geographer*, 33: 29–42.

Cohen, A. (1985) *The Symbolic Construction of Community*. London: Tavistock.
Coldwell, I. (2007) New farming masculinities: 'More than just shit-kickers', we're 'switched-on' farmers wanting to 'balance lifestyle, sustainability and coin', *Journal of Sociology*, 43: 87–103.
Connell, J. and Gibson, C. (2003) *Sound Tracks: Popular music, identity and place*. London: Routledge.
Connors, T. (1996) *To Speak with One Voice: The quest by Australian farmers for federal unity*. Canberra: National Farmers Federation.
Convery, I., Bailey, C., Mort, M. and Baxter, J. (2005) Death in the wrong place? Emotional geographies of the UK 2001 foot and mouth disease epidemic, *Journal of Rural Studies*, 21: 98–109.
Corbett, M. (2007a) *Learning to Leave: The irony of schooling in a coastal community*. Halifax, NS: Fernwood.
Corbett, M. (2007b) All kinds of potential: women and out-migration in an Atlantic Canadian coastal community, *Journal of Rural Studies*, 23: 430–42.
Cosgrove, D. (1985) Prospect, perspective and the evolution of the landscape idea, *Transactions of the Institute of British Geographers*, 10: 45–62.
Courtney, P., Short, C., Kambites, C., Moseley, M., Ilbery, B., Boase, R., Owen, S. and Clark, M. (2007) *The Social Contribution of Land-based Industries to Rural Communities*. Cheltenham: Commission for Rural Communities.
Cox, G., Hallett, J. and Winter, M. (1994) Hunting the wild red deer: the social organization and ritual of a 'rural' institution, *Sociologia Ruralis*, 34: 190–205.
Cox, K.R. (1998) Spaces of dependence, spaces of engagement and the politics of scale, or: looking for local politics, *Political Geography*, 17: 1–24.
CPRE (Campaign to Protect Rural England) website: www.cpre.org.uk (accessed 6 June 2009).
Crang, M. (1999) Nation, region and homeland: history and territory in Darlana, Sweden, *Ecumene*, 6: 447–70.
CRC (2007) *State of the Countryside 2007*. Cheltenham, UK: Commission for Rural Communities.
Cronon, W. (1996) The trouble with wilderness, *Environmental History*, 1: 7–28.
Crouch, D. (2006) Tourism, consumption and rurality, in Cloke, P., Marsden, T. and Mooney, P. (eds) *Handbook of Rural Studies*. London: Sage.
Daniels, S. (1989) Marxism, culture and the duplicity of landscape, in Peet, R. and Thrift, N. (eds) *New Models in Geography*, vol. 2, London: Unwin Hyman.
Daugstad, K. (2008) Negotiating landscape in rural tourism, *Annals of Tourism Research*, 35: 402–26.
David, P. and Wright, G. (1997) Increasing returns and the genesis of American resource abundance, *Industrial and Corporate Change*, 6: 203–45.
Davis, M. (1998) *Ecology of Fear: Los Angeles and the imagination of disaster*. New York: Metropolitan Books.
Davis, M. (2005) *The Monster at our Door: The global threat of avian flu*, New York: New Press.

Dean, M. (1999) *Governmentality: Power and rule in modern society.* London: Sage.
Defra (2002) *Public Attitudes to Quality of Life and the Environment.* London: Department for Environment, Food and Rural Affairs.
Defra (2007) *Rural Development Plan for England.* London: Department for Environment, Food and Rural Affairs.
Defra (2009) Organic Statistics Dataset. London: Department for Environment, Food and Rural Affairs. Available HTTP: <http://www.defra.gov.uk/evidence/statistics/foodfarm/enviro/organics/documents/organics-2009.xls
De Janvry, A. (1981) *The Agrarian Question and Reformism in Latin America.* Baltimore: Johns Hopkins University Press.
Demeritt, D. (2001) Scientific forest conservation and the statistical picturing of nature's limits in the Progressive-era United States, *Environment and Planning D: Society and Space*, 19: 431–59.
Derkzen, P. (2010) Rural partnerships in Europe, a differentiated view from a country perspective: the Netherlands and Wales, *European Urban and Regional Studies*, 17: 17–30.
Derkzen, P., Franklin, A. and Bock, B. (2008) Examining power struggles as a signifier of successful partnership working: a case study of partnership dynamics, *Journal of Rural Studies*, 24: 458–66.
Desmarais, A. (2008) The power of peasants: reflections on the meanings of La Vía Campesia, *Journal of Rural Studies*, 24: 138–49.
D'Haese, M., Verbeke, W., van Huylenbroeck, G., Kirsten, J. and D'Haese, L. (2005) New institutional arrangements for rural development: the case of local woolgrowers' associations in the Transkei area, South Africa, *Journal of Development Studies*, 41: 1444–66.
Dibden, J. and Cocklin, C. (2005) Sustainability and agri-environmental governance, in Higgins, V. and Lawrence, G. (eds) *Agricultural Governance: Globalization and the New Politics of Regulation.* London: Routledge.
Dixon, D.P. and Hapke, H.M. (2003) Cultivating discourse: the social construction of agricultural legislation, *Annals of the Association of American Geographers*, 93: 142–64.
DuPuis, E.M. and Goodman, D. (2005) Should we go 'home' to eat? toward a reflexive politics of localism, *Journal of Rural Studies*, 21: 359–72.
Eakin, H. and Appendini, K. (2008) Livelihood change, farming, and managing flood risk in the Lerma Valley, Mexico, *Agriculture and Human Values*, 25: 555–66.
Echánove, F. (2005) Globalization and restructuring in rural Mexico: the case of fruit growers, *Tidjschrift voor Econimische en Sociale Geografie*, 96: 15–30.
Edensor, T. (2000) Walking in the British Countryside: Reflexivity, embodied practices and ways to escape, *Body and Society*, 6: 81–106.
Edensor, T. (2006) Performing rurality, in Cloke, P., Marsden, T. and Mooney, P. (eds) *Handbook of Rural Studies.* London: Sage.

Edwards, B., Goodwin M., Pemberton, S. and Woods, M. (2001) Partnerships, power and scale in rural governance, *Environment and Planning C: Government and Policy*, 19: 289–310.

Engel, S., Pagiola, S. and Wunder, S. (2008) Designing payments for environmental services in theory and practice: an overview of the issues, *Ecological Economics*, 65: 663–74.

Englund, H. (2002) The village in the city, the city in the village: migrants in Lilongwe, *Journal of Southern African Studies*, 28: 137–54.

Enticott, G. (2001) Calculating nature: the case of badgers, bovine tuberculosis and cattle, *Journal of Rural Studies*, 17: 149–64.

Epp, R. and Whitson, D. (eds) (2001) *Writing Off the Rural West*. Edmonton: University of Alberta Press.

Errington, A. (1997) Rural employment issues in the periurban fringe, in Bollman, R.D. and Bryden, J.D. (eds) *Rural Employment: an International Perspective*. Wallingford: CABI.

Evans, N., Morris, C. and Winter, M. (2002) Conceptualizing agriculture: a critique of post-productivism as the new orthodoxy, *Progress in Human Geography*, 26: 313–32.

Everett, S. and Aitchison, C. (2008) The role of food tourism in sustaining regional identity: a case study of Cornwall, South West England, *Journal of Sustainable Tourism*, 16: 150–67.

Eversole, R. and Martin, J. (2006) Jobs in the Bush: Global industries and inclusive rural development, *Social Policy and Administration*, 40: 692–704.

Falk, W.W., Hunt, L.L. and Hunt, M.O. (2004) Return migrations of African-Americans to the South: Reclaiming a land of promise, going home, or both? *Rural Sociology*, 69: 490–509.

Fan, C., Wall, G. and Mitchell, C.J.A. (2008) Creative destruction and the water town of Luzhi, China, *Tourism Management*, 29: 648–60.

Farinelli, B. (2008) *L'avenir est a la Campagne*. Paris: Syros.

Featherstone, D. (2003) Spatialities of transnational resistance to globalization: maps of grievance of the Inter-Continental Caravan, *Transactions of the Institute of British Geographers*, 28: 404–21.

Featherstone, D. (2008) *Resistance, Space and Political Identities: the making of counter-global networks*. London: Wiley-Blackwell.

Flognfeldt, T. (2006) Second homes, work commuting and amenity migrants in Norway's mountain areas, in Moss, L.A.G. (ed.) *The Amenity Migrants*. Wallingford: CABI.

Flora, C.B., Flora, J.L. and Fey, S. (2008) *Rural Communities: Legacy and Change*, 3rd edn, Boulder: Westview.

Fonte, M. (2008) Knowledge, food and place: a way of producing, a way of knowing, *Sociologia Ruralis*, 48: 200–22.

Foucault, M. (1976) *The Birth of the Clinic*. London: Tavistock.

Foucault, M. (1978) *The History of Sexuality*, vol. 1. London: Penguin.

Foucault, M. (1991) Governmentality, in Burchell, G., Gordon, C. and Miller, P. (eds) *The Foucault Effect: Studies in Governmentality*. Hemel Hempstead: Harvester Wheatsheaf.

Frank, E. (1999) *Gender, Agricultural Development and Food Security in Amhara, Ethiopia: The contested identity of women farmers in Ethiopia*. USAID Ethiopia. Available http: <http:\\pdf.dec.org/pdf_docs/Pnacg552.pdf>

Frankenberg, R. (1966) *Communities in Britain: Social life in town and country*. Harmondsworth: Penguin.

Frost, P.G.H. and Bond, I. (2008) The CAMPFIRE programme in Zimbabwe: payments for wildlife services, *Ecological Economics*, 65: 776–87.

Galeano, E. (2009) *Open Veins of Latin America*. London: Serpent's Tail. [First published 1973.]

Gallent, N., Juntti, M., Kidd, S. and Shaw, D. (2008) *Introduction to Rural Planning*. London: Routledge.

Gallent, N., Mace, A. and Tewdwr-Jones, M. (2005) *Second Homes: European perspectives and UK policies*. Aldershot: Ashgate.

Garland, J. and Chakraborti, N. (2004) Another country? Community, belonging and exclusion in rural England, in Chakraborti, R. and Garland, J. (eds) *Rural Racism*. Cullompton, UK: Willan.

Garrod, B., Wornell, R. and Youell, R. (2006) Re-conceptualising rural resources as countryside capital: the case of rural tourism, *Journal of Rural Studies*, 22: 117–28.

Gedicks, A. (2001) *Resource Rebels: Native challenges to mining and oil corporations*. Cambridge, MA: South End Press.

Gerrard, S. (2008) A travelling fishing village: the specific conjunctions of place, in Bærenholdt, J.O. and Granås, B. (eds) *Mobility and Place: Enacting Northern European Peripheries*. Aldershot: Ashgate.

Gezon, L.L. (2006) *Global Visions, Local Landscapes: A political ecology of conservation, conflict and control in northern Madagascar*. Lanham, MD: Alta Mira.

Gibson, C. and Davidson, D. (2004) Tamworth, Australia's 'country music capital': place marketing, rurality and resident reactions, *Journal of Rural Studies*, 20: 387–404.

Gibson, C.C. and Marks, S.A. (1995) Transforming rural hunters into conservationists: an assessment of community-based wildlife management programs in Africa, *World Development*, 23: 941–57.

Gombay, N. (2005) Shifting identities in a shifting world: food, place, community, and the politics of scale in an Inuit settlement, *Environment and Planning D: Society and Space*, 23: 415–33.

González, G.G. (1994) *Labor and Community: Mexican Citrus Worker Villages in a Southern California County, 1900–1950*. Chicago: University of Illinois Press.

Goodman, D.E. and Redclift, M. (eds) (1989) *The International Farm Crisis*, London: Macmillan.

Goodman, D.E. and Redclift, M. (1991) *Refashioning Nature: Food, ecology and culture*, London: Routledge.

Goodman, D.E., Sorj, B. and Wilkinson, J. (1987) *From Farming to Biotechnology: A theory of agro-industrial development*, Oxford: Blackwell.

Goodwin, M. (1998) The governance of rural areas: some emerging research issues and agendas, *Journal of Rural Studies*, 14: 5–12.

Gorman-Murray, A., Waitt, G. and Gibson, C. (2008) A queer country? A case study of the politics of gay/lesbian belonging in an Australian country town, *Australian Geographer*, 39: 171–91.

Gouveia, L. and Juska, A. (2002) Taming nature, taming workers: constructing the separation between meat consumption and meat production in the US, *Sociologia Ruralis*, 42: 370–90.

Gray, J. (2000) The Common Agricultural Policy and the re-invention of the rural in the European Community, *Sociologia Ruralis*, 40: 30–52.

Green, B. (1996) *Countryside Conservation*. London: E&FN Spon.

Gregory, D. (1994) Discourse, in Johnston, R.J., Gregory, D. and Smith, D.M. (eds) *The Dictionary of Human Geography*. Oxford: Blackwell.

Grinspun, R. (2003) Exploring the links among global trade, industrial agriculture and rural underdevelopment, in North, L.L. and Cameron, J.D. (eds) *Rural Progress, Rural Decay: neoliberal adjustment policies and local initiatives*. Bloomfield, CT: Kumarian Press.

Guthman, J. (2002) Commodified meanings, meaningful commodities: re-thinking production-consumption links through the organic system of provision, *Sociologia Ruralis*, 42: 295–311.

Guthman, J. (2004) The trouble with 'organic lite' in California: a rejoinder to the 'conventionalisation' debate, *Sociologia Ruralis*, 3: 301–17.

Gutman, P. (2007) Ecosystem services: foundations for a new rural-urban compact, *Ecological Economies*, 62: 383–87.

Halfacree, K. (1993) Locality and social representation: space, discourse and alternative definitions of the rural, *Journal of Rural Studies*, 9: 1–15.

Halfacree, K. (1994) The importance of 'the rural' in the constitution of counterurbanization: evidence from England in the 1980s, *Sociologia Ruralis*, 34: 164–89.

Halfacree, K. (1999) A new space or spatial effacement? Alternative futures for the post-productivist countryside, in Walford, N., Everitt, J. and Napton, D. (eds) *Reshaping the Countryside: Perceptions and processes of rural change*. Wallingford: CAB International.

Halfacree, K. (2006) Rural space: constructing a three-fold architecture, in Cloke, P., Marsden, T. and Mooney, P. (eds) *Handbook of Rural Studies*. London: Sage.

Halfacree, K. (2007) Trial by space for a 'radical rural': introducing alternative localities, representations and lives, *Journal of Rural Studies*, 23: 125–41.

Halfacree, K. (2008) To revitalise counterurbanisation research? Recognising an international and fuller picture, *Population, Space and Place*, 14: 479–95.

Halhead, V. (2006) Rural movements in Europe: Scandinavia and the accession states, *Social Policy and Administration*, 40: 596–611.

Hall, C. (2008) Identifying farmer attitudes towards genetically-modified (GM) crops in Scotland: Are they pro- or anti-GM? *Geoforum*, 39: 204–12.

Hall, P., Thomas, R., Gracey, H. and Drewett, R. (1973) *The Containment of Urban England*. London: Allen and Unwin.

Halpin, D. (2004) Transitions between formations and organisations: an historical perspective on the political representation of Australian farmers, *Australian Journal of Politics and History*, 50: 469–90.

Halseth, G. and Rosenberg, M. (1995) Complexity in the rural Canadian housing landscape, *The Canadian Geographer*, 39: 336–52.

Halseth, G. and Sullivan, L. (2002) *Building Community in an Instant Town*. Prince George, BC: University of Northern British Columbia Press.

Hanbury-Tenison, R. (1997) 'Life in the Countryside', *Geographical Magazine*, November (sponsored feature).

Haraway, D. (1991) *Simians, Cyborgs and Women*. London: Free Association.

Harper, J. (2005) 'Press wilfully ignorant of US rural life', *The Washington Times*, 11 April.

Harper, S. (1988) Rural reference groups and images of place, in Pocock, D. (ed.) *Humanistic Approaches in Geography*. University of Durham, Department of Geography, Occasional Publication 22.

Harrington, L. (2005) Vulnerability and sustainability concerns for the U.S. high plains, in Essex, S., Gilg, A., Yarwood, R., Smithers, J. and Wilson, R. (eds) *Rural Change and Sustainability: Agriculture, Environment and Communities*. Wallingford: CABI.

Harrington, L. (2010) The U.S. Great Plains, Change, and Place Development, in Halseth, G., Markey, S. and Bruce, D. (eds) *The Next Rural Economies: Constructing rural place in global economies*. Wallingford: CABI.

Hart, G. (1991) Engendering everyday resistance: gender, patronage and production politics in rural Malaysia, *Journal of Peasant Studies*, 19: 93–121.

Hart, J.F. (1974) *The Look of the Land*. Engelwood Cliffs, CA: Prentice Hall.

Harvey, D. (1985) *The Urbanization of Capital: Studies in the History and Theory of Capitalist Urbanization*. Baltimore: Johns Hopkins University Press.

Harvey, D. (2005) *A Brief History of Neoliberalism*. Oxford: Oxford University Press.

Harvey, G. (1998) *The Killing of the Countryside*. London: Vintage.

Harvie, R. and Jobes, P.C. (2001) Social control of vice in post-frontier Montana, *Journal of Rural Studies*, 17: 235–46.

Hayami, Y. (2004) An ecological and historical perspective on agricultural development in Southeast Asia, in Akiyama, T. and Larson, D.F. (eds) *Rural Development and Agricultural Growth in Indonesia, the Philippines and Thailand*. Canberra: Asia Pacific Press.

Hayden, D. (2004) *A Field Guide to Sprawl*. New York: Norton.

Heley, J. (2008) Rounds, Range Rovers and rurality: the drinking geographies of a New Squirearchy, *Drugs: Education, Prevention and Policy*, 15: 315–21.

Heley, J. (2010) The new squirearchy and emergent cultures of the new middle classes in rural areas, *Journal of Rural Studies*, in press.

Henderson, G.L. (1998) *California and the Fictions of Capital*. Philadelphia: Temple University Press.
Hendrickson, M. and Heffernan, W.D. (2002) Opening spaces through relocalisation: locating potential resistance in the weaknesses of the global food system, *Sociologia Ruralis*, 42: 347–69.
Herbert-Cheshire, L. (2003) Translating policy: power and action in Australia's country towns. *Sociologia Ruralis*, 43: 454–73.
Herzog, T.R. and Barnes, G.J. (1999) Tranquility and preference revisted, *Journal of Environmental Psychology*, 19: 171–81.
Hettne, B. (1995) *Development Theory and the Three Worlds*. Harlow: Longman.
Higgins, V. and Lawrence, G. (eds) (2005) *Agricultural Governance: Globalization and the new politics of regulation*. London: Routledge.
High, C. and Nemes, G. (2007) Social learning in LEADER: Exogenous, endogenous and hybrid evaluation in rural development, *Sociologia Ruralis*, 47: 103–20.
Hinrichs, C.C. (2003) The practice and politics of food system localization, *Journal of Rural Studies*, 19: 33–46.
Hogan, J. (2004) Constructing the global in two rural communities in Australia and Japan, *Journal of Sociology*, 40: 21–40.
Hoggart, K. (1990) Let's do away with rural, *Journal of Rural Studies*, 6: 245–57.
Hoggart, K. (ed.) (2005) *The City's Hinterland: Dynamism and divergence in Europe's peri-urban territories*. Aldershot: Ashgate.
Hoggart, K. and Henderson, S. (2005) Excluding exceptions: housing non-affordability and the oppression of environmental sustainability, *Journal of Rural Studies*, 21: 181–96.
Holland, P. and Mooney, B. (2006) Wind and water: Environmental learning in early colonial New Zealand, *New Zealand Geographer*, 62: 39–49.
Holland, P., O'Connor, K. and Wearing, A. (2002) Remaking the grasslands of the open country, in Pawson, E. and Brooking, T. (eds) *Environmental Histories of New Zealand*. Melbourne: Oxford University Press.
Hollander, G.M. (2004) Agricultural trade liberalization, multifunctionality and sugar in the south Florida landscape, *Geoforum*, 35: 299–312.
Holloway, J. (2003) Spiritual embodiment and sacred rural landscapes, in Cloke, P. (ed.) *Country Visions*. Harlow: Pearson.
Holloway, L. (2004) Showing and telling farming: agricultural shows and re-imagining British agriculture, *Journal of Rural Studies*, 20: 319–30.
Holloway, L. and Kneafsey, M. (2000) Reading the space of the farmers' market: a case study from the United Kingdom, *Sociologia Ruralis*, 40: 285–99.
Holloway, L. and Kneafsey, M. (2004) Producing-consuming food: closeness, connectedness and rurality in four 'alternative' food networks, in Holloway, L. and Kneafsey, M. (eds) *Geographies of Rural Cultures and Societies*. Aldershot: Ashgate.
Holloway, S. (2004) Rural roots, rural routes: discourses of rural self and travelling other in debates about the future of Appleby New Fair, 1945–69, *Journal of Rural Studies*, 20: 143–56.

Holloway, S. (2005) Articulating otherness? White rural residents talk about Gypsy-Travellers, *Transactions of the Institute of British Geographers*, 30: 351–67.

Holmes, J. (2006) Impulses towards a multifunctional transition in rural Australia: gaps in the research agenda, *Journal of Rural Studies*, 22: 142–60.

Hong, K. (2001) The geography of time and labor in the late antebellum American rural south: *Fin-de*-servitude time consciousness, contested labor, and plantation capitalism, *International Review of Social History*, 46: 1–27.

Hubbard, P. (2005) 'Inappropriate and incongruous': opposition to asylum centres in the English countryside, *Journal of Rural Studies*, 21: 3–18.

Hubbard, P. (2006) *City*. London: Routledge.

Hughes, A. (1997) Rurality and 'cultures of womanhood', in Cloke, P. and Little, J. (eds) *Contested Countryside Cultures*. London: Routledge.

Hughes, G. (1992) Tourism and the geographical imagination, *Leisure Studies*, 11: 31–42.

IFOAM (2007) *The World of Organic Agriculture: Statistics and Emerging Trends 2007*. Bonn: International Federation of Organic Agriculture Movements.

Ilbery, B. (ed.) (1998) *The Geography of Rural Change*. Harlow: Addison Wesley Longman.

Ilbery, B. and Bowler, I. (1998) From agricultural productivism to post-productivism, in Ilbery, B. (ed.) *The Geography of Rural Change*. Harlow: Addison Wesley Longman.

Ilbery, B. and Maye, D. (2008) Placing local food in a cross-border setting, in Stringer, C. and Le Heron, R. (eds) *Agri-Food Commodity Chains and Globalising Networks*. Aldershot: Ashgate.

Inglis, T. (2008) *Global Ireland*. London and New York: Routledge.

Ingold, T. (1993) The temporality of landscape, *World Archaeology*, 25: 152–74.

Ingold, T. (1995) Building, dwelling, living: how people and animals make themselves at home in the world, in Strathern, M. (ed.) *Shifting Contexts: Transformations in Anthropological Knowledge*. London: Routledge.

ISAAA (2007) *ISAAA Briefing 37 – 2007*. Ithaca, NY: Information Service on the Acquisition of Agricultural Biotechnology Applications. Available http: <www.isaaa.org>

Isserman, A.M., Fraser, E. and Warren, D.E. (2009) Why some rural places prosper and others do not, *International Regional Science Review*, 32: 300–42.

Jackiewicz, E.L. (2006) Community-centred globalization: modernization under control in rural Costa Rica, *Latin American Perspectives*, 33: 136–46.

Jarosz, L. (2008) The city in the country: growing alternative food networks in metropolitan areas, *Journal of Rural Studies*, 24: 231–44.

Jauhiainen, J.S. (2009) Will the retiring baby boomers return to rural periphery? *Journal of Rural Studies*, 25: 23–34.

Jewitt, S. and Baker, K. (2007) The Green Revolution re-assessed: Insider perspectives on agrarian change in Bulandshahr District, Western Uttar Pradesh, India, *Geoforum*, 38: 73–89.

Johnsen, S. (2003) Contingency revealed: New Zealand farmers' experiences of agricultural restructuring, *Sociologia Ruralis*, 43: 128–53.
Jones, K.R. and Wills, J. (2005) *The Invention of the Park*. Malden, MA: Polity.
Jones, O. (1995) Lay discourses of the rural: developments and implications for rural studies, *Journal of Rural Studies*, 11: 35–49.
Jones, O. (1997) Little figures, big shadows: country childhood stories, in Cloke, P. and Little, J. (eds) *Contested Countryside Cultures*. London: Routledge.
Jones, O. (2003) 'The restraint of beasts': rurality, animality, Actor Network Theory and dwelling, in Cloke, P. (ed.) *Country Visions*. London: Arnold.
Jordan, J.A. (2007) The heirloom tomato as cultural object: investigating taste and space, *Sociologia Ruralis*, 47: 20–41.
Jowitt, J. (2008) Shoppers lose their taste for organic food, *The Guardian*, 29 August, p. 1.
Juska, A. (2007) Discourses on rurality in post-socialist news media: The case of Lithuania's leading daily 'Lietuvos Rytas' (1991–2004), *Journal of Rural Studies*, 23: 238–53.
Kadigi, R., Mdoe, N. and Ashimogo, G. (2007) Understanding poverty through the eyes of the poor: the case of Usanga Plains in Tanzania, *Physics and Chemistry of the Earth*, 32: 1330–38.
Kapoor, I. (2002) The Devil's in the theory: a critical assessment of Robert Chambers' work on participatory development, *Third World Quarterly*, 23: 101–17.
Kawagoe, T. (2004) The political economy of rural development in Indonesia, in Akiyama, T. and Larson, D.F. (eds) *Rural Development and Agricultural Growth in Indonesia, the Philippines and Thailand*. Canberra: Asia Pacific Press.
Kimura, A.H. and Nishiyama, M. (2008) The *chisan-chiso* movement: Japanese local food movement and its challenges, *Agriculture and Human Values*, 25: 49–64.
Kitchen, L. and Marsden, T. (2009) Creating sustainable rural development through stimulating the eco-economy: beyond the eco-economic paradox? *Sociologia Ruralis*, 49: 273–94.
Kneafsey, M., Ilbery, B. and Jenkins, T. (2001) Exploring the dimensions of culture economies in rural West Wales, *Sociologia Ruralis*, 41: 296–310.
Kneen, B. (2002) *Invisible Giant: Cargill and its transnational strategies*. London: Pluto Press.
Knobloch, F. (1996) *The Culture of Wilderness*. Chapel Hill: University of North Carolina Press.
Koczberski, G. (2007) Loose fruit mamas: creating incentives for smallholder women in oil palm production in Papua New Guinea, *World Development*, 35: 1172–85.
Kolodny, A. (1975) *The Lay of the Land: Metaphor as experience in American Life and Letters*. Chapel Hill: University of North Carolina Press.

Kontuly, T. (1998) Contrasting the counterurbanisation experience in European nations, in Boyle, P. and Halfacree, K. (eds) *Migration to Rural Areas*. Chichester: Wiley.

Korf, B. and Oughton, E. (2006) Rethinking the European countryside – can we learn from the South? *Journal of Rural Studies*, 22: 278–89.

Kovacs, I. and Kucerova, E. (2006) The project class in central Europe, *Sociologia Ruralis*, 46: 3–21.

Kurtz, M. and Craig, V. (2009) Constructing rural geographies in publication, *ACME: An International E-Journal for Critical Geographies*, 8: 376–93.

Lacour, C. and Puissant, S. (2007) Re-urbanity: urbanising the rural and ruralising the urban, *Environment and Planning A*, 39: 728–47.

Lapping, M.B., Daniels, T.L. and Keller, J.W. (1989) *Rural Planning and Development in the United States*. New York: Guilford Press.

Larner, W. (1998) Hitching a ride on the tiger's back: globalisation and spatial imaginaries in New Zealand, *Environment and Planning D: Society and Space*, 16: 599–614.

Larsen, S., Sorenson, C., McDermott, D., Long, J. and Post, C. (2007) Place perception and social interaction on an exurban landscape in central Colorado, *Professional Geographer*, 59: 421–33.

Latour, B. (1993) *We Have Never Been Modern*. Hemel Hempstead: Harvester Wheatsheaf.

Lawson, V., Jarosz, L. and Bonds, A. (2008) Building economies from the bottom up: (mis)representations of poverty in the rural American Northwest, *Social and Cultural Geography*, 9: 737–53.

Leeuwis, C. (2000) Reconceptualising participation for sustainable rural development: towards a negotiation approach, *Development and Change*, 31: 939–59.

Lefebvre, H. (1991) *The Production of Space*. Oxford: Blackwell.

Le Heron, R. (1993) *Globalised Agriculture*. London: Pergamon.

Leyshon, M. (2008) The betweeness of being a rural youth: inclusive and exclusive lifestyles, *Social and Cultural Geography*, 9: 1–26.

Liang, Z., Chen, Y.P. and Gu, Y. (2002) Rural industrialisation and internal migration in China, *Urban Studies*, 39: 2175–87.

Lichter, D.T. and Johnson, K.M. (2007) The changing spatial concentration of America's rural poor population, *Rural Sociology*, 72: 331–58.

Liepins, R. (2000a) New energies for an old idea: reworking approaches to 'community' in contemporary rural studies, *Journal of Rural Studies*, 16: 23–36.

Liepins, R. (2000b) Exploring rurality through 'community': discourses, practices and spaces shaping Australian and New Zealand rural 'communities', *Journal of Rural Studies*, 16: 325–42.

Liepins, R. (2000c) Making men: the construction and representation of agriculture-based masculinities in Australia and New Zealand, *Rural Sociology*, 65: 605–20.

Liepins, R. and Bradshaw, B. (1999) Neo-liberal agricultural discourse in New Zealand: Economy, culture and politics linked, *Sociologia Ruralis*, 39: 563–82.

Little, J. (2002) *Gender and Rural Geography*. Harlow: Pearson.
Little, J. (2003) Riding the rural love train: heterosexuality and the rural community, *Sociologia Ruralis*, 43: 401–17.
Little J., Ilbery, B. and Watts, D. (2009) Gender, consumption and the relocalisation of food: a research agenda, *Sociologia Ruralis*, 49: 201–17.
Little, J.I. (2009) Scenic tourism on the northeastern borderland: Lake Memphremagog's steamboat excursions and resort hotels, 1850–1900, *Journal of Historical Geography*, 35: 716–42.
Livingston, J.A. (1996) Other selves, in Vitek, W. and Jackson, W. (eds) *Rooted in the Land*. New Haven: Yale University Press.
Lobely, M., Potter, C., Butler, A., Whitehead, I. and Millard, N. (2005) *The Wider Social Impact of Changes in the Structure of Agricultural Businesses*. Exeter: Centre for Rural Research.
Long, H. (2007) Brief introduction of China's policy on 'Building a New Countryside', *Proceedings of China-France International Symposium on Rural Construction and Development*, 87–88.
Long, H., Liu, Y., Wu, X. and Dong, G. (2009) Spatial-temporal dynamic patterns of farmland and rural settlements in Su-Xi-Chang region: implications for building a new countryside in coastal China, *Land Use Policy*, 26: 322–33.
Lowe, P., Clark, J., Seymour, S. and Ward, N. (1997) *Moralizing the Environment: Countryside change, farming and pollution*. London: UCL Press.
Lowe, P. and Goyder, G. (1983) *Environmental Groups in Politics*. London: Allen and Unwin.
Lowe, P. and Phillipson, J. (2006) Reflexive inter-disciplinary research: the making of a research programme on rural economy and land use, *Journal of Agricultural Economics*, 57: 165–84.
Lynch, K. (2005) *Rural-Urban Interactions in the Developing World*. London: Routledge.
MacDonald, S.A. (2005) *The Agony of an American Wilderness: Loggers, environmentalists and the struggle for control of a forgotten forest*. Lanham, MD: Rowman and Littlefield.
Mackenzie, A.F.D. (2004) Re-imagining the land, North Sutherland, Scotland, *Journal of Rural Studies*, 20: 273–87.
Mackenzie, A.F.D. (2006a) "S Leinn Fhèin am Fearann" (The land is ours): re-claiming land, re-creating community, North Harris, Outer Hebrides, Scotland, *Environment and Planning D: Society and Space*, 24: 577–98.
Mackenzie, A.F.D. (2006b) A working land: crofting communities, place and the politics of the possible in post-Land Reform Scotland, *Transactions of the Institute of British Geographers*, 31: 383–98.
Macnaghten, P. and Urry, J. (1998) *Contested Natures*. London and Thousand Oaks, CA: Sage.
MacPherson, H. (2009) The intercorporeal emergence of landscape: negotiating sight, blindness, and ideas of landscape in the British countryside, *Environment and Planning A*, 41: 1042–54.

Magnani, N. and Struffi, L. (2009) Translation sociology and social capital in rural development initiatives: a case study from the Italian Alps, *Journal of Rural Studies*, 25: 231–38.

Magnusson, W. and Shaw, K. (eds) (2003) *A Political Space: Reading the global through Clayoquot Sound*. Minneapolis: University of Minnesota Press.

Markey, S. (2010) Fly-in, fly-out resource development: a new regionalist perspective on the next rural economy, in Halseth, G., Markey, S. and Bruce, D. (eds) *The Next Rural Economies: Constructing rural place in global economies*. Wallingford: CABI.

Markey, S., Halseth, G. and Manson, D. (2008) Challenging the inevitability of rural decline: advancing the policy of place in northern British Columbia, *Journal of Rural Studies*, 24: 409–21.

Marsden, T. (1999) Rural futures: the consumption countryside and its regulation, *Sociologia Ruralis*, 39: 501–20.

Marsden, T. (2003) *The Condition of Rural Sustainability*. Assen, NL: Van Gorcum.

Marston, S., Jones, J.P. and Woodward, K. (2005) Human geography without scale, *Transactions of the Institute of British Geographers*, 30: 416–32.

Marvin, G. (2000) The problem of foxes: legitimate and illegitimate killing in the English countryside, in Knight, J. (ed.) *Natural Enemies: People-wildlife conflicts in anthropological perspective*. London: Routledge.

Marvin, G. (2003) A passionate pursuit: foxhunting as performance, in Szerszynski, B., Heim, W. and Waterton, C. (eds) *Nature Performed: Environment, culture and performance*. Oxford: Blackwell.

Massey, D. (2004) Geographies of responsibility, *Geografiska Annaler B*, 86: 5–18.

Massey, D. (2005) *For Space*. London: Sage.

Masuda, J.R. and Garvin, T. (2008) Whose Heartland? The politics of place in a rural-urban interface, *Journal of Rural Studies*, 24: 112–23.

Mather, A.S., Hill, G. and Nijnik, M. (2006) Post-productivism and rural land use: cul de sac or challenge for theorization, *Journal of Rural Studies*, 22: 441–55.

Matless, D. (1994) Doing the English village, 1945–90: an essay in imaginative geography, in Cloke, P., Doel, M., Matless, D., Phillips, M. and Thrift, N., *Writing The Rural*. London: Paul Chapman.

Matless, D. (1998) *Landscape and Englishness*. London: Reaktion Books.

Matless, D. (2005) Sonic geography in a nature region, *Social and Cultural Geography*, 6: 745–66.

Matsinos, Y.G., Mazaris, A.D., Papadimitrou, K.D., Mniestris, A., Hatzigiannidis, G., Maioglou, D. and Pantis, J.D. (2008) Spatio-temporal variability in human and natural sounds in a rural landscape, *Landscape Ecology*, 23: 945–59.

Maye, D., Ilbery, B. and Kneafsey, M. (2005) Changing places: investigating the cultural terrain of village pubs in south Northamptonshire, *Social and Cultural Geography*, 6: 831–47.

McAfee, K. (2008) Beyond techno-science: transgenic maize in the fight over Mexico's future, *Geoforum*, 39: 148–60.

McCalla, A.F. and Nash, J. (eds) (2007) *Reforming Agricultural Trade for Developing Countries. Vol. 1: Key Issues for a Pro-Development Outcome of the Doha Round*. Washington DC: IBRD/The World Bank.

McCarthy, J. (2004) Privatizing conditions of production: trade agreements as neoliberal environmental governance, *Geoforum*, 35: 327–41.

McDonald, J.H. (2001) Reconfiguring the countryside: power, control, and the (re)organization of farmers in west Mexico, *Human Organization*, 60: 247–58.

McGregor, J. (2005) Crocodile crimes: people versus wildlife and the politics of postcolonial conservation on Lake Kariba, Zimbabwe, *Geoforum*, 36: 353–69.

Meijering, L., Huigen, P. and Van Hoven, B. (2007) Intentional communities in rural spaces, *Tijdschrift voor Economische en Sociale Geografie*, 98: 42–52.

Merrifield, A. (2000) Henri Lefebvre: a socialist in space, in Crang, M. and Thrift, N. (eds) *Thinking Space*, London: Routledge.

Merriman, P. (2005) 'Respect the life of the countryside': the Country Code, government and the conduct of visitors to the countryside in post-war England and Wales, *Transactions of the Institute of British Geographers*, 30: 336–50.

Mertz, O., Mbow, C., Reenberg, A. and Diuof, A. (2009) Farmers' perceptions of climate change and agricultural adaptation strategies in rural Sahel, *Environmental Management*, 43: 804–16.

Miele, M. and Murdoch, J. (2002) The practical aesthetics of traditional cuisines: slow food in Tuscany, *Sociologia Ruralis*, 42: 312–28.

Milbourne, P. (2003) The complexities of hunting in England and Wales, *Sociologia Ruralis*, 43: 289–308

Milbourne, P. (2004) *Rural Poverty: Marginalisation and exclusion in Britain and the United States*. London: Routledge.

Milbourne, P., Mitra, B. and Winter, M. (2001) *Agriculture and Rural Society*. London: Defra.

Millard, A.V. and Chapa, J. (2004) *Apple Pie and Enchiladas: Latino newcomers in the rural Midwest*. Austin: University of Texas Press.

Millstone, E. and Lang, T. (2003) *The Atlas of Food*. London: Earthscan.

Mitchell, C.J.A. (1998) Entrepreneurialism, commodification and creative destruction: a model of post-modern community development, *Journal of Rural Studies*, 14: 273–86.

Mitchell, C.J.A. (2004) Making sense of counterurbanization, *Journal of Rural Studies*, 20: 15–34.

Mitchell, C.J.A. and de Waal, S.B. (2009) Revisiting the model of creative destruction: St Jacobs, Ontario, a decade later, *Journal of Rural Studies*, 25: 156–67.

Mitchell, D. (1996) *The Lie of the Land: Migrant workers and the California landscape*. Minneapolis: University of Minnesota Press.

Mitchell, D. (2000) Dead labour and the political economy of landscape – California Living, California Dying, in Anderson, K., Domosh, M. and Pile, S. (eds) *Handbook of Cultural Geography*, London: Sage.

Monbiot, G. (1994) *No Man's Land: An investigative journey through Kenya and Tanzania*. London: Picador.

Mordue, T. (1999) Heartbeat country: conflicting values, coinciding visions, *Environment and Planning A*, 31: 629–46.

Morgan, K. and Murdoch, J. (2000) Organic vs conventional agriculture: knowledge, power and innovation in the food chain, *Geoforum*, 31: 159–73.

Mormont, M. (1987) The emergence of rural struggles and their ideological effects, *International Journal of Urban and Regional Research*, 7: 559–78.

Mormont, M. (1990) Who is rural? Or, how to be rural: Towards a sociology of the rural, in Marsden, T., Lowe, P. and Whatmore, S. (eds), *Rural Restructuring: Global Processes and their Responses*. London: David Fulton.

Morris, C. and Evans, N. (2004) Agricultural turns, geographical turns: retrospect and prospect, *Journal of Rural Studies*, 20: 95–111.

Moschini, G. (2008) Biotechnology and the development of food markets: retrospect and prospects, *European Review of Agricultural Economics*, 35: 331–55.

Moseley, M. (2003) *Rural Development: Principles and Practice*. London: Sage.

Moss, L.A.G. (ed.) (2006) *The Amenity Migrants: Seeking and sustaining mountains and their cultures*. Wallingford: CABI.

Moyo, S. and Yeros, P. (eds) (2005) *Reclaiming the Land: The resurgence of rural movements in Africa, Asia and Latin America*. London and New York: Zed Books.

Mukherjee, A. and Zhang, X. (2007) Rural industrialization in China and India: role of policies and institutions, *World Development*, 35: 1621–34.

Murdoch, J. (1997a) Towards a geography of heterogeneous associations, *Progress in Human Geography*, 21: 321–37.

Murdoch, J. (1997b) The shifting territory of government: some insights from the Rural White Paper, *Area*, 29: 109–18.

Murdoch, J. (1998) The spaces of actor-network theory, *Geoforum*, 29: 357–74.

Murdoch, J. (2003) Co-constructing the countryside: hybrid networks and the extensive self, in Cloke, P. (ed.) *Country Visions*, Harlow: Pearson.

Murdoch, J. (2006) Networking rurality: emergent complexity in the countryside, in Cloke, P., Marsden, T. and Mooney, P. (eds) *Handbook of Rural Studies*, London: Sage.

Murdoch, J. and Abram, S. (2002) *Rationalities of Planning*. Aldershot: Ashgate.

Murdoch, J. and Lowe, P. (2003) The preservationist paradox: modernism, environmentalism and the politics of spatial division, *Transactions of the Institute of British Geographers*, 28: 318–32.

Murdoch, J. and Marsden, T. (1994) *Reconstituting Rurality*. London: UCL Press.

Murdoch, J. and Ward, N. (1997) Governmentality and territoriality: the statistical manufacture of Britain's 'national farm', *Political Geography*, 16: 307–24.

Murray, W. (2006a) Neo-feudalism in Latin America? Globalisation, agribusiness, and land re-concentration in Chile, *Journal of Peasant Studies*, 33: 646–77.

Murray, W. (2006b) *Geographies of Globalization*. London: Routledge.
Murton, J. (2007) *Creating a Modern Countryside*. Vancouver: University of British Columbia Press.
Narlikar, A. (2005) *The World Trade Organization: A Very Short Introduction*. Oxford: Oxford University Press.
Nash, L. (2004) The fruits of ill-health: pesticides and working bodies in post-World War II California, *Osiris*, 19: 203–19.
Neal, S. and Walters, S. (2007) 'You can get away with loads because there's no one here': Discourses of regulation and non-regulation in English rural spaces, *Geoforum*, 38: 252–63.
Neal, S. and Walters, S. (2008) Rural be/longing and rural social organizations: conviviality and community-making in the English countryside, *Sociology*, 42: 279–97.
Neefjes, K. (2000) *Environments and Livelihoods: Strategies for Sustainability*. Oxford: Oxfam
Neilson, J. and Pritchard, B. (2009) *Value Chain Struggles: Institutions and governance in the plantation districts of southern India*. London: Wiley – Blackwell.
Nelson, L. and Hiemstra, N. (2008) Latino immigrants and the renegotiation of place and belonging in small town America, *Social and Cultural Geography*, 9: 319–42.
Nelson, P.B. (2006) Geographic perspective on amenity migration across the USA: National-, regional- and local-scale analysis, in Moss, L.A.G. (ed.) *The Amenity Migrants*. Wallingford: CABI.
Nerlich, B. and Döring, M. (2005) Poetic justice? Rural policy clashes with rural poetry in the 2001 outbreak of foot and mouth disease in the UK, *Journal of Rural Studies*, 21: 165–80.
Newby, H. (1977) *The Deferential Worker: A Study of Farm Workers in East Anglia*. London: Allen Lane.
Newby, H., Bell, C., Rose, D. and Saunders, P. (1978) *Property, Paternalism and Power*. London: Hutchinson.
Ni Laoire, C. (2001) A matter of life and death? Men, masculinities and staying 'behind' in rural Ireland, *Sociologia Ruralis*, 41: 220–36.
Ni Laoire, C. (2007) The 'green grass of home'? Return migration to rural Ireland, *Journal of Rural Studies*, 23: 332–44.
North, D. (1998) Rural industrialization, in Ilbery, B. (ed.) *The Geography of Rural Change*. Harlow: Addison Wesley Longman.
Norton, A. (1996) Experiencing nature: the reproduction of environmental discourse through safari tourism in East Africa, *Geoforum*, 27: 355–73.
Opie, J. (1994) *The Law of the Land: Two hundred years of American farmland policy*. Lincoln: University of Nebraska Press.
Osbahr, H., Twyman, C., Adger, W.N. and Thomas, D.S.G. (2008) Effective livelihood adaptation to climate change disturbance: Scale dimensions of practice in Mozambique, *Geoforum*, 39: 1951–64.
Pallot, J. (1988) The USSR, in Cloke, P. (ed.) *Policies and Plans for Rural People: An International Perspective*. London: Unwin Hyman.

Panelli, R. (2006) Rural society, in Cloke, P., Marsden, T. and Mooney, P. (eds) *Handbook of Rural Studies*. London: Sage.

Panelli, R., Allen, D., Ellison, B., Kelly, A., John, A. and Tipa, G. (2008) Beyond Bluff oysters? Place identity and ethnicity in a peripheral coastal setting, *Journal of Rural Studies*, 24: 41–55.

Panelli, R., Nairn, K. and McCormack, J. (2002) 'We make our own fun': Reading the politics of youth with(in) community, *Sociologia Ruralis*, 42: 106–30.

Parker, G. (2006) The Country Code and the ordering of countryside citizenship, *Journal of Rural Studies*, 22: 1–16.

Paul, H. and Steinbrecher, R. (2003) *Hungry Corporations: Transnational biotech companies colonise the food chain*. London: Zed Books.

Pechlaner, G. and Otero, G. (2008) The third food regime: Neoliberal globalism and agricultural biotechnology in North America, *Sociologia Ruralis*, 48: 351–71.

Peet, R. (2003) *Unholy Trinity: The IMF, World Bank and WTO*. London and New York: Zed Books.

Peine, E. and McMichael, P. (2005) Globalization and global governance, in Higgins, V. and Lawrence, G. (eds) *Agricultural Governance: Globalization and the new politics of regulation*. London: Routledge.

Perkins, H.C. (2006) Commodification: re-resourcing rural areas, in Cloke, P., Marsden, T. and Mooney, P. (eds) *Handbook of Rural Studies*. London: Sage.

Perreault, T. (2001) Developing identities: indigenous mobilization, rural livelihoods and resource access in Ecuadorian Amazonia, *Ecumene*, 8: 381–413.

Perreault, T. (2005) State restructuring and the scale politics of rural water governance in Bolivia, *Environment and Planning A*, 37: 263–84.

Petras, J. (1997) Latin America: the resurgence of the Left, *New Left Review*, 223: 17–47.

Phillips, M. (2002) The production, symbolization and socialization of gentrification: impressions from two Berkshire villages, *Transactions of the Institute of British Geographers*, 27: 282–308.

Phillips, M. (2004) Obese and pornographic ruralities: further cultural twists for Rural Geography?, in Holloway, L. and Kneafsey, M. (eds) *Geographies of Rural Cultures and Societies*. Aldershot: Ashgate.

Phillips, M. (2008) Rurality as a globalised mediascope? Impressions from television drama production and distribution at the turn of the Millennium in Australia, Britain and New Zealand, *Critical Studies in Television*, 3: 16–44.

Phillips, M., Fish, R. and Agg, J. (2001) Putting together ruralities: towards a symbolic analysis of rurality in the British mass media, *Journal of Rural Studies*, 17: 1–28.

Phillips, S.T. (2007) *This Land, This Nation: Conservation, Rural America and the New Deal*. New York: Cambridge University Press.

Philo, C. (1992) Neglected rural geographies: a review, *Journal of Rural Studies*, 8: 193–207.

Philo, C. (1995) Animals, geography and the city: notes on inclusions and exclusions, *Environment and Planning D: Society and Space*, 13: 651–88.
Potter, C. (2004) Multifunctionality as an agricultural and rural policy concept, in Brouwer, F. (ed.) *Sustaining Agriculture and the Rural Environment*, Cheltenham: Edward Elgar.
Potter, C. and Burney, J. (2002) Agricultural multifunctionality in the WTO: legitimate non-trade concern or disguised protectionism? *Journal of Rural Studies*, 18: 35–47.
Potter, C. and Tilzey, M. (2005) Agricultural policy discourses in the European post-Fordist transition: neoliberalism, neomercantilism and multifunctionality, *Progress in Human Geography*, 29: 1–20.
Potter, R., Binns, T., Elliott, J.A. and Smith, D. (2008) *Geographies of Development*. Harlow: Pearson.
Pretty, G., Bramston, P., Patrick, J. and Pannach, W. (2006) The relevance of community sentiments to Australian rural youth's intention to stay in their home communities, *American Behavioral Scientist*, 50: 226–40.
Price, L. and Evans, N. (2009) From stress to distress: conceptualizing the British family farming patriarchal way of life, *Journal of Rural Studies*, 25: 1–11.
Prideaux, B. (2002) Creating rural heritage visitor attractions: the Queensland Heritage Trails Project, *International Journal of Tourism Research*, 4: 313–23.
Prudham, S. (2005) *Knock on Wood: Nature as commodity in Douglas-fir country*. New York: Routledge.
Prudham, S. (2008) Tall among the trees: Organizing against globalist forestry in rural British Columbia, *Journal of Rural Studies*, 24: 182–96.
Putnam, R.D. (1993) *Making Democracy Work: Civic Tradition in Modern Italy*. Princeton, NJ: Princeton University Press.
Putnam, R.D. (2000) *Bowling Alone: The Collapse and Renewal of American Community*. New York: Simon & Schuster.
Pyne, S.J. (2009) The human geography of fire: a research agenda, *Progress in Human Geography*, 33: 443–46.
Quarlman, D. (2001) Corporate hog farming: the view from the family farm, in Epp, R. and Whitson, D. (eds) *Writing Off the Rural West*. Edmonton: University of Alberta Press.
Ramírez-Ferrero, E. (2005) *Troubled Fields: Men, emotions and the crisis in American farming*. New York: Columbia University Press.
Ramp, W. and Koc, M. (2001) Global investment and local politics: the case of Lethbridge, in Epp, R. and Whitson, D. (eds) *Writing Off the Rural West*. Edmonton: University of Alberta Press.
Ray, C. (1998) Culture, intellectual property and territorial rural development, *Sociologia Ruralis*, 38: 3–19.
Ray, C. (1999) Endogenous development in the era of reflexive modernity, *Journal of Rural Studies*, 15: 257–67.
Ray, C. (2001) Transnational cooperation between rural areas: elements of a political economy of EU rural development, *Sociologia Ruralis*, 41: 279–95.

Ray, C. (2006) Neo-endogenous rural development in the EU, in Cloke, P., Marsden, T. and Mooney, P. (eds) *The Handbook of Rural Studies*, London: Sage.

Razavi, S. (2007) Liberalisation and the debates on women's access to land, *Third World Quarterly*, 28: 1479–1500.

Reed, M. (2008) The rural arena: the diversity of protest in rural England, *Journal of Rural Studies*, 24: 209–18.

Richards, P. (2004) Private versus public? Agenda-setting in international agro-technologies, in Jansen, K. and Vellema, S. (eds) *Agribusiness and Society*, London: Zed Books.

Richardson, T. (2000) Discourses of rurality in EU Spatial Policy: the European Spatial Development Perspective, *Sociologia Ruralis*, 40: 53–71.

Ricketts Hein, J., Ilbery, B. and Kneafsey, M. (2006) Distribution of local food activity in England and Wales: an index of food relocalization, *Regional Studies*, 40: 289–301.

Rigg, J. and Ritchie, M. (2002) Production, consumption and imagination in rural Thailand, *Journal of Rural Studies*, 18: 359–72.

Riley, M. (2009) Bringing the 'invisible farmer' into sharper focus: gender relations and agricultural practices in the Peak District (UK), *Gender, Place and Culture*, 16: 665–82.

Riley, M. and Harvey, D. (2007) Oral histories, farm practice and uncovering meaning in the countryside, *Social and Cultural Geography*, 8: 391–415.

Roberts, J. (1998) English gardens in India, *Garden History*, 26: 115–35.

Robertson, M. (2004) The neoliberalization of ecosystem services: wetland mitigation banking and problems in environmental governance, *Geoforum*, 35: 361–75.

Robinson, G. (2004) *Geographies of Agriculture*. Harlow: Pearson Prentice Hall.

Rogaly, B. (2006) Intensification of work-place regimes in British agriculture: the role of migrant workers, *Sussex Migration Working Papers 36*, Brighton: University of Sussex.

Rojek, C. and Urry, J. (1997) Transformations of travel and theory, in Rojek, C. and Urry, J. (eds) *Touring Cultures: Transformations of Travel and Theory*. London: Routledge.

Rose, G. (1993) *Feminism and Geography*. Cambridge: Polity Press.

Rose, N. (1996) The death of the social? Refiguring the territory of government, *Economy and Society*, 25: 327–56.

Routledge, P. (2003) Convergence space: process geographies of grassroots mobilization networks, *Transactions of the Institute of British Geographers*, 28: 333–49.

Routledge, P. and Cumbers, A. (2009) *Global Justice Networks: Geographies of transnational solidarity*. Manchester: Manchester University Press.

Rudy, A.P. (2005) Imperial contradictions: is the Valley a watershed, region or cyborg? *Journal of Rural Studies*, 21: 19–39.

Runte, A. (1997) *National Parks: The American Experience*. Lincoln, NE: University of Nebraska Press.

Rye, J.F. (2006) Rural youth's images of the rural, *Journal of Rural Studies*, 22: 409–21.
Rye, J.F. and Andrzejewska, J. (2010) The structural disempowerment of Eastern European migrant farm workers in Norwegian agriculture, *Journal of Rural Studies*, 26: 41–51.
Salamon, S. (2003) *Newcomers to Old Towns: Suburbanization of the Heartland*. Chicago: University of Chicago Press.
Saugeres, L. (2002a) Tractors and men: masculinity, technology and power, *Sociologia Ruralis*, 42: 143–59.
Saugeres, L. (2002b) Cultural representation of the farming landscape: masculinity, power and nature, *Journal of Rural Studies*, 18: 373–85.
Saunders, C., Kaye-Blake, W., Marshall, L., Greenhalgh, S. and Pereira, M.D. (2009) The impacts of a United States biofuel policy on New Zealand's agricultural sector, *Energy Policy*, 37: 3448–54.
Saville, J. (1957) *Rural Depopulation in England and Wales, 1851–1951*. London: Routledge and Kegan Paul.
Schivelbusch, W. (1986) *The Railway Journey: the industrialization of time and space in the 19th Century*. Berkeley: University of California Press.
Schmied, D. (2005) Incomers and locals in the European countryside, in Schmied, D. (ed.) *Winning and Losing: The changing geographies of Europe's rural areas*. Aldershot: Ashgate.
Schulman, M.D. and Anderson, C.D. (1999) The Dark Side of the Force: a case study of restructuring and social capital, *Rural Sociology*, 64: 351–72.
Scoones, I. (1998) Sustainable rural livelihoods: a framework of analysis, *IDS Working Paper 72*, Brighton: Institute of Development Studies.
Scoones, I. (2008) Mobilizing against GM crops in India, South Africa and Brazil, *Journal of Agrarian Change*, 8: 315–44.
Seijo, F. (2005) The politics of fire: Spanish forest policy and ritual resistance in Galicia, Spain, *Environmental Politics*, 14: 380–402.
Shambaugh-Miller, M. (2007) Development of a rural typology GIS for policy makers, paper presented to the Quadrennial Conference of British, Canadian and American Rural Geographers, Spokane, July.
Shaw Taylor, L. (2005) Family farms and capitalist farms in mid-nineteenth century England, *Agricultural History Review*, 53: 158–91.
Sheingate, A.D. (2001) *The Rise of the Agricultural Welfare State*. Princeton, NJ: Princeton University Press.
Shepherd, A. (1998) *Sustainable Rural Development*. Basingstoke: Macmillan.
Sherman, J. (2006) Coping with rural poverty: economic survival and moral capital in rural America, *Social Forces*, 85: 891–913.
Shigetomi, S. (2004) Rural organisations and development: the social background for collective action, in Akiyama, T. and Larson, D.F. (eds) *Rural Development and Agricultural Growth in Indonesia, the Philippines and Thailand*. Canberra: Asia Pacific Press.
Shiva, V. (1991) *The Violence of the Green Revolution: Third World agriculture, ecology and politics*. London: Zed Books.

Short, B. (2000) Rural demography, 1850–1914, in Collins, E.J.T. (ed.) *The Agrarian History of England and Wales VII: 1850–1914*. Cambridge: Cambridge University Press.
Short, B. (2006) Idyllic ruralities, in Cloke, P., Marsden, T. and Mooney, P. (eds) *Handbook of Rural Studies*, London: Sage.
Short, J.R. (1991) *Imagined Country*. London: Routledge.
Shortall, S. (2008) Are rural development programmes socially inclusive? Social inclusion, civic engagement, participation, and social capital: Exploring the differences, *Journal of Rural Studies*, 24: 450–57.
Shubin, S. (2007) Networked poverty in rural Russia, *Europe-Asia Studies*, 59: 591–620.
Shucksmith, M. (2000) Endogenous development, social capital and social inclusion: perspectives from LEADER in the UK, *Sociologia Ruralis*, 40: 208–18.
Sibley, D. (1997) Endangering the sacred: Nomads, youth cultures and the English countryside, in Cloke, P. and Little, J. (eds) *Contested Countryside Cultures*. London: Routledge.
Siebert, R., Laschewski, L. and Dosch, A. (2008) Knowledge dynamics in valorising local nature, *Sociologia Ruralis*, 48: 223–39.
Silvasti, T. (2003) Bending boundaries of gender labour division on farms, *Sociologia Ruralis*, 43: 154–66.
Skaptadóttir, U.D. and Wojtynska, A. (2008) Labour migrants negotiating places and engagements, in Bærenholdt, J.O. and Granås, B. (eds) *Mobility and Place: Enacting Northern European Peripheries*. Aldershot: Ashgate.
Slater, D. (1974) Colonialism and the spatial structure of underdevelopment: outlines of an alternative approach, with special reference to Tanzania, *Progress in Planning*, 4: 146–59.
Slocum, R. (2008) Thinking race through corporeal feminist theory: divisions and intimacies at Minneapolis Farmers' Market, *Social and Cultural Geography*, 9: 849–69.
Smith, D. (2007) The changing faces of rural populations: "(re) fixing' the gaze' or 'eyes wide shut'? *Journal of Rural Studies*, 23: 275–82.
Smith, D.P. and Phillips, D.A. (2001) Socio-cultural representations of greentrified Pennine rurality, *Journal of Rural Studies*, 17: 457–70.
Smith, E. and Marsden, T. (2004) Exploring the 'limits to growth' in UK organics beyond the statistical image, *Journal of Rural Studies*, 20: 345–58.
Smith, H.A. and Furuseth, O.J. (eds) (2006) *Latinos in the New South*. Burlington, VT: Ashgate.
Smith, M.J. (1989) Changing policy agendas and policy communities: agricultural issues in the 1930s and 1980s, *Public Administration*, 67: 149–65.
Smith, S.J. (1993) Bounding the Borders: claiming space and making place in rural Scotland, *Transactions of the Institute of British Geographers*, 18: 291–308.
Smith, W. and Montgomery, H. (2003) Revolution or evolution? New Zealand agriculture since 1984, *Geojournal*, 59: 107–18.

Smithers, J., Joseph, A.E. and Armstrong, M. (2005) Across the divide(?): reconciling farm and town views of agriculture – community linkages, *Journal of Rural Studies*, 21: 281–95.
Snowden, F.M. (2007) *The Conquest of Malaria: Italy, 1900–1962*. New Haven: Yale University Press.
Southgate, D., Graham, D.H. and Tweenten, L. (2007) *The World Food Economy*. Malden, MA: Blackwell.
Squire, S.J. (1992) Ways of seeing, ways of being: literature, place and tourism in L.M. Montgomery's Prince Edward Island, in Simpson-Housley, P. and Norcliffe, G. (eds) *A Few Acres of Snow: Literary and Artistic Images of Canada*. Toronto: Dundurn Press.
Standlea, D.M. (2006) *Oil, Globalization and the War for the Arctic Refuge*. Albany, NY: State University of New York Press.
Stedman, R.C. (2006) Understanding place attachment among second home owners, *American Behavioral Scientist*, 50: 187–205.
Steger, M.B. (2003) *Globalization: A very short introduction*. Oxford: Oxford University Press.
Stock, C.M. (1996) *Rural Radicals: Righteous rage in the American grain*. London: Cornell University Press.
Stockdale, A. (2004) Rural out-migration: community consequences and individual migrant experiences, *Sociologia Ruralis*, 44: 167–94.
Stockdale, A. (2006) Migration: pre-requisite for rural economic development? *Journal of Rural Studies*, 22: 354–66.
Storey, D. (2004) A sense of place: rural development, tourism and place promotion in the Republic of Ireland, in Holloway, L. and Kneafsey, M. (eds) *Geographies of Rural Cultures and Societies*. Aldershot: Ashgate.
Storey, D. (2010) Partnerships, people and place: lauding the local in rural development, in Halseth, G., Markey, S. and Bruce, D. (eds) *The Next Rural Economies: Constructing rural place in global economies*. Wallingford: CABI.
Svendsen, G. (2004) The right to development: construction of a non-agriculturalist discourse of rurality in Denmark, *Journal of Rural Studies*, 20: 79–94.
Taylor, P.J. (1989) The error of developmentalism in human geography, in Gregory, D. and Walford, R. (eds) *Horizons in Human Geography*. London: Macmillan.
Thrift, N. (1989) Images of social change, in Hamnett, C., McDowell, L. and Sarre, P. (eds) *The Changing Social Structure*. London: Sage.
Thrift, N. (2007) *Non-representational Theory: Space, Power, Affect*. London: Routledge.
Tönnies, F. (1963) *Community and Society*. New York: Harper and Row.
Torres, R.M., Popke, J. and Hapke, H.M. (2006) The South's Silent Bargain: Rural restructuring, Latino labor and the ambiguities of migrant experience, in Smith, H.A. and Furuseth, O.J. (eds) *Latinos in the New South*. Burlington, VT: Ashgate.

Tovey, H. (1997) Food, environmentalism and rural sociology: on the organic farming movement in Ireland, *Sociologia Ruralis*, 37: 21–37.
Tregear, A. (2003) From Stilton to Vimto: Using food history to re-think typical products in rural development, *Sociologia Ruralis*, 43: 91–107.
Tremlett, G. (2005) Spain's greenhouse effect: the shimmering sea of polythene consuming the land, *The Guardian*, 21 September.
Trubek, A.B. and Bowen, S. (2008) Creating the taste of place in the United States: can we learn from the French? *GeoJournal*, 73: 23–30.
Turner, F.J. (1920) *The Frontier in American History*. New York: Henry Holt.
Tykkyläinen, M. (2008) The future of the 'boom and bust' landscape in the Russian north, in Rautio, V. and Tykkyläinen, M. (eds) *Russia's Northern Regions on the Edge*. Helsinki: Kikimora Publications.
Tyler, K. (2006) Village people: race, class, nation and the community spirit, in Agyeman, J. and Neal, S. (eds) *The New Countryside? Ethnicity, nation and exclusion in contemporary rural Britain*. Bristol: Policy Press.
Tzanelli, R. (2004) Constructing the 'cinematic tourist': The 'sign industry' of the Lord of the Rings, *Tourist Studies*, 4: 21–42.
Urbain, J. (2002) *Paradis Verts: Désirs de Campagne et Passions Résidentielles*. Paris: Payot.
Urry, J. (1990) *The Tourist Gaze*. London: Sage.
Urry, J. (2003) *Global Complexity*. Cambridge: Polity.
Valenčius, C.B. (2002) *The Health of the Country*. New York: Basic Books.
Van Dam, F., Heins, S. and Elbersen, B.S. (2002) Lay discourses of the rural and stated and revealed preferences for rural living: some evidence of the existence of a rural idyll in the Netherlands, *Journal of Rural Studies*, 18: 461–76.
Vanderbeck, R.M. (2003) Youth, racism and place in the Tony Martin affair, *Antipode*, 35: 363–84.
Vanderbeck, R.M. (2006) Vermont and the imaginative geographies of American whiteness, *Annals of the Association of American Geographers*, 96: 641–59.
Van der Ploeg, J.D. (2008) *The New Peasantries: Struggles for autonomy and sustainability in an era of empire and globalization*. London: Earthscan.
Van der Ploeg, J.D. and Marsden, T. (eds) (2008) *Unfolding Webs: the dynamics of regional rural development*. Assen: Van Gorcum.
Van der Ploeg, J.D., Renting, H., Brunori, G., Knickel, K., Mannion, J., Marsden, T., de Roest, K., Sevilla Guzmán E. and Ventura, F. (2000) Rural development: from practice and policies to theory, *Sociologia Ruralis*, 40: 391–408.
Veeck, G., Che, D. and Veeck, A. (2006) America's changing farmscape: a study of agricultural tourism in Michigan, *Professional Geographer*, 58: 235–48.
Velayutham, S. and Wise, A. (2005) Moral economies of a translocal village: obligation and shame among South Indian transnational migrants, *Global Networks*, 5: 27–47.
Vinet, F. (2008) Geographical analysis of damage due to flash floods in southern France: the cases of 12–13 November 1999 and 8–9 September 2002, *Applied Geography*, 28: 323–36.

Vitek, W. (1996) 'Rediscovering the landscape', in Vitek, W. and Jackson, W. (eds) *Rooted in the Land*. New Haven: Yale University Press.

Vitek, W. and Jackson, W. (eds) (1996) *Rooted in the Land*. New Haven: Yale University Press.

Waitt, G. and Cook, L. (2007) Leaving nothing but ripples on the water: performing ecotourism natures, *Social and Cultural Geography*, 8: 535–50.

Waitt, G. and Lane, R. (2007) Four-wheel drivescapes: Embodied understandings of the Kimberley, *Journal of Rural Studies*, 23: 156–69.

Walford, N. (2003) Productivism is allegedly dead, long live productivism: Evidence of continued productivist attitudes and decision-making in South-East England, *Journal of Rural Studies*, 19: 491–502.

Walford, N. (2007) Geographical and geodemographic connections between different types of small area and the origins and destinations of migrants to Mid Wales, *Journal of Rural Studies*, 23: 318–31.

Walker, P. and Fortmann, L. (2003) Whose landscape? A political ecology of the 'exurban' Sierra, *Cultural Geographies*, 10: 469–91.

Walker, R.A. (2001) California's golden road to riches: natural resources and regional capitalism, 1848–1940, *Annals of the Association of American Geographers*, 91: 167–99.

Walker, R.A. (2005) *The Conquest of Bread*. New York: The New Press.

Warner, M.E. (2006) Market-based governance and the challenge for rural governments: US trends, *Social Policy and Administration*, 40: 612–31.

Waters, T. (2007) *The Persistence of Subsistence Agriculture*. Lanham, MD: Lexington Books.

Weis, T. (2007) *The Global Food Economy*. London: Zed Books.

Whatmore, S. (2002) *Hybrid Geographies*. London: Sage.

Whitehead, M., Jones, R. and Jones, M. (2008) *The Nature of the State: Excavating the political ecologies of the modern state*. Oxford: Oxford University Press.

Whittle, J. (2000) *The Development of Agrarian Capitalism: Land and labour in Norfolk, 1440–1580*. Oxford: Oxford University Press.

Wiborg, A. (2004) Place, nature and migration: students' attachments to their rural home places, *Sociologia Ruralis*, 44: 416–32.

Wilkie, R. (2005) Sentient commodities and productive paradoxes: the ambiguous nature of human-livestock relations in Northeast Scotland, *Journal of Rural Studies*, 21: 213–30.

Williams G. (2008) *Struggles for an Alternative Globalization: An ethnography of counterpower in southern France*. Aldershot: Ashgate.

Williams, R. (1973) *The Country and the City*. New York: Oxford University Press.

Wilson, A. (1992) *The Culture of Nature*. Cambridge, MA: Blackwell.

Wilson, G.A. (2001) From productivism to post-productivism ... and back again? Exploring the (un)changed natural and mental landscapes of European agriculture, *Transactions of the Institute of British Geographers*, 26: 77–102.

Wilson, G.A. (2007) *Multifunctional Agriculture: A transition theory perspective*. Wallingford: CAB International.

Wilson, G.A. (2008) From 'weak' to 'strong' multifunctionality: conceptualising farm-level multifunctional transitional pathways, *Journal of Rural Studies*, 24: 367–83.

Winchester, H.P.M. and Rofe, M.W. (2005) Christmas in the 'Valley of Praise': Intersections of rural idyll, heritage and community in Lobethal, South Australia, *Journal of Rural Studies*, 21: 265–79.

Winders, B. (2004) Sliding towards the free market: shifting political coalitions and US agricultural policy, 1945–75, *Rural Sociology*, 69: 467–89.

Winter, M. (1996) *Rural Politics*. London: Routledge.

Winter, M. (2003) Embeddedness, the new food economy and defensive localism, *Journal of Rural Studies*, 19: 23–32.

Wirth, L. (1938) Urbanism as a way of life, *American Journal of Sociology*, 44: 1–24.

Wittman, H. (2009) Reframing agrarian citizenship: Land, life and power in Brazil, *Journal of Rural Studies*, 25: 120–30.

W.K. Kellogg Foundation (2002) *Perceptions of Rural America*. Battle Creek, MI: W.K. Kellogg Foundation.

Wolford, W. (2004) The land is ours now: spatial imaginaries and the struggle for land in Brazil, *Annals of the Association of American Geographers*, 94: 409–24.

Woods, M. (1998a) Researching rural conflicts: hunting, local politics and actor-networks, *Journal of Rural Studies*, 14: 321–40.

Woods, M. (1998b) Mad cows and hounded deer: political representations of animals in the British countryside, *Environment and Planning A*, 30: 1219–34.

Woods, M. (2000) Fantastic Mr Fox? Representing animals in the hunting debate, in Philo, C. and Wilbert, C. (eds) *Animal Spaces, Beastly Places*. London: Routledge.

Woods, M. (2003a) Deconstructing rural protest: the emergence of a new social movement, *Journal of Rural Studies*, 19: 309–25.

Woods, M. (2003b) Conflicting environmental visions of the rural: windfarm development in Mid Wales, *Sociologia Ruralis*, 43: 271–88.

Woods, M. (2005a) *Rural Geography*, London: Sage.

Woods, M. (2005b) *Contesting Rurality: Politics in the British countryside*. Aldershot: Ashgate.

Woods, M. (2007) Engaging the global countryside: globalization, hybridity and the reconstitution of rural place, *Progress in Human Geography*, 31: 485–507.

Woods, M. (2008a) New Labour's countryside, in Woods, M. (ed.) *New Labour's Countryside: British Rural Policy since 1997*. Bristol: Policy Press.

Woods, M. (2008b) Hunting: New Labour success or New Labour failure?, in Woods, M. (ed.) *New Labour's Countryside: British Rural Policy since 1997*, Bristol: Policy Press.

Woods, M. (2008c) Social movements and rural politics, *Journal of Rural Studies*, 24: 129–37.

Woods, M. (2009a) Rural Geography, in Kitchin, R. and Thrift, N. (eds) *International Encylopedia of Human Geography*, vol. 9. Oxford: Elsevier.

Woods, M. (2009b) Exploring the uneven geographies of 'rural geography': commentary on M. Kurtz and V. Craig, 'Constructing rural geographies in publication', *ACME: An International E-Journal for Critical Geographies*, 8: 394–413.

Woods, M. (2010a) The political economies of place in the emergent global countryside: stories from rural Wales, in Halseth, G., Markey, S. and Bruce, D. (eds) *The Next Rural Economies: Constructing rural place in global economies*. Wallingford: CABI.

Woods, M. (2010b) Representing Rural America: the reconstruction of a political space, in Winchell, D. Ramsay, D., Koster, R. and Robinson, G. (eds) *Sustainable Rural Community Change: Geographical perspectives from North America, the British Isles and Australia*. Brandon: Rural Development Institute.

Woods, M. (2010c) The local politics of the global countryside: boosterism, aspirational ruralism and the contested reconstitution of Queenstown, New Zealand, *Geojournal*, advance online publication, DOI: 10.1007/s10708-009-9268-7.

Woods, M., Edwards, B., Anderson, J. and Gardner, G. (2007) Leadership in place: elites, institutions and agency in British rural community governance, in Cheshire, L., Lawrence, G. and Higgins, V. (eds) *Rural Governance: International Perspectives*. London: Routledge.

Woods, M. and Goodwin, M. (2003) Applying the rural, in Cloke, P. (ed.) *Country Visions*. Harlow: Pearson.

Wylie, J. (2005) A single day's walking: narrating self and landscape on the South West Coast Path, *Transactions of the Institute of British Geographers*, 30: 234–47.

Wylie, J. (2007) *Landscape*. London: Routledge.

Xu, W. and Tan, K.C. (2002) Impact of reform and economic restructuring on rural systems in China: a case study of Yuhang, Zhejiang, *Journal of Rural Studies*, 18: 65–82.

Yarwood, R. and Charlton, C. (2009) 'Country life'? Rurality, folk music and 'Show of Hands', *Journal of Rural Studies*, 25: 194–206.

Zaccaro, S. (2009) *Development: Think of the Women Farmers*. IPS News, 19 February. Available http: <http:\\ipsnews.net>

Zezza, A., Carletto, G., Davis, B., Stamoulis, K. and Winters, P. (2009) Rural income generating activities: whatever happened to the institutional vacuum? Evidence from Ghana, Guatemala, Nicaragua and Vietnam, *World Development*, 37: 1297–306.

Zografos, C. and Martinez-Alier, J. (2009) The politics of landscape value: a case study of wind farm conflict in Catalonia, *Environment and Planning A*, 41: 1726–44.

Zukin, S. (1990) Socio-spatial prototypes of a new organization of consumption: the role of real cultural capital, *Sociology*, 24: 37–56.

图书在版编目(CIP)数据

农村/(英)迈克尔·伍兹著;王鹏飞,鲁奇,龙花楼译.—北京:商务印书馆,2019
(当代地理科学译丛)
ISBN 978-7-100-17350-6

Ⅰ.①农… Ⅱ.①迈…②王…③鲁…④龙… Ⅲ.①乡村地理—研究 Ⅳ.①C912.82

中国版本图书馆 CIP 数据核字(2019)第 072061 号

权利保留,侵权必究。

农村

〔英〕迈克尔·伍兹 著

王鹏飞 鲁 奇 龙花楼 译

商 务 印 书 馆 出 版
(北京王府井大街36号 邮政编码100710)
商 务 印 书 馆 发 行
北京艺辉伊航图文有限公司印刷
ISBN 978-7-100-17350-6

2019年8月第1版 开本787×960 1/16
2019年8月北京第1次印刷 印张 18

定价:75.00元